U0808985

应急管理理论与实务丛书编委会

主　任：胡　军

副主任：林如鹏　宋献中

委　员（以姓氏笔画为序）：

卫海英　王声湧　王元林　左小德　卢文刚

白　锐　李伟权　沈远平　陈玉梅　林爱珺

林毓铭　周云帆　庞素琳　洪　凯　唐　攀

龚　晶　梁明珠　董建新　曾　红

项目负责人与丛书策划：林毓铭

本书获广东省“211工程”三期重点学科建设项目“应急管理理论与实务”基金资助

广州市哲学社会科学发展“十二五”规划2011年度课题

“应对校园突发事件的预防预警研究”（ 11B03）成果

应急管理理论与实务丛书

应急管理信息平台建设及成功实施的实证研究

陈玉梅　著

暨南大学出版社
JINAN UNIVERSITY PRESS

中国·广州

图书在版编目（CIP）数据

应急管理信息平台建设及成功实施的实证研究／陈玉梅著．—广州：暨南大学出版社，2012.6

ISBN 978-7-5668-0218-7

Ⅰ.①应…　Ⅱ.①陈…　Ⅲ.①突发事件—公共管理—管理信息系统—研究—中国　Ⅳ.①D63-39

中国版本图书馆 CIP 数据核字（2012）第 103872 号

出版发行：暨南大学出版社

地　址：中国广州暨南大学
电　话：总编室（8620）85221601
营销部（8620）85225284　85228291　85228292（邮购）
传　真：（8620）85221583（办公室）　85223774（营销部）
邮　编：510630
网　址：http：//www.jnupress.com　http：//press.jnu.edu.cn

排　版：广州广海照排设计中心
印　刷：佛山市浩文彩色印刷有限公司

开　本：787mm×960mm　1/16
印　张：16.125
字　数：317 千
版　次：2012 年 6 月第 1 版
印　次：2012 年 6 月第 1 次

定　价：36.00 元

（暨大版图书如有印装质量问题，请与出版社总编室联系调换）

总 序

我国正处在社会转型与体制转轨、机遇与风险并存的社会高风险期，加上各种自然灾害与人为事故纠结在一起，在社会急速变化的过程中，各类公共危机问题被迅速地集中和放大，蕴涵着不可忽视的各类风险。金融、环境、信息、流行疾病、民族分裂主义、自然灾害等非传统安全因素已成为威胁国家安全的组成部分，这些非传统安全危机深刻地考验着中国政府的执政能力。面对非传统安全危机，加强执政能力建设，趋利避害，化解风险，已成为中国政府长期面临的重要课题。从 2006 年 1 月国务院颁布《国家突发公共事件总体应急预案》起，就意味着战略性地应对公共危机已被擢升至国家高度。

“突发公共事件”是指突然发生，造成或者可能造成重大人员伤亡、财产损失、生态环境破坏和严重社会危害，危及公共安全的紧急事件。随着各国社会经济的快速发展，各类突发公共事件的危害日益突显。突发公共事件主要分为自然灾害、事故灾难、公共卫生事件、社会安全事件四类；按照其性质、严重程度、可控性和影响范围等因素分成四级，特别重大的是Ⅰ级，重大的是Ⅱ级，较大的是Ⅲ级，一般的是Ⅳ级。一国政府应对突发公共事件的能力已经成为评价其执政、施政能力的重要绩效标准。

北京大学丁元竹教授曾把中国社会的风险归结为十个方面：就业、“三农”、金融、贫富差距、生态与资源、台湾、全球化、国内治理危机、信心和诚信、艾滋病和公共卫生。

这是当代后发展国家现代化、城市化荆棘之路的共性，也是正在进行追赶型、跨越式发展的中国社会不得不面对与思考的问题。能源安全、环境安全、生态安全、金融安全、网络安全、信息安全、卫生安全、文化安全等涉及社会生活的多个领域，具有隐蔽性、危险性、突发性和非确定性的特点。进入 21 世纪以来，各种自然灾害、事故灾难、公共卫生事件、社会安全事件等频频发生，往往使国家遭受严重损失。研究社会转型期各类重大的突发公共事件和社会经济风险与自然条件状态下的各种自然灾害及次生灾害所带来的应急管理问题，提高突发公共事件应急管理能力成为政府不可回避且具有刻不容缓意义的现实课题。

中央综治办主任陈冀平曾指出，从目前的社会形势看，新的社会矛盾将不断产生，原有的一些社会矛盾可能随之凸显，并呈现出经济领域的新矛盾与其他领域的矛盾相互影响、相互作用的局面，主要表现为涉及农村土地征用、城镇房屋拆迁、国有企业改革、部分军队退役人员等方面的信访问题仍然十分突出，非法集资、股市房市受损、高校毕业生就业、医疗、养老、环境污染、城市公共服务与管理等诱发群体性事件的因素也正在增多。由经济纠纷引发的暴力讨债、绑架、哄抢等“民转刑”案件可能更加突出，流动人口犯罪、多发性侵权犯罪和非法集资等涉众型经济犯罪可能更加突出，城市社会治安问题向农村蔓延扩散的趋势可能更加突出，尤其是个人极端事件有可能进一步增多，治安问题的敏感性将会进一步增强，一起普通的刑事案件或治安案件有可能转变为社会热点问题，甚至诱发其他矛盾和问题。近 50 年来，世界经济发展步伐加快，在石化能源体系支撑下的高碳工业，形成了火电、石化、钢铁、建材、有色金属等工业，并由此衍生出汽车、船舶、航空、机械、电子、化工、建筑等行业。气候变化主要是由人为活动排放的二氧化碳、甲烷、氧化亚氮等温室气体造成的。全球变暖的后果是冰川融化、海平面上升、生态系统退化和自然灾害频发。从企业应急管理和长远视角来看，企业外部市场变幻莫测，内部管理与控制日趋复杂。外部风险包括市场风险、竞争风险；内部风险则包括品牌风险、战略风险、文化风险、团队风险、领导人风险、财税风险、舆论风险、法律风险和技术风险等。

马凯在《求是》杂志中撰文指出：我国正处于工业化、城镇化快速发展时期，各种传统的和非传统的、自然的和社会的风险、矛盾交织并存，公共安全和应急管理工作面临的形势更加严峻。归纳起来，应急管理面临的态势包括四个方面：一是自然灾害处于频发期。我国是世界上自然灾害最为严重的国家之一，灾害往往具有种类多、分布地域广、发生频率高、造成损失重等特点。特别是近年来，极端气候事件频发，中、强地震呈活跃态势，自然灾害及其衍生、次生灾害的突发性和危害性进一步加重、加大。二是安全生产形势严峻。我国经济发展较快，能源、资源、运输供给长期偏紧，再加上安全生产基础薄弱，一些地方和企业责任不落实、监管不到位，生产安全事故发生率居高不下，重、特大事故时有发生。三是公共卫生事件防控难度增大。公共卫生事件的诱因和影响都呈较强的国际性特点，全球新发的三十多种传染病已有半数在我国出现，重、特大疫情和群体性不明原因疾病时有发生。随着人口流动量的加大和流动速度的加快，疾病的防控难度加大，造成的损失更加严重。而在食品、药品生产经营中市场秩序混乱、源头污染严重、监管力量薄弱等问题尚未得到根本解决。四是社会安全面临新的挑战。

我国改革发展进入关键阶段，各种利益关系错综复杂，国家安全面临的形势更加复杂严峻，维护社会稳定的任务更加艰巨。对当前国际金融危机造成的重大影响和可能引发的各类突发公共事件，我们要有充分的准备。2008 年 3 月 14 日，少数不法分子在西藏拉萨制造了打砸抢烧暴力事件，烧死或杀死藏汉群众 18 人，给当地人民群众生命和财产安全造成重大损失。之后，2009 年乌鲁木齐“7 · 5” 打砸抢烧严重暴力犯罪事件又造成 197 人死亡，其中绝大多数是无辜群众。这起打砸抢烧暴力事件的发生，是由以热比娅为首的境外敌对势力和境内极少数人极力炒作广东韶关旭日玩具厂群殴事件，把一个一般的治安案件说成民族事件，从而极力煽动民族仇恨所致的。虎年春节期间，山西省的晋中、太原、吕梁、长治、晋城、阳泉等地区，到处都是地震将发的议论，一场大规模的群众恐慌在山西蔓延。2010 年 2 月 20 日晚至 21 日凌晨，许多山西人离家，躲避在广场、公园等地，夜不归宿，甚至开车逃往外乡。造谣人利用网络传播大地震谣言，而政府机构最初也处于一片迷乱中，直到 21 日早晨，山西省政府及各地区地震部门通过媒体及移动通信转达了政府公告，称群众这次避震行动是为谣言所惑，要广大群众安心。诸如此类的民生事件，实则是 2007 年哈尔滨水污染事件中短信传播哈尔滨要大地震的翻版，对于非常事件与突发事件，应该由民调机构和覆盖面广的大众媒体联合发布官方信息，以正视听。

应急管理是指政府及其他公共机构在突发公共事件的事前预防、事发应对、事中处置和善后管理过程中，通过建立必要的应急机制，采取一系列必要措施，以保障公众生命和财产安全，促进社会和谐、健康发展的有关活动。佐治亚州州立大学著名应急管理学家威廉 · L. 沃认为：“应急管理就是对风险进行管理，以使社会能够与环境或技术危险要素共存，并应对环境、技术危险要素所导致的灾害。” 应急管理是对突发公共事件的全过程管理，根据突发公共事件的预警、发生、缓解和善后四个发展阶段，应急管理可分为预测预警、识别控制、紧急处置和善后管理四个环节。应急管理又是一个动态管理，包括预防、准备、响应和恢复四个阶段，均体现在管理突发公共事件的各个阶段。

应急管理是一个完整的系统工程，可以概括为“一案三制”，即突发公共事件应急预案，应急机制、体制和法制。以政府应急管理为主线，围绕政府应急管理决策层次、技术管理层次、社会动员与响应机制等层次展开研究，达到在紧急状态下各行为主体凝聚人心、从容应对、缓解危机、减少缺失的效果。政府危机管理即政府在公共危机事件发生之前、发展过程之中和后危机时期，为减少和消除危机造成的危害和损失，根据危机管理计划和程序而对危机直接采取的对策及管理措施。政府应急管理是在政府常态型危机管理基础上的紧急状态的管理，各种信息资源、物质资源、人力资源如何高效配置与有效运筹，如何防止灾害的蔓延与次生灾害的扩大等，均是政府应急管理在紧急状态下需要解决的关键问题。我国正处于经济体制和经济增长方式双重转轨的特殊时期，存在着诱发公共危机的潜在的制度及非制度因素。高度重视公共危机管理、建立公共危机的预警机制和政府干预公共危机体系尤为必要。应急管理的基础是常规性政府危机管理，只有基础性工作常抓不懈，才能在紧急状态下临危不乱。

发达国家十分重视突发公共事件应急管理的研究，其研究范围覆盖了灾害或危机产生、发展、消亡的整个过程。日本是较早开展城市应急管理研究的国家，研究的领域和能力不断拓展，研究的水平处于世界前列。美国也在“9·11”事件发生后，组建了部级的美国国土安全部（DHS），标志着美国国家级突发公共事件应急管理体系从“综合应急管理”提升到“国家安全应急管理”的高度。相关国际组织也非常重视突发公共事件应急管理。联合国第二届世界减灾大会发表的《兵库宣言》要求各国将防灾减灾、保障国民生命和财产安全“作为国家的第一责任”，并将“确保减灾成为各国政府部门的工作重心之一”列为《兵库行动框架》（2005—2015 年）提出的五个行动重点之一。世界各国的政府部门、学术团体和专门机构已经开始从事各种针对突发事件的预防、监测、预报、识别、测定、控制、应急预案制定、事发时的快速反应及救灾、灾后的快速评估与重建的研究。

美国的乔治·华盛顿大学、马里兰大学、北达科他州立大学和加拿大的尼加拉瓜学院等国外大学，在一些领域均有较为系统的研究，包括危机与应急管理，流行病及预防医学，危机和应急管理中的信息技术，自然、技术危害以及恐怖袭击之风险管理，大规模恐怖行动的预防和反应，危机管理、灾后重建以及组织持续，减灾管理，健康与医疗应急管理。上述研究系统地对政府层面与技术层面的公共危机与应急管理技术提供了强有力的理论指导。

公共危机与突发事件已成为构建和谐社会和可持续发展的重要隐患，越来越引起社会各界对如何有效应对突发事件、妥善预防和处理危机的高度重视。2006 年 1 月国务院颁布《国家突发公共事件总体应急预案》象征着从战略上应对公共危机已被提升至国家高度。中央进一步明确提出，要建立健全社会预警体系，提高保障公共安全和处置突发事件的能力。2007 年 8 月，全国人大常委会通过了《中华人民共和国突发事件应对法》。汪永清、莫于川、韩大元等学者对该法进行了解释。一些学者则比较研究了国外紧急状态下的法律制度，如徐高、莫纪宏等。目前，我国的研究基本上处于介绍国外经验，对我国应急管理存在的问题及对策等事实进行描述和提出对策措施的以研究为主的阶段，而上升到法理以及制度比较的研究尚欠深入，难以为应急管理的依法行政提供充分的理论支持。另外，对危机处理研究较多，对事后重建和救济研究较少，不利于依法规范政府行政行为，实现缓解公众利益和私人利益的矛盾、维护社会稳定的目的。

关于灾害及突发公共事件应急工程的研究国内外已经积累了大量的研究成果。从第一个应急管理国际组织——国际应急管理工程协会诞生之日起，各类研究成果层出不穷。这些成果几乎囊括了火灾、地震灾害、矿井塌陷、核泄漏事故灾难等具体灾害/危机的各领域。我国从 20 世纪 80 年代末开始创建许多研究学报和学术期刊，如《自然灾害学报》、《环境污染与防治》、《环境卫生工程》、《中国环境管理》、《中国减灾》等，针对我国自然灾害以及事故灾难的防灾减灾研究已经较为深入，目前国内较为集中的研究主要体现在城市灾害应急与管理，区域应急管理实务预案、演练及绩效，突发事件应急管理，现代城市公共安全应急管理，领导干部预防和处置突发公共事件实用指南与案例分析，公共危机与管理，国家与政府的危机管理，灾难性事故与事件应急处置，城市安全学，政府应急管理实务，中央和大城市政府应急机制建设，灾害应急处置与综合减灾，地震应急等研究领域。

政府应急管理和企业应急管理均需要建立应急管理综合平台和预案建设，运筹帷幄，才能在非常态情景下保持临危不乱，但是无论国内还是国外，对于突发公共事件的研究普遍侧重于技术和具体方法应用的应急工程研究，并形成了一类特殊管理理论与方法——应急管理，而蕴涵其中的基础科学问题研究还没有得到广泛关注。这样，构成了面向突发公共事件的应急管理和应急工程两个紧密结合、相辅相成的研究层面。其中，应急管理中的科学问题研究是应急工程问题研究的基础，而后者又是在前者指导下的实践。

从 2008 年暨南大学获教育部批准在全国率先招收应急管理本科生并成立全国首家应急管理学院，到 2009 年广东省“211 工程”三期重点学科建设项目“应急管理理论与实务”正式立项，再到暨南大学应急管理研究中心成立并成为广东省高校重点人文社科研究基地，得到了广东省政府、省政府应急办的大力支持和社会各界的广泛关注，我们深感责任的重大与使命的神圣。应急管理属于新型交叉管理学科，“211 工程”三期重点学科建设项目共设置了二十余个选题，从政治、经济、管理、公共卫生、新闻处置、社区与区域合作、应急管理史、应急管理平台等领域进行研究，试图对完善中国应急管理理论作出富有成效的尝试，也期盼对中国应急管理工作有所指导与借鉴。丛书的出版难免存在疏漏，期待读者给予批评指正。

暨南大学应急管理研究中心　暨南大学应急管理学院
广东省“211 工程”三期重点学科建设项目
应急管理理论与实务丛书编辑委员会
2011 年 1 月

目　录

第一章　概　论

第一节　研究背景

一、全球信息化与电子政务

随着信息技术的发展，人类社会正在经历一场由工业社会进入信息社会的变革。这场变革将彻底改变人们的工作、生活和学习等方式。“利用网络信息技术改进政府组织，重组公共行政流程和管理，对于政府机关转变管理职能，转变工作方式，转变工作作风，进一步提高工作质量和效率，建立起办事高效、运转协调、行为规范的行政管理体系将产生深刻的影响。”①

电子政务通过网络信息技术等现代科学技术的运用与行政改革的有机结合，所要达到的绩效目标“一是要便于公众参与政府公共管理，实现政务信息公开；二是要提供各类优质高效的政府服务，以提高公民、法人和其他组织获取信息和服务的便利性；三是要提高行政效能以提升政府的竞争能力”②。

随着全球政治经济一体化的日益明显，以电子政务为代表的政府管理服务职能的电子化、自动化、无纸化目前正在一些国家尤其是发达国家中快速发展。电子政务（E－government）在许多发达国家都已进入相对成熟的发展期。相比之下，中国在这方面的进展和研究明显滞后。

二、电子政务应用过程中不尽如人意的事实

“2003 年 12 月 10 日至 12 日，由国际电信联盟（ITU）主办，在日内瓦召开了信息社会世界峰会，这是全球范围内首次就信息社会建设问题进行讨论并达成共识。大会通过了两大纲领性文件《原则宣言》和《行动计划》，建议在全球建立一个以人为本、具有包容性和以发展为目的的信息社会。在此次大会之前，

---

① 刘泉宝．网络信息技术对政府工作的十大影响．信息化建设，2001（12）．

② 蔡立辉．当代中国应急管理信息系统：反思与走向．中山大学学报（社会科学版），2005（3）．

2003 年 11 月 4 日，联合国在墨西哥城公布了 2003 年全球公共领域报告《处在十字路口的电子政府》。报告中联合国最新调查显示，至少 60% 的发展中国家的电子政务项目以失败告终，白白浪费了纳税人的钱。这一调查结果引起了世界各国电子政务建设者的广泛关注和思考。"①

根据实用性和可用性评估指标的分析，中国政府在电子政务的建设及应用中存在着如下问题：①政府网站和各类业务应用系统的内容缺乏实用性；②运用政府管理信息系统难以有效完成使用者需要达成的目标，存在着自动化孤岛、信息孤岛的问题，没有形成跨部门的网络化协同办公环境；③获取政府信息与服务要在各网站之间、各应用系统之间来回寻找，需要点击的次数多，极不方便；④政府管理信息系统的应用操作不够简便，复杂的操作程序给用户带来了较大的心理负担和压力。

这些问题的普遍存在，在相当程度上妨碍了我国电子政务的建设与应用。导致这些问题产生、存在的原因，从"自身内部"方面看，主要表现为观念滞后，对电子政务应赋予什么意义和对待电子政务的心理等方面不能适应信息时代发展的要求；认识不足，对电子政务的理念、建设规律等方面缺乏正确的认识和把握；公务员队伍素质跟不上网络化办公的要求。从"社会环境"方面看，主要表现为缺乏强有力的组织领导、信息化资源利用不足，资源浪费、部门各自为政，缺乏跨部门的整合；政府信息披露与社会的互动不足、社会信息化基础不足、电子政务建设与行政改革缺乏有机结合等。

三、应急管理信息系统应用实施过程中存在的问题

姚国章（2009）认为，应急管理信息平台的建设和发展是一项关乎国家前途的长期的工作，某种意义上可以理解为政府开展应急管理工作不可或缺的条件。如同现代人一旦脱离了计算机和移动电话就无所适从一样，应急平台将成为我们开展应急管理工作须臾不可或缺的支撑。因为应急管理所需要的基础数据、所执行的各项业务、预警预测的信息基础和分析计算工具、应急处置所要联络的人和所要调用的应急资源物资设备等，都会集中移植到应急平台上来，没有应急平台作为依托，未来的应急管理工作将寸步难行。目前我国应急管理信息平台的建设和应用当中还存在很多问题，主要体现在以下几个方面：

1. 综合性管理信息系统尚待建设

由于我国突发事件类型多样，有的专业性很强，所以多年来的应急管理信息系统建设主要是围绕这些专业的应急系统，尤其是针对自然灾害的应急管理系

① 焦宝文．政府 CIO 的使命．资源，2004（7）．

统，并已达到了较高的水平。但是针对突发事件的类型而分别建设的信息系统各自“独立”，相互之间无法实现信息的互联互通，信息就很难汇集、整合、统一管理了。同时，由于地方负责制，应急管理信息系统也是依托各个地方政府各自建设，缺乏全国范围的或者区域性的综合管理信息系统，已有的行业信息系统有分工而无合作，缺乏统一规划，各地方之间、各部门之间、政府与社会之间缺乏联系，无法互联互通，造成各种突发事件信息沟通、共享和印证上的困难，以及信息系统的重复建设和资源浪费。这些显然无法适应现在的突发事件特性和应对要求。

2. 应急管理信息系统应用实施的组织体系和运行机制尚不健全

我国应急管理信息系统的建设与应用实施的组织体系和运行机制，从总体看还不够平衡。其中针对自然灾害、事故灾难和公共卫生事件的相对成熟一点，而针对社会安全事件的相对薄弱。我国对于突发事件的应对，都已经制定有应急预案，但这些规定主要是涉及事件发生后的信息管理，如信息报送（报送渠道、程序、时限等）、信息交流、信息审核等，而对此类事件发生前的形势评估和相关信息的采集与处理则鲜有涉及，缺乏相应的机构和机制。

3. 应急管理信息平台使用主体的信息化管理专业水平不高

从目前情况来看，我国各地、各级应急管理部门的管理人员在信息化手段的应用能力方面还存在较大的差异，对全面发挥应急平台的作用和功能极为不利，需要通过培训学习、交流合作等多种方式予以实质性的推进。

信息化建设和管理的专业化水平，决定了应急管理信息系统的建设及应用实施的水平和程度，也直接影响到政府应急管理的效率和效能。一方面是政府内部应急管理信息化人员需要具备信息化的背景和经验，树立正确的信息化管理观念，提高信息采集、处理与交流的技能等。另一方面是建立信息系统的专家咨询、会商机制，使之成为政府应急管理专家体系的一个组成部门，这样才能真正发挥应急管理信息系统的作用，利用资源平台，为相应类别事件发生后的专业处置提供智力支持，发挥各类专家在应急管理和应急指挥中的专业作用。

4. 应急管理信息平台的应用实施缺乏充分的组织保障

“应急平台的建设和应用是不折不扣的‘一把手’工程。主要领导的认识高度决定着应急平台的建设深度，必须是由主要领导亲自挂帅，并亲自组织、指挥和协调建设和应用过程中存在的各种困难和障碍。同时，平台建设和应用的组织保障体系应该与本地区、本部门应急管理的组织体系对应起来，纳入应急管理的重大工作任务当中。”①

① 姚国章．应急管理信息化建设．北京：北京大学出版社，2009．36．

应急平台的建设和应用实施，是一个不断深化的过程，它是随着应急管理工作本身的发展而日益成熟的。我们必须在实践应用当中，不断发现问题、改进问题，使平台的功能更加全面，平台的应用实施更加畅通，从而使其作用更加显著，为应急管理更好更快地发展作出更大的贡献。

四、问题的提出

中国应急管理信息平台的建设伴随着政府电子政务建设历经20多年的历史，既积累了大量经验，又不断有问题涌现。而应急管理信息系统对于推动国家政府体制改革、提高政府工作效率、提升政府工作效能的作用也越来越大，越来越重要。但是，我们也应清楚地看到，虽然政府对应急管理信息系统建设的投资日益增多，却并没有产生相应的效益和效果，甚至因此带来了新的问题。多年来，人们对于应急管理信息系统项目建设的探讨非常激烈，也从理论到实践推出了很多观点，但对应用过程的研究就比较欠缺。事实上，只有成功应用实施才能真正体现出应急管理信息系统建设的实际意义，才能真正实现应急管理信息系统的目标。应用实施作为应急管理信息系统建设的最后一个环节，直接决定了系统的成败和进程。

为此，本书运用关键成功因素分析法，通过理论分析和实践剖析，对应急管理信息系统在应用实施过程中的关键成功因素进行整理并量化分析，将成果应用于实践活动并提出具体对策，将有助于调整和正确把握我国应急管理信息系统的发展方向，有助于推动应急管理信息系统的深度发展与应用。

第二节 研究的目的与意义

一、研究的目的

本研究是基于政府部门视角，对应急管理信息系统应用实施过程的各项影响因素进行细致的分析、归纳、整理，运用关键成功因素分析法，在详细的文献检索、案例分析和翔实的实地访谈和问卷调查的基础上，通过科学的统计和计量分析方法最终确定并构建一个“应急管理信息系统成功实施多因素影响模型”，希望能以此指导我国各级政府部门积极成功地推广应急管理信息系统，并提供切实可行的实践指导意见和建议。

二、研究的意义

本书针对政府内部应急管理信息系统成功实施的影响因素进行了定性和定量的研究。研究涉及管理学领域的关键成功因素分析法、信息系统领域有关信息技术扩散的技术—组织—环境框架等多个学科和多种理论及相关领域的多种已有文献。通过将理论分析与实证研究和解释性案例研究相结合，运用实证研究和关键成功因素分析法，定量分析了应急管理信息系统应用实施的效果和影响因素，构建其关键成功因素模型，并根据研究所得的结论提出合理的实践指导及建议。

具体来说，从研究模型构建的科学性、合理性、可靠性以及所提政策建议的有效性等方面出发，以广东省为背景开展应急管理信息系统应用实施的关键成功因素探讨和分析，在对广东省、广州市、珠海市、云浮市、东莞市、广州市天河区、增城市、荔湾区等近40个各级政府部门进行调查、实证研究的基础上，采用动态深层次、全过程的探讨与案例研究，具有重要的理论探讨和实践意义。

1. 理论研究的创新意义

运用关键成功因素分析法和实证研究方法，通过翔实的访谈和问卷调查以及科学的统计和计量分析，提出了应急管理信息系统“3×3”应用模型，构建了一个以政府部门为分析视角的应急管理信息系统应用实施的5因子影响模型。这个模型对于进一步促进我国应急管理信息系统的推广应用具有实实在在的指导和深化促进的作用。

2. 对实践的指导意义

通过对应急管理信息系统推广应用过程的全方位扫描分析，聚焦了现今应急管理信息系统领域的热点前沿问题，为政府提供了积极的政策建议，为实践过程中政府自身的应急管理信息系统应用的措施和政策的制定提供了依据。

第三节 研究方法和研究思路

本研究采用多种研究方法。包括文献检索和理论分析、案例分析研究、访谈法（interviewing）和问卷调查法（questionnaire）等。

本研究选择了具有代表意义的广东省、广州市、天河区等各级政府部门的13名实践专家作为访谈对象（interviewee），在近两个月的时间内前后进行了两轮面对面的深度访谈，每次持续时间约1小时。被访谈者的具体情况见附录4。

本研究先采用非结构式访谈（unstructured - interviewing），访谈的内容主要围绕“政府内部应急管理信息系统成功实施的影响因素”，对访谈者（interviewer）

所提的问题都是开放式的。

在对初次访谈记录进行了详尽的整理归纳和汇总之后，笔者提炼了 12 个问题，以此作为第二轮半结构式访谈的提纲，问题内容见附录 1：半结构式访谈提纲。

根据理论分析结果，以电子政务绩效评估体系为基础，参考了信息系统、ERP、电子商务等相关领域的成功因素成熟量表，结合实践经验，开发了问卷用以测量和描述关键成功因素。问卷内容分为 11 个样本基本特征 49 个问题项目，具体内容见附录 2：调查问卷。

一、文献综述和理论分析

本研究广泛检索普遍关注的相关主题，并对主流应用的理论和观点进行分析、归纳和整理，形成观点的雏形。主要对应急管理信息系统的概念界定、应急管理信息系统应用相关研究、成功评价研究和应急管理信息系统成功实施多因素影响模型等几个方面进行具有广度和深度的扫描分析。

二、深度访谈研究

本研究首先采用访谈法，选取了广东省、广州市、天河区等各级政府单位专门从事或负责应急管理信息系统应用的实践专家 13 名，分两次进行访谈。第一次是对其中 12 位进行非结构式的深度访谈，第二次是基于 13 个问题再对其中 11 位专家进行半结构式访谈。每次访谈都有翔实的现场记录，部分做了录音，访谈一结束便及时整理并发给被访谈者确认回馈。

通过对访谈记录的整理汇总，形成了详细的“非结构式访谈记录”，以及附录 1：半结构式访谈提纲。其中，两次访谈过程中专家们对于应急管理信息系统成功实施的衡量指标将直接用于测算应急管理信息系统成功实施指标体系的各个指标权重，见表 3 - 4：应急管理信息系统成功实施的指标权重。

三、问卷项目的收集和整理

本次研究采用问卷调查法。在参考 ERP 实施关键成功因素以及归纳应急管理信息系统成功实施多因素影响模型的基础上，围绕本次研究的命题假说，笔者初步设计了一些问题，在第二次半结构式访谈过程中广泛征询实践专家意见，同时还拜访同行中山大学电子政务研究中心主任蔡立辉教授，听取了他对问卷调查表的补充和修改意见后，最终确定问卷调查表的 49 项问题项目，采用 5 点量表，组织发放。见附录 2：调查问卷。

1. 确定访谈对象

基于笔者的实践经验，选取具有代表意义的广东省、广州市和天河区等各级政府部门，并从中筛选应急管理信息系统应用各个环节的关键人员，涉及政府部门信息化工作的各个层面的相关人员，包括“一把手”领导、信息化部门负责人、信息化项目经理、业务处室领导、业务处室一般用户等多个层面的代表人物。并考虑到这些人都有丰富的项目经验，先后参与过通用型的办公系统，或者专业型的业务系统，最终确定了13 位实践专家作为访谈对象，具体名单见附录4：访谈对象具体情况表。

2. 非结构式深度访谈

首先进行完全开放的无条件积极倾听的“非结构式深度访谈”，在访谈结束后对所有记录和录音的内容进行归纳和整理，形成“非结构式访谈记录”，然后通过初步分析再从中提炼出涉及应急管理信息系统关键成功因素的13 个问题，形成“半结构式访谈提纲”（见附录1）。

3. 半结构式访谈

围绕“半结构式访谈提纲”（见附录1）中的12 个问题，对其中11 名访谈对象进行第二轮半结构式访谈，让他们针对这些问题专门回答，根据各人的回答情况对访谈记录和录音进行归纳整理，形成“半结构式访谈记录”。

4. 整理问卷项目

根据理论分析结果，以电子政务绩效评估体系为基础，参考了信息系统、ERP、电子商务等相关领域的成功因素成熟量表，结合第一轮非结构式访谈结果的分析、归纳和整理，开发了问卷用以测量和描述应用成功因素，初步形成了约40 个条目的问题项目。

笔者将问卷初稿在第二轮的半结构式访谈过程中对以上受访的11 位访谈对象进行广泛的意见征询，同时还拜访了中山大学电子政务研究中心主任蔡立辉教授，与之进行深入的交流和沟通。之后根据各方的回馈意见，对问卷进行了补充、修改和完善，最终形成调查问卷（见附录2：调查问卷）。

四、问卷的测试与结果分析

问卷发放采用电子和纸质两种形式，通过网络定点发给各个调查单位的联络人，在本单位内或相识政府部门成员之间传递，最后成功回收403 份问卷，包括电子版319 份，纸质版84 份，其中有效问卷293 份。

本研究运用统计软件SPSS 13.0 对问卷资料进行统计分析，分别采用相关分析、主成分分析和分层多元回归分析方法对关键成功因素进行定量分析，并成功抽取出5 个主因子模型，之后采用样本特征变量对关键成功模型的5 因子分别进行单因素方差分析，找出存在明显差异的特征变量并解释其产生差异的原因。

1. 问卷测试

在广东省省直单位，广州市、珠海市、云浮市、东莞市等市级单位，以及广州市的天河区、增城市、荔湾区等各级政府当中，选取一些典型的应用单位，包括以上访谈对象所在的政府部门，有针对性地发送问卷给单位信息化部门员工以及各个业务处室的用户，选取近40个政府部门，向其信息化主管或项目经理或用户成员发放电子版或纸质版问卷，采用现场回收或约定时间回收。

2. 问卷结果与分析

针对293份有效问卷，用统计软件SPSS 13.0进行数据统计分析。

（1）关键成功因素分析。

利用统计软件SPSS 13.0，采用相关分析法研究各个自变量对因变量的关联程度。然后对样本数据进行主成分分析并进行“四次最大正交”旋转，抽取出5个主因子，构建出“应急管理信息系统成功实施多因素影响5因子模型”。最后采用分层多元回归分析法分析5个因子共同作用时对因变量（成功实施）的影响程度。

（2）样本基本特征对关键成功因素的影响。

应用统计软件SPSS 13.0，采用单因素方差分析法，分别用样本基本特征变量对关键成功因素5个主因子进行单因素方差分析，要求在0.05水平上显著。对差异显著者则列出方差表，并比较各个评分平均值的差异，对差异原因进行分析探讨。

第二章　应急管理信息平台建设研究

第一节　中国电子政务建设

自20世纪90年代电子政务产生以来，关于电子政务的定义有很多，并且随着实践的发展而不断更新和扩展。

联合国经济社会理事会将电子政务定义为：政府通过信息通信技术手段的密集性和战略性，应用组织公共管理的方式，旨在提高效率、增强政府的透明度、改善财政约束、改进公共政策的质量和决策的科学性，建立良好的政府之间、政府与社会、小区以及政府与公民之间的关系，提高公共服务的质量，赢得广泛的社会参与度。

而世界银行则认为电子政务主要关注的是政府机构使用信息技术（比如万维网、互联网和移动计算），赋予政府部门以独特的能力，转变其与公民、企业、政府部门之间的关系。这些技术可以服务于不同的目的：向公民提供更加有效的政府服务、改进政府与企业和产业界的关系、通过利用信息更好地履行公民权以及增加政府管理效能，因此而产生的收益可以减少腐败、提高透明度、促进政府服务更加便利化、增加政府收益或减少政府运行成本。

国内很多学者对于电子政务的定义，则更多地与计算机网络通信技术的应用结合起来。其中：

蔡立辉（2003）从政府公共事务管理和公共服务职能的角度出发，认为“电子政务是政府公共部门运用计算机、网络通信等电子技术使政府事务数字化、信息化，并通过网络管理公共事务和提供公共服务的一种新型的政府组织形式和公共事务管理机制。从服务公众和企业的角度而言，则是以公众为导向、以改善政府的公共服务为核心价值。推进电子政务建设的过程是一个计算机网络技术应用与新的政府管理理念、服务范式、价值目标有机结合对政府行政组织进行调整和改进的过程”①。

---

① 蔡立辉．电子政务：因特网在政府提供公共服务中的运用．政治学研究，2003（1）．

宋皎（2003）从电子政务运行的主体以及主体之间的关系出发，认为“电子政务（E－government）是政府机构应用现代信息和通信技术，将管理和服务通过网络技术进行集成，在互联网上实现政府组织结构和工作流程的优化重组。超越时间、空间与部门分隔的限制，全方位地向社会提供优质、规范、适用、符合国际水平的管理和服务。根据其服务对象的不同又主要区分为政府间的事务（Government to Government，即 G2G）、政府与企业间的事务（Government to Business，即 G2B）和政府与公民间的事务（Government to Citizen，即 G2C）”①。

不管是从哪一个角度入手，对电子政务的定义都围绕着政府的管理职能和服务功能，其落脚点还是在政务本身。某种意义上就是政府再造的同义语。因此，电子政务与其说是政府部门对网络信息技术等现代科学技术的运用以期提高自动化技术水平，不如说是为了提高为公民、法人和其他组织办事的效率，其本质在于运用现代科学技术的力量对政府组织的结构、运行方式、服务方式和行政业务流程进行优化重组和再造，将现有的、工业时代的政府形态和官僚体制结构与信息技术等现代科学技术相结合，共同构建信息化政府组织结构和运行方式。

一、政府管理信息系统的含义及分类

电子政务及其传递系统是基于互联网的政府信息与业务处理平台而形成的政府资源整合、企业资源整合、社会资源整合和社会服务整合，其服务的对象包括其他政府机构及其工作人员、非政府机构、企业与公民。因此，与电子商务相比，电子政务的内容更加广泛，结构更为复杂，对信息的安全也有着更高的要求。它既吸收了电子商务顾客导向的管理理念，又进一步发展为一种民主管理方式，使政府管理更为透明；既吸收了电子商务运用因特网传递服务的技术手段和网络化管理与服务的管理方式、服务范式，又进一步运用网络信息技术为改善政府组织结构、提高服务质量和效率、实现公共利益的政府管理目标服务。电子政务的服务对象主要包括政府间的管理信息系统（G2G）、政府对企业的管理信息系统（G2B）和政府对公众的管理信息系统（G2C）。这样，新型的政府管理形式和通过网络信息技术提供公共服务的在线服务范式就构成了政府管理信息系统的基本内涵：

（1）以公众至上和公众需求导向为管理理念。该理念并不是指简单地将传统的政府管理事务原封不动地搬到因特网上，而是计算机网络技术与新的政府管理理念、服务范式、价值目标有机结合，从而对政府行政进行调整和改进。

（2）以便于向公众提供便捷的服务和向公众提供能够获得服务的手段，便

① 宋皎．试析当前我国电子政务发展制约因素．科技进步与对策，2003（10）．

于公众对政府管理进行监督、建立和发展新的公共责任与监督机制、实现公共利益为目的。

（3）以运用网络信息技术特别是因特网技术，使大量频繁的公共事务通过网络来管理、实现政务电子化为显著标志。（蔡立辉，2003）

从内容上看，电子政务的相关行为主体主要有3个：政府部门、企事业单位、社会公众。主体之间的互动构成了5个不同而又相互关联的领域：G2G、G2B、G2C、B2G、C2G。

（1）政府部门内部的管理信息系统（IEE）。IEE是目前各级政府部门所广泛使用的办公自动化系统，是作为独立单元的政府部门内部信息处理和传输的系统，如内部数据库、单位档案管理、内部行文等，其管理信息系统的处理终端起着极其重要的作用。

（2）政府部门之间的管理信息系统（G－G或G2G）：G2G是上下级政府、不同地方政府、不同政府部门之间的管理信息系统。

（3）政府部门面向社会公众的管理信息系统，包括政府对企业（G－B或G2B）和政府对公民（G－C或G2C）的管理信息系统。

（4）行政对象回馈互动的管理信息系统，包括企业对政府（B－G或B2G）和公民对政府（C－G或C2G）的管理信息系统。

本书的研究范畴是政府部门内部应用实施的应急管理信息系统（IEMS）。

二、中国电子政务发展及总体框架

中国的电子政务是循着机关内部的办公自动化—管理部门的信息化工程—政府上网工程—电子政务建设这一路径展开的，并且这4个过程是交叉行进的，即后一个过程是在前一个过程的进行中开始的（张基温，2008）。其中：

（1）办公自动化阶段。从20世纪80年代开始，中央及各级地方政府办公厅系统办公自动化工作全面展开，并专门成立了全国政府办公厅系统办公自动化工作协调小组，对于提高政府办事效率，推进政府机关信息化建设起到了促进作用。

（2）部门信息化阶段。1993年12月国务院国民经济信息化联席会议成立，国家启动“三金工程”即金桥、金关和金卡工程，从此展开了自中央到地方的“金”字系列工程，对于国家“垂直”业务管理起到积极推进和改革作用，影响深远。

（3）政府上网工程阶段。1998年4月青岛市在互联网上建立了我国第一个严格意义上的政府网站“青岛政府信息公众网”。1999年1月，40多个部委的信息主管部门共同倡议发起了“政府上网工程”，标志着我国电子政务工程的全面开展。尤其是2000年10月中国共产党十五届五中全会通过的《中共中央关于制定国民经济和社会发展第十个五年计划的建议》当中，明确提出“大力推进国民经济和社会信息化建设全局的战略举措。以信息化带动工业化，发挥后发优势，实现社会生产力的跨越式发展”。从此政府部门信息化建设进入了快行道。

(4) 电子政务建设阶段。2001年12月26日国家信息化领导小组第一次会议作出了“中国建设信息化政府先行”的重要决策，并成立了电子政务标准总体组，负责制定《国家电子政务标准体系框架》、《电子政务标准化指南》和《国家电子政务标准研究项目管理办法》等一系列建设标准规范，全面启动电子政务标准化工作，有效支撑了我国电子政务工程的建设，使电子政务从此进入全面建设阶段。

2006年3月24日，国务院信息化工作办公室印发了国信〔2006〕2号文件，提出了《国家电子政务总体框架》，用于指导“十一五”期间各地区、各部门的电子政务建设。在“十一五”期间构建国家电子政务总体框架目标是：到2010年，基本建成覆盖全国的统一的电子政务网络，实现重点应用系统互联互通，初步建立政府信息资源目录体系与交换体系、信息安全基础设施、政务信息资源公开与共享机制，初步形成法律法规体系，进一步完善标准化体系和管理体制。

国家电子政务总体框架的构成如图2－1所示，包括：服务与应用系统、信息资源、基础设施、法律法规与标准化体系。推进国家电子政务建设，服务是宗旨，应用是关键，信息资源开发利用是主线，基础设施是支撑，而法律法规、标准化体系是保障。

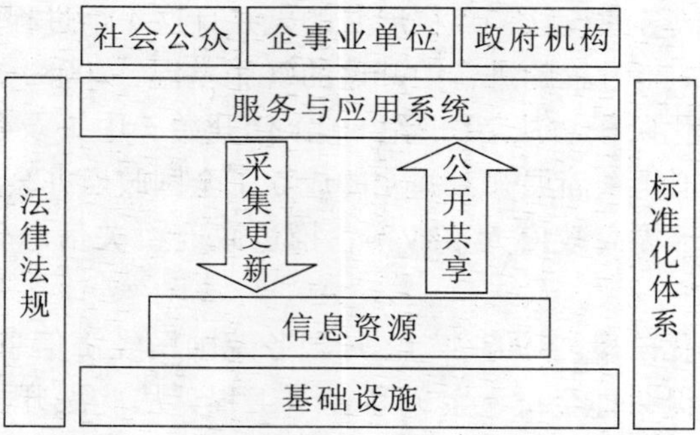

图2－1 国家电子政务总体框架图

由此我们不难理解，作为电子政务建设的最后也是最关键的环节“应用”，将直接决定电子政务建设的成败和效果。

三、政府信息资源整合

电子政务信息资源又叫政府信息资源，主要指政府掌握的那部分信息资源，狭义的电子政务信息资源主要指政府机构为履行职责而产生、获取、利用、传递、保存和负责处置的信息资源；广义的政府信息资源应该是一切产生于政府内部或虽然产生于政府外部但对政府活动有影响的信息资源的统称。

从上面介绍的信息资源的概念容易理解，电子政务信息资源应该具有较宽的外延，具体包括信息的内容、储存与获取信息内容的数据库系统、传递信息内容的网络通信设施以及开发管理信息资源的人才资源相关的人才、资金等。由于政府和社会与每一个机构、每一个人都有着直接和间接的联系，因此政府因处理政务而产生的各类信息总量常常多得惊人。据统计，目前各级政府部门大约聚集了全社会信息资源总量的80%。

所谓电子政务信息资源整合是指在电子政府环境下，各级政府部门、企事业单位以及广大的社会公众等多个主体相互合作，共同参与电子政务信息资源的建设，并共同拥有政务信息获取权与获取条件，其中，政府部门起着主导作用。从这个定义中不难看出，电子政务信息资源整合包括电子政务信息资源的共建与共享两个层面的含义。

目前我国电子政务信息资源总量不断增加、质量不断提高，政府信息资源开发及共享环境已初步形成。但长期以来，由于传统观念、行政体制、部门利益、技术手段等因素的制约，我国政府信息资源一直没有得到充分有效的开发和利用，严重影响着政府的宏观决策和管理的科学性、有效性。本研究立足于剖析我国政府信息资源共享的主要障碍因素，在此基础上有针对性地提出政府信息资源共享的发展对策。目前存在的问题主要集中在以下几个方面①：

（1）传统行政观念和思想意识落后；

（2）现行体制下部门利益因素的制约；

（3）信息资源客观分布的不对称性；

（4）信息资源利用方面投入严重不足；

（5）资源共享的法律法规滞后；

（6）数据管理混乱；

（7）缺乏统一的信息管理。

① 郭琪．政府信息资源共享的障碍因素分析与对策研究．特区经济，2008（3）．

第二节 中国政府应急管理发展

"应急管理作为一种重要的管理活动，有着自己独特的演进历史、特征规律与生命周期。应急管理既是政府的核心职能之一，也是媒体和公众关注的焦点。对于中国而言，'应急管理'这一术语完全是舶来品，最早是由核电行业引入中国的，1989 年 5 月 27 日《人民日报》发表了《我国核安全工作进入法制轨道——已发布 6 个核安全法规 24 个安全导则》，其中提到了'核事故应急管理'。"①

一、应急管理的概念

"应急管理是冷战结束后出现的一个名词，它很大程度上是替代了'民防'。民防的初衷在于规避战时敌国的军事打击，而现代的思想则是强调不论在和平年代还是战争时期都要给民众带来全面的保护。在美国，当时大部分的工作是做应急准备。在冷战时期人们最关心的是：应对核打击。民防的主要职责是检查各类设施以确保核袭击紧急避护场所能正常运作。地方政府成立自然灾害和民防办公室，其职责就是给核袭击紧急避护场所寻找合适的位置，定期检查和储藏物资，以防备核攻击。在此之前，为自然灾害受灾人员提供紧急避护场所和食物等灾后援助，都是美国红十字会的责任。"②

冷战结束后，世界上遏制战争的和平因素大为增长，而同时自然灾害、恐怖袭击等非传统安全因素对社会公众的生命、健康和财产安全所造成的威胁却在逐渐加大。民防开始向应对突发事件倾斜，这极大地推动了应急管理的发展。

应急管理是公共管理的重要内容，一般而言，应急管理的生命周期包括四个阶段，分别代表四种活动：减缓（mitigation）、准备（preparedness）、响应（response）和恢复（recovery）。可见，应急管理不仅仅意味着要对灾害或灾难进行处置，还要对其进行有效的预防，事发后要快速地恢复。对于应急管理的定义从不同的角度和不同的职能部门出发会有不同的说法，主要有以下几种：

（1）美国应急管理署（FEMA）（1995）认为，应急管理就是有组织地分析、规划、决策与调配可利用的资源，针对所有危险的影响而进行的减缓、准备、响

---

① 王宏伟．应急管理理论与实践．北京：社会科学文献出版社，2010．54.

② ［美］托马斯·D. 费伦．应急管理操作实务．林毓铭，陈玉梅等译．北京：知识产权出版社，2012．4.

应与恢复。

（2）联合国国际减灾战略在《术语：灾害风险削减的基本词汇》中提出，应急管理是组织与管理应对紧急事务的资源与责任，特别是准备、响应与恢复，包括各种计划、组织与安排，它们确立的目标是将政府、志愿者与私人机构的正常工作以综合协调的方式整合起来，满足各种各样的紧急需求，包括预防、响应与恢复。

（3）美国国土安全部在出版的《术语》（*Lexicon*）中提出，应急管理就是协调、整合所有对于建立、维持与提高一系列能力来说很有必要的活动，包括针对潜在或显示灾害或紧急事务而进行的准备、响应、恢复、减缓，不论导致灾害或紧急事务的原因是什么。

由此可见，应急管理就是为了预防与应对自然灾害、事故灾难、公共卫生事件和社会安全事件，将政府、企业和第三方组织的力量有效组合起来而进行的减缓、准备、响应与恢复活动。

二、应急管理中政府的职能与角色

随着应急管理的发展，现代突发事件防治更重在预防，应急机制和环节已从单纯的事后被动应付，扩展至事前的预警与准备、善后的恢复与重建。传统的突发事件应急机制基本上属于被动的“撞击式”，而现代突发事件应急制度不仅要建立事中或事后快速反应机制，还要建立事前预警机制和善后恢复与评估机制。一方面，现代应急机制越来越重视事前积极的预测预警和应急准备，政府管理的目标是“用少量钱预防，而不是花大量钱治疗”，各国政府都在积极地制订应急计划或预案；另一方面，突发事件得到基本控制和消除后，各国政府越来越重视善后恢复和评估反思工作。因此，在突发事件应对领域，政府起着非常重要的主导地位，扮演着积极的角色。而现实中，突发事件与常规事务，应急管理与常态管理，两者并非界限分明或非此即彼的，大多数情况下二者并存交叉并且互相联系和转化。为此，政府一方面要合理区分应急管理与常态管理；另一方面也需要统筹兼顾而不能顾此失彼。

三、中国政府应急管理工作的定位

政府存在的首要意义就是确保社会公众的生命、健康与财产安全。应急管理提供的产品是公共安全，具有受益的非排他性和效用的不可分割性。政府在应急管理中发挥着不可替代的作用，根据美国学者的研究可知，公共突发事件发生时，公众希望政府采取的措施包括：①就即将来临的紧急事件，向公众发出警报；②评估紧急事件的严重性；③及时告知公众事件的情况；④评估危险区域的安全度；⑤转移危险区域的公众；⑥快速恢复各种服务；⑦提供恢复服务；⑧削减未来突发事件的影响；⑨保护公众的生命与财产。

2006 年 10 月发布的《中共中央关于构建社会主义和谐社会若干重大问题的决定》指出，要建设服务型政府，强化各级政府的社会管理和公共服务职能。突发事件的应急管理工作正是政府履行社会管理和公共服务职能的具体体现。

根据《中华人民共和国突发事件应对法》的规定，我国突发事件的应对原则包括两个方面：一是“预防为主”，即要尽量消除突发事件发生的隐患，从多个方面入手降低发生各种突发事件的“脆弱性”；二是“预防与应急相结合”，即要做到平战结合，“防病与治病并重”，对各种无法抗拒的突发事件必须有强大的抵抗力。我国政府应急管理体制包括：统一领导，做到命令统一、指挥有序；综合协调，能对各级各类人员和资源进行统筹；分类管理，对各类突发事件进行专业化的管理；分级负责，不同级别的行政机构承担不同的职责；属地管理为主，突发事件事发地的政府机构管理为主。

四、中国政府应急管理的发展历程

中国应急管理工作是围绕“一案三制”建设展开的。“一案”是指应急预案，“三制”是指应急管理的体制、机制和法制，“一案三制”是中国应急管理的基本框架。自 2003 年“非典”爆发以来，中国的各级政府对应急管理给予了前所未有的高度重视，应急管理取得了长足的发展。

2003 年是中国应急管理的起步之年，在抗击“非典”表彰大会上，党中央、国务院第一次明确提出，政府管理除了常态管理之外，要高度重视非常态管理，并于 2003 年 11 月由国务院成立了应急预案工作小组，重点推动突发公共事件应急预案编制工作和应急体制、机制、法制建设工作。

2005 年 4 月 17 日国务院以国发〔2005〕11 号文正式下发《国家突发公共事件总体应急预案》，6 月 7 日国务院、中央军委公布《军队参加抢险救灾条例》，并于 7 月 1 日起实施。7 月 22 日国务院在北京召开首次全国应急管理工作会议，会议要求各地成立应急管理机构。这次会议标志着中国应急管理工作进入了一个新的历史发展阶段。而 2007 年 8 月 30 日《中华人民共和国突发事件应对法》发布，并于 11 月 1 日起正式实施，这标志着中国应急管理工作迈上了规范化、制度化和法制化的道路。

随后全国的应急管理工作在中央的统一领导和规范之下有序地开展，各级政府围绕“一案三制”开展应急管理体系建设，制定突发公共事件应急预案，建立健全突发公共事件的体制、机制和法制，提高政府处置突发事件的能力，并逐步横向覆盖到各地区、各行业、各单位的应急预案体系，健全“分类管理、分级负责、条块结合、属地为主”的管理机制；纵向渗透到基层组织，建立健全基层应急管理组织体系，将应急管理工作纳入干部政绩考核体系，建设“政府统筹协调、群众广泛参与、防范严密到位、处置快捷高效”的基层应急工作体制，深入开展科普宣教和应急演练活动，建立专兼结合的基层综合应急队伍；同时，完善各级法律法规政策，建设突发公共事件预警预报信息系统和专业化、社会化相结合的应急管理保障体系，形成政府主导、部门协调、军地结合、全社会共同参与的应急管理工作格局。

第三节　政府应急管理信息平台建设

“应急管理信息系统是整个应急管理体系的神经系统，信息传输、交换畅通是突发事件成功应对的前提。应急管理信息系统是围绕突发事件的信息收集、传输、处理及发布等所进行的组织、协调和管理活动，它渗透于应急管理的各个环节和整个过程，其功能是为应急管理体系的正常高效运行提供所必需的数据和信息。”①

应急管理信息系统的建设和应用，同样也不能与政府常态下的电子政务建设和应用实施截然分离，两者其实是相辅相成的。从组织机构到运行体制，从政务信息资源共享到应急基础数据库建设，都是互为基础的。而且在信息收集过程中，很多信息是可以共用的，这样可以避免信息收集过程中的重复工作，减少工作量。

一、应急管理信息平台的建设内容

政府应急平台是伴随着20世纪90年代以来高速发展的信息技术而出现的一个新兴事物。应急平台是以公共安全科技为核心，以信息技术为支撑，软硬件相结合的突发公共事件应急保障技术系统，是实施应急预案的工具。应急平台是在应急指挥系统、应急联动系统、应急信息系统的基础上逐渐发展健全的技术系统。从“应急指挥系统”、“应急联动系统”、“应急信息系统”等概念到“应急平台”的出现，是应急管理向更全面、更系统、更科学方向发展的过程，体现了全面应急管理的思想。

关于应急平台的基本组成部分，学者范维澄和袁宏永认为应急平台分为基础支撑系统和综合应用系统两部分，即硬件支撑和核心应用，包括：

---

① 马怀德．法治背景下的社会预警机制和应急管理体系研究．北京：法律出版社，2010．115.

（1）基础支撑系统。包括通信系统、计算机网络系统、图像接入系统、视频会议系统、移动应急平台、安全支撑系统和容灾备份系统等。

（2）综合应用系统。包括综合业务管理系统、风险隐患监测防控系统、预测预警系统、智能方案系统（即数字预案系统）、指挥调度系统、应急资源管理和保障系统、应急评估系统、模拟演练系统和数据库系统。①

按照核心功能划分，应急平台也可以看作由三个部分组成，分别是信息获取系统、应急智能系统和决策指挥系统。有学者的观点是，应急平台从系统构成上分为三个部分：

（1）信息支撑平台：采集、传输、会议、通信。

（2）决策支持平台：会议、风险分析、监测监控、预测预警、动态决策库、GIS、案例库、专家库、应急预案库。

（3）应急指挥平台：调度、综合协调、应急联动与总结评估。②

也有学者认为，应急平台可以分为前端展示部分（例如新闻媒体、门户网站等）、综合应用系统、数据库基础支撑系统、应急指挥场所、移动应急平台等。还有一种观点，将应急平台分为四个部分：

（1）基础支撑系统。包括应急指挥场所、备用应急指挥中心、数据网络系统、通信网络系统、移动指挥车系统、备份及容灾系统、视频会议系统、图像监控系统、安全防护系统等。

（2）数据库系统。包括历史事件数据库、基础地理信息数据库、自然人和法人信息数据库、应急资源数据库、预案数据库、专家数据库、法律法规、各专项数据库等。

（3）综合应用系统。包括信息报送系统、预测预警系统、预案管理系统、GIS/GPS、会商决策系统、指挥调度系统、信息发布系统、应急评估管理等。

（4）互联互通系统。包括国家应急指挥平台、各市（州）、县（市）应急指挥平台及各专业应急指挥平台等。

二、中国政府应急管理信息平台建设发展历程

与电子政务的发展历程非常类似，中国应急管理信息系统的建设也经历了从应对各类突发事件的专业信息系统的各自为政的单独建设，到整合资源平台的统筹建设的发展过程。

“中国政府应急管理信息系统发展之初，都是由政府系统中负有直接处置突

---

① 范维澄，袁宏永．我国应急平台建设现状分析及对策．信息化建设，2006（9）．

② 龙彧．关于推进国家应急平台建设的建议．中国工程科学，2009（9）．

发事件职责的部门根据各自所要应对的突发事件的特点各自建设的。经过多年的努力和积累，初步建成了分类管理的各个专业的应急管理信息系统。包括应对自然灾害的气象灾害信息系统、地震灾害信息系统、海洋灾害信息系统等；应对事故灾难的火警‘119’信息系统、交通事故‘122’信息系统、海上突发事件救助‘12395’信息系统等；应对公共卫生事故的‘120’信息系统、‘999’信息系统等；应对社会安全的‘110’信息系统等。”①

中国电子政务建设逐渐向平台化、组件化发展，以消除“信息孤岛”，促进政务信息资源整合为新的建设中心，而政府应急管理业务本身也在不断地发展成熟，尤其是2003年“非典”事件之后，我国开始重视各个专业应急管理信息系统的整合和综合性信息系统的建设。例如，广西南宁市利用集成的数字化、网络化技术，以集中投资、统一管理的方式，建立了面向全市的统一的信息接收和处理平台，打破了原有的匪警、火警、急救、交警等多个信息系统相互阻隔、封闭运行的状况，满足了公安、交警、消防、急救、防洪、护林防火、防震、人民防空、公共事业等不同部门的应急管理信息化需求，实现了应急信息资源的共享。

“要实现跨地区跨部门的综合管理，首先需要实现应急信息资源的共享和统一，建设应急信息数据中心平台，最有效的手段就是建设统一的应急基础信息数据库。应急基础信息数据库是指应对突发事件所必备的有关危险源、风险隐患、应急资源（物资储备、设备及应急队伍）、应急避难场所（分布、疏散路线和容纳数量等）、应急专家咨询、应急预案、突发事件案例等基础信息的数据库。”② 应急基础信息数据库为政府评估及预测突发事件发生的可能性、范围、产生的影响、事件可能达到的级别等提供了依据。同时，还要统一数据库建设标准以及相互之间的沟通协调机制，从而实现基础信息的整合和资源的共享，提高信息的使用率。

跟电子政务的建设类似，2003年之后应急管理信息化建设在法律法规和标准体系化方面也得到了积极的推进。“截至目前，我国已颁布的应急管理相关法律、行政法规和部门规章130余件，国务院先后组织制定应急预案106件，其中包括国家总体预案1件、专项预案25件、部门预案80件。”③ 其中，2003年的《突发公共卫生事件应急条例》、2006年的《国家突发公共事件总体应急预案》、2007年的《政府信息公开条例》和《突发事件应对法》等，都对突发事件信息的收集、传输和处理做了详细的规定，明确了相关主体的责任，提高了信息管理的规范化程度。

---

① 马怀德．法治背景下的社会预警机制和应急管理体系研究．北京：法律出版社，2010．115.

② 马怀德．法治背景下的社会预警机制和应急管理体系研究．北京：法律出版社，2010．123.

③ 马怀德．法治背景下的社会预警机制和应急管理体系研究．北京：法律出版社，2010．116.

三、中国应急管理信息平台建设体系及总体框架

应急平台是应急管理体系的基本组成部门，是应急管理的一项基础性工作。我国对应急平台建设给出了明确的方向，既要提高认识、加快行动，又要科学部署、务实推进，力争在若干年之内形成覆盖全国、纵向到底（涉及国家、省、市、区县和基层）、横向到边（涉及自然灾害、事故灾难、公共卫生和社会安全）、互联互通和功能完整的应急平台体系，促进我国公共安全从被动应付型向主动保障型的战略转变，全面提升国家抗御和应对突发事件的能力，从根本上促进整个国家的应急管理水平。

2006年出台的《国务院关于全面加强应急管理工作的意见》把推进国家应急平台体系建设列为加强应对突发事件的能力建设的首要工作，明确要求“加快国务院应急平台建设，完善有关专业应急平台功能，推进地方人民政府综合应急平台建设，形成连接各地区和各专业应急指挥机构、统一高效的应急平台体系”。

2006年10月中共中央十六届六中全会在《中共中央关于构建社会主义和谐社会若干重大问题的决定》中指出“建立统一高效的应急信息平台”，“实现社会预警、社会动员、快速反应、应急处置的整体联动”。

“应急平台体系的组成包含不同层次和类型，包括国务院应急平台、省级应急平台、部门应急平台、地市级应急平台、县级应急平台、面向公众的紧急信息接报平台以及面向公众的信息发布平台。”① 如图2-2所示：

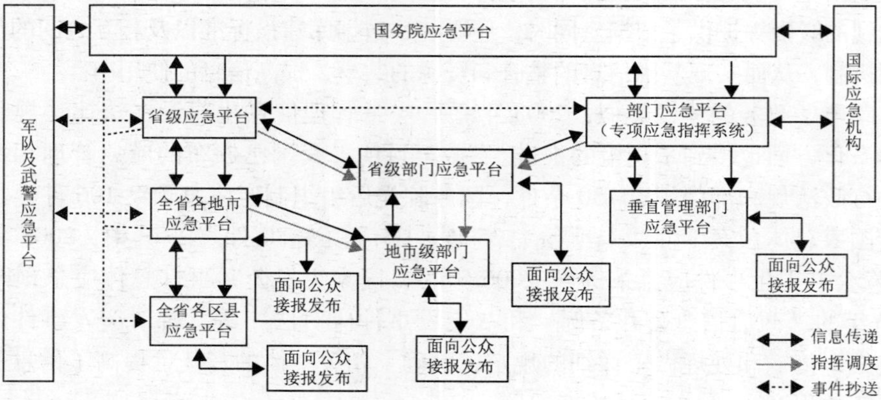

图2-2 国家应急管理信息平台体系组成图

① 姚国章. 应急管理信息化建设. 北京：北京大学出版社，2009. 28.

应急平台的建设涵盖内容非常广泛，是一个庞杂的系统工程，需要科学规划、精心设计、逐步推进。就整体而言，各级应急平台组成部分包括：基础支撑系统、综合应用系统、数据库系统、信息接报与发布系统、应急指挥场所、移动应急平台和法律法规与标准规范体系与安全保障体系等。如图2－3所示。具体包括：

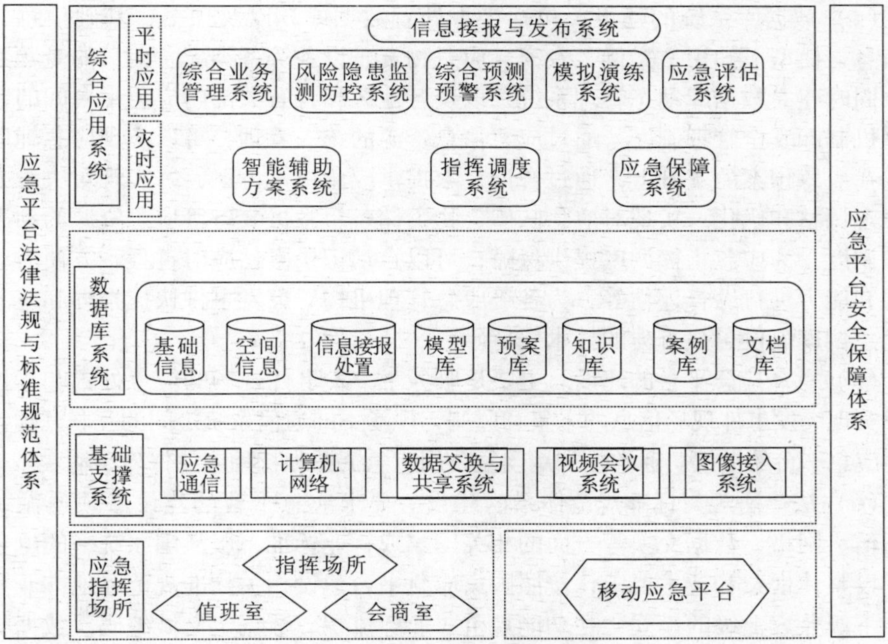

图2－3　国家应急管理信息平台建设内容框架图①

（1）应急指挥场所的建设。包括建设完善应急指挥大厅和值班室等应急指挥场所及其视频会议和图像监控系统，并与国务院应急平台视频会议系统和图像接入系统连通。配备音视频、显示系统和常用办公设备等，满足值守应急、异地会商和决策调度等的需要。

（2）基础支撑系统的建设。包括利用国家电子政务资源和国家通信资源，保证应急平台所需网络、存储和运行设备等硬件条件。同时利用已建成的国家政务统一网络平台，依托政府办公业务资源网，利用国家公用通信和专业部门通信资源，以及卫星、蜂窝移动和集群等多种通信手段，实现突发事件与应急平台的

① 姚国章．应急管理信息化建设．北京：北京大学出版社，2009．34．

图像、语音和数据等信息传输。

（3）综合应用系统的建设。包括突发事件的信息接报处理、跟踪反馈和情况综合等值守应急业务管理。运用计算机技术、网络技术和通信技术、GIS、GPS等高技术手段，通过整合全国各类应急资源，构建一个集成各级应急救援指挥机构、应急救援基地和相关部门的互联互通的通信信息基础平台，采集、分析和处理应急救援信息，为指挥协调和应急决策提供参考依据和支持。

（4）数据库系统的建设。包括接报处置数据库，以及预案、基础信息、空间信息、模型、知识、案例、专家、应急物资、设备等各类应急信息的专题数据库。同时建立数据库动态管理系统，以及各地区和各有关部门应急平台间的数据共享机制和安全管理制度。通过应急信息资源的统一管理，可以实现应急辅助预测，在应急预案的基础上，通过咨询专家提供应急决策方案，并实现对决策方案的动态调整和优化；实现对应急队伍、物资储备、救援装备等应急资源的动态管理和调度，为应急指挥调度提供保障；可以自动记录事件应对过程，方便对应急过程和能力进行综合评估等，为各级应急管理机构对突发事件快捷指挥和应急资源紧急调度提供了强有力的技术支持。

（5）移动应急平台的建设。主要是服务于突发事件现场的应急处置和指挥调度，实现突发事件现场信息的采集和监测，现场不同通信系统之间的互联互通，以及与应急平台的链接。通常是利用国家公用应急资源和特种应急保障车辆。

（6）法律法规与标准规范体系的建设。要求应急平台的建设必须遵循统一的通信、网络、数据交换等方面的相关国家或行业标准，服从国家统一的电子政务建设整体框架和技术要求，按照国家应急平台建设相关标准规范和地方兼容中央、下级兼容上级的模式，在功能规范、业务流程、数据定义域编码、数据交换上统一标准化体系。保证国家应急平台体系技术标准完整一致。

（7）安全保障体系的建设。要根据国家安全域划分的相关要求，实现应急平台体系通信、网络、应用等多层次的整体安全，主要包含物理场所安全、通信安全、网络安全、应用安全、状态监控、容灾备份和安全管理等。应急平台内网安全保障体系采用与上级应急平台一致的技术线路，并依托电子政务内网安全支撑平台建设；应急平台外网安全保障体系要根据国家电子政务的统一规范要求和自身信息安全的建设情况建立健全安全保障措施，对敏感信息提供保护。

第三章　应急管理信息系统成功实施的研究

第一节　应急管理信息系统成功实施的评价体系

从管理实践的角度而言，“没有评价就没有管理”。评价是管理者决策的重要手段，也是一种重要的回馈与决策工具。对应急管理信息系统成功实施的评价不仅是IT投资效果的评估问题，还可以帮助我们发现促进应用成功的潜在要素，改善推广应用过程当中的管理方法和过程，促进实施项目向期望的方向发展。

从学术研究的角度看，管理信息系统（IS）成功是IS实施研究的目的或因变量（dependent variables）。正如著名学者DeLone和McLean指出的，“如果IS研究想要为实践世界作出贡献，那么清楚地定义和评价IS成功就非常重要；没有一个对IS成功的明确定义，研究促进IS成功的因素就毫无意义了”[①]。此外，如果没有统一的信息系统成功评价理论，不同学者的研究结论就很难互相比较，因为大家对因变量的定义根本就是不同的。因此，如何评价和测量IS成功，一直是学术界和实际工笔者非常关注的。

一、信息系统（IS）成功评价研究

在企业信息系统成功评价研究领域，最具有里程碑意义的是美国学者DeLone和McLean于1992年提出的信息系统成功模型。DeLone和McLean在分析了180篇有关IS成功测量的论文基础上，总结出关于IS成功的六种主要的维度，分别是：系统质量（system quality）、信息质量（information quality）、系统使用（system use）、用户满意度（user satisfaction）、个人影响（individual impact）和组织影响（organizational impact）。

（1）系统质量，是衡量信息系统本身的稳定性、响应时间、易用性等的因素；

① DeLone，W. H. and McLean，E. R. Information System Success：The Quest for the Dependent Variables. *Journal of Management Information Systems Research*，1992（3）：60－95.

（2）信息质量，是衡量系统所产生的信息的有效性、及时性、准确性等的因素；

（3）系统使用，是考察用户使用系统的时间、频率、使用信息的数量和对系统的依赖程度等的指标；

（4）用户满意度，可以是管理者满意度，也可以是总体满意度，满意度是应用最广泛的测量指标，因为它最容易操作；

（5）个人影响，包括对管理者决策效率的促进，决策准确性的提高，员工工作效率的提高，信息获得和信息理解能力的加强等；

（6）组织影响，包括财务方面指标的改善，如销售额、市场占有率、股票市值、利润率等的提高，或者是成本、资金周转时间、库存量等的降低。也可以是生产效率、服务效率、产品质量等指标的改善，或者是战略竞争优势的保持和加强。

其中，虽然组织影响是 IS 成功的最终目标，但是学术界一直避免直接测度组织影响，因为很难把 IS 的影响和贡献从其他众多的贡献因素中分离和提炼出来。

在这六个维度的基础上，DeLone 和 McLean 提出了自己的信息系统（IS）成功模型。DeLone 和 McLean（1992）的信息系统成功模型见图 3－1 所示：

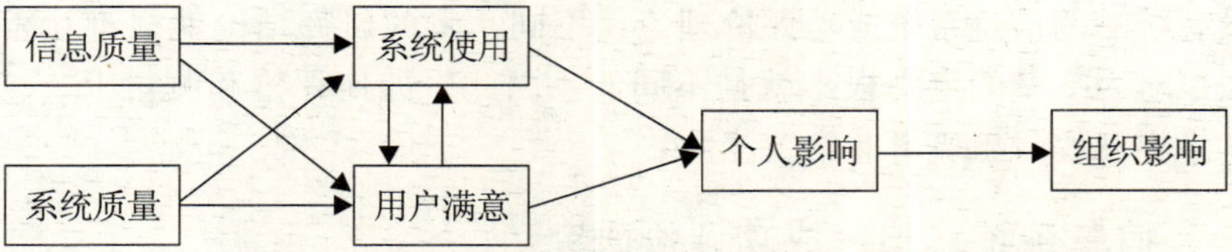

图 3－1　DeLone & McLean 信息系统成功模型（D&M 模型）①

这一模型把信息系统（IS）成功看成一个过程，具有时间和因果关系。IS 首先被建立或实施，IS 的特性（features）体现为一定的系统质量和信息质量。用户通过使用系统感受到 IS 的特性，并得到是否对 IS 满意的判断。因此，系统质量和信息质量共同而又单独地影响着系统使用和用户满意度。同时，系统使用和用户满意度又相互影响，这种影响可能是正面的，也可能是负面的。而系统使用和用户满意度又直接引发了对个人的影响，进而最终影响到组织绩效。

DeLone 和 McLean 认为 IS 成功本身是一个多维变量，很难简单地说一个因

---

① DeLone, W. H. and McLean, E. R. Information System Success: The Quest for the Dependent Variables. *Journal of Management Information Systems Research*, 1992（3）: 60－95.

变量比另一个因变量好，应该根据研究目标、组织环境、具体研究系统的哪个方面、有哪些自变量（independent variables）以及研究方法和分析层次等要素来选择要考察的因变量。同时他们也认为从综合角度进行研究是必要的。

在提出 D&M 模型的 11 年后，DeLone 和 McLean 于 2003 年又进一步改进了自己的信息系统（IS）成功模型，如图 3－2 所示。这一次，他们在模型中加入了一个新的测量变量：服务质量（service quality）。DeLone 和 McLean 认为，随着客户/服务器（C/S）结构和用户计算技术的普及，最终用户（end user）对信息系统的控制和使用程度在不断加深，组织中的 IT 部门具有信息提供者（提供信息产品）和服务提供者（向最终用户提供支持）的双重角色。用户不仅仅使用 IS 本身，还包括对服务的利用。换句话说，信息化部门的服务也是 IS 的一部分。因此，服务质量也应该是 IS 成功的维度之一。对服务品质可以从及时性、可靠性、准确性、有效性以及热心程度等方面来进行测量。

此外，新模型还将“个人影响”和“组织影响”两个维度合并成一个单一的新指标：净收益（net benefits）。DeLone 和 McLean 认为，原有模型中的“个人影响”和“组织影响”不够全面，因为根据分析层次和研究目的的不同，还可能有“行业影响”、“社会影响”、“客户影响”，等等。而且，“影响”可能有消极的，也可能有积极的，这样会造成误解。因此，新模型采用更全面且更准确的“净收益”概念来作为最终的成功维度。而且，新模型指出“净收益”的情况会反过来影响系统使用和用户满意。

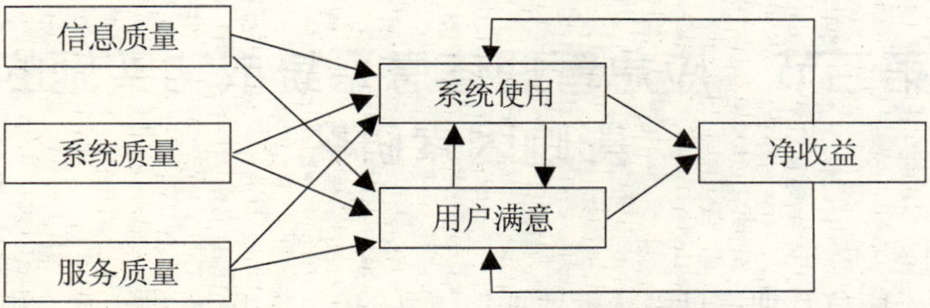

图 3－2　DeLone 和 McLean 的信息系统成功新模型①

二、政府管理信息系统绩效评估方法

在大规模的投入和建设后，电子政务能否真正取得预期的成效也成为各国政

① DeLone, W. H. and McLean, E. R. The DeLone and McLean Model of Information Sueeess: A Ten-Year Update. *Journal of Management Information Systems Research*, 2003 (4): 9-30.

府必须关注的问题。因此，对电子政务绩效评估尤其是电子政务绩效评估的方法进行深入研究也是学者们关注的重点。但过往研究比较多地集中在信息系统建设过程中，包括进行预算控制的目标、过程和问题等方面，设计并实施了许多评估方案，却仍然存在一定的缺陷。

当前理论界普遍认为电子政务绩效评估要体现公民满意度的导向性，但是常规的绩效评估中公民满意度显得不够突出。有代表性的评估方法如：

王德蓉的研究侧重于测量组织获得最终满意结果所花费的成本，即在效果一定的情况下，所花费的成本最低，则整个项目的绩效最高。以此我们可以分析电子政务建设中哪些行为可以降低建设成本，从而总结出从费用—效益分析角度提炼出来的电子政务建设绩效评估指标。包括：①是否采用合理的建设模式；②是否进行项目实施前的准备；③是否充分利用现有资源；④安全保障的级别是否与项目信息安全的要求相一致；⑤是否建立合理的培训机制；⑥是否考虑合理的技术人员成本。这六个指标是从费用—效益分析角度提炼出来的电子政务绩效评估指标，它是在政府管理信息系统建设的方法、要求、措施等宏观层面上提出来的，因而适用于政府网站建设、基础设施建设、重点业务系统建设、政务基础数据库建设等四个方面的评估。而从政府管理信息系统所要实现的近期目标来看，这四个方面的要求有所不同，因而，其指标体系要根据各自的建设目标分别建立。在进行具体的政府管理信息系统项目绩效评估时，要将从建设目标分析提炼出来的指标与从费用—效益角度提炼出来的指标综合起来考虑。

第二节　应急管理信息系统成功实施的影响因素研究

现有对于应急管理信息系统绩效评估体系的研究，绝大部分是关注于投资和建设，对于具体的应用实施环节尚无理论或实证研究。由于中国政治体系的特殊性，政府对于应急管理信息系统的应用更关注效果，而对于效益则不是那么敏感。

在本研究过程中，我们会更多地参考信息系统的成功评价体系，以及上文提及的政府管理信息系统绩效评估的6个指标，当然指标内容会根据应用过程的实际情形和内容予以调整。而对于评价体系的权重分析，则更多是在对政府实践专家尤其是信息化部门负责人的访谈和咨询过程中产生并建立的。

而事实上，由于信息系统的实施应用涉及政府部门的各个业务领域，从中央到地方，从垂直管理到属地管理，包括了从上到下的各个层级，基本上涵盖了政府信息化实施的各个影响因素。从中很难明确界定一个变量是否比另外一个变量更重要，为此，特引入关键成功因素分析法，通过筛选和比较分析，找出关键影响因素，确定系统应用实施过程中各个因素的影响次序。

一、关键成功因素分析法

关键成功因素是指在现行系统中，总存在着多个变量影响系统目标的实现，其中若干个因素是关键的和主要的，即关键成功因素。通过对关键成功因素的识别，找出实现目标所需的关键信息集合，从而确定系统应用的优先次序，这就是关键成功因素分析法（CSF）的主要思想。

1. 关键成功因素分析法的基本概念

关键成功因素分析法（Key Success Factors，KSF 或者 Critical Success Factors，CSF）是信息系统开发规划方法之一，1970 年由哈佛大学教授 William Zani 在 MIS 模型中使用了关键成功变量，这些变量是确定 MIS 成败的因素。1980 年，麻省理工学院教授 John 把 CSF 提升为信息系统战略规划的方法。所谓关键成功因素，指的是组织在规划期内影响目标实现的关键性的任务，然后再围绕这些关键因素来确定系统的需求，并进行规划。其基本出发点是认为组织的信息系统需求是由少数 CSF 所决定的。

关键成功因素（key success factors，KSFs 或者 critical success factors，CSFs）最初主要是在探讨产业特性与企业战略之间关系时使用的概念，是结合本身的特殊能力，对应环境中重要的要求条件，以获得良好的绩效。其特点是：

（1）少量的易于识别的可操作的目标；

（2）可确保组织的成功、目标达成；

（3）可用于决定组织的信息需求。

2. 关键成功因素分析法在信息系统领域的应用

关键成功因素（CSFs）的概念最初由麻省理工学院的 John Rockart（1979）引入信息系统研究领域，用于分析高层管理者的信息需求。Rockart 对 CSFs 的定义是：

"Critical success factors…are…the limited number of areas in which results, if they are satisfactory, will insure successful competitive performance for the organization. They are the few key areas where 'things meets go right' for the business to flourish, …As a result, the critical success factors are areas of activity that should receive constant and careful attention from management. "①

---

① Rockart J. F. Chief Executives Define Their Own Data Needs. *Harvard Business Review*, 1979（3 -4）: 85.

简言之，关键成功因素（CSFs）就是指组织为了获得较高的绩效，必须给予特殊和持续关注的少数几个领域和管理活动。笔者认为，对CSFs的理解应该从以下两个方面来理解：

（1）关键成功因素是少数几个最具影响力的因素，并非全部因素；

（2）如果管理者无法顾及全部影响因素，那么就应该充分关注CSFs。

Boynton和Zumd（1984）认为，关键成功因素不但是一种概念，还是一种管理方法或机制。通过对少数几个关键成功因素的分析、确认、管理和持续控制，可以有效地完成管理目标。同时，CSFs还是一种研究框架，研究者可以通过对少数几个关键因素的观察和分析，有效地获得研究本质，而没有必要考察所有可能有影响的因素。

Rockart在提出CSFs概念的同时，还提出了一套分析和确认CSFs的方法。CSFs的概念和方法提出以后，在信息系统（IS）领域得到了广泛的应用。Shank（1985）和Peffers（2003）等人用CSFs的概念和方法来研究信息系统规划；Martin（1982）、Rockart（1982）和Magal（1988）等则系统研究了高层IT经理的关键成功因素；1987年，Slevin和Pinto把关键成功因素的概念应用于项目管理研究。Slevin和Pinto指出，通过确定关键成功因素，管理者可以将有限的资源用于最重要的地方；还可以通过对少数关键成功因素的监控，来指导项目实施。

近年来，有越来越多的学者用CSFs的概念和方法来研究IS的实施。总的看来，CSFs研究是一种典型的因素研究。研究者通常通过各种方法（例如文献归纳、专家讨论等）提出一系列可能的CSFs，然后利用案例研究、问卷调查等方法加以验证。对CSFs的重视和持续的关注将在很大程度上保证信息系统的成功实施。

我们在应急管理信息系统应用实施过程的研究当中适当运用“关键成功因素法”，就是通过分析应急管理信息在系统应用实施的整个过程中包括外部社会、经济环境和内部自身各个方面的因素，对所有因素进行梳理之后汇总、分析、归纳，并采用量化的方法进行科学分析，最后建立一个“实施成功多因素模型”，这样可以很好地找出确保应急管理信息系统成功实施的关键信息集合，以便科学地提出建议或意见。

应急管理信息系统实施成功多因素模型分析法主要包含以下几个步骤：

（1）确定政府部门应急管理信息系统成功实施的指标体系；

（2）识别所有的影响因素：主要是分析影响战略目标的各种因素和影响这些因素的子因素；

（3）确定关键成功因素：不同部门的关键成功因素可能各不相同，由于各自所处的外部环境的差异和内部条件的不同，其关键成功因素也不尽相同；

（4）明确各关键成功因素的性能指标和评估标准：关键成功因素法的优点是能够使所开发的系统具有很强的针对性，能够较快地取得收益。

应用关键成功因素法需要注意的是，当关键成功因素解决后，又会出现新的关键成功因素，必须重新开发系统。

运用关键成功因素分析法，对应急管理信息系统实施的关键成功因素进行研究，特别是以中国政府部门内部作为分析视角，迄今还没有形成系统的研究，专门的文献也很难检索到。相比较而言，以企业为实施对象的 ERP 系统，从信息技术应用到资源、流程和活动的跨部门整合运行，整个应用过程其实跟应急管理信息系统的实施是一致的，其区别只是在于应用对象是政府部门而不是企业，系统的内容不是企业的具体业务而是政府的应急管理业务。因此有了政府区别于企业的一些制度和体制方面带来的差异，但是从机制本身而言，都是信息化系统的应用。

为此，本研究首先对 ERP 实施关键成功因素进行了研究探讨，以此为基础加上政府部门特有的形态和适用的其他因素调整，提出政府特有的因素，从而形成本研究的假设并以此展开相关研究。

二、ERP 系统实施关键成功因素模型

根据 Deloitte Consulting（1999）的观点：企业资源计划（ERP）系统，也被称为企业信息系统（Enterprise Systems，ES），是一种全新的企业级信息系统，它使企业用一个集成的、跨部门的系统，替换现有互不兼容的管理信息系统，致力于在企业管理的各个活动环节中，充分利用现代信息技术建立信息网络系统，对企业经营管理活动中的物流、信息流、资金流、工作流加以集成和综合，实现资源的优化配置，加快对市场的反应速度，从而提高企业管理的效率和水平，并最终提高企业的经济效益和竞争能力。

1. Holland（1999）的 ERP 系统实施关键成功因素模型

几乎所有关于 ERP 关键成功因素的研究都会提及 Holland（1999）的模型。Holland 认为，成功实施 ERP 要求企业以流程为导向，而且企业的所有部门必须遵循同样的、统一的流程。ERP 就像促进者和催化剂一样，使企业进行整个组织范围内的重组。ERP 的真正效益也只能从组织改变中获得。因此，实施 ERP 是一个业务项目（business project），而非技术项目（technology project）。Holland 首先以 Slevin 和 Pinto（1987）提出的一般项目管理关键成功因素为基础，加上适用于 ERP 项目的其他补充因素，形成了 ERP 系统实施关键成功因素模型，见图 3－3“Holland 的 ERP 系统实施关键成功因素模型”：

ERP 实施过程	
战略性因素	战术性因素
1. 高层管理者 2. 发展愿景（business vision） 3. 项目时间表/计划 4. "遗存"系统（legacy systems） 5. ERP 实施策略	1. 用户参与（client consultation） 2. 人员（personnel） 3. 用户接受（client acceptance） 4. 监控和反馈 5. 沟通 6. 问题解答（trouble shooting） 7. ERP 和软件配置（configuration）

图 3－3 Holland 的 ERP 系统实施关键成功因素模型①

2. Estsve（2000）的 ERP 系统实施关键成功因素模型

Estsve 认为，ERP 项目的失败率很高，主要是由于项目经理通常过于关注技术和财务问题，而忽视了非技术问题（non-technical issues）。因此，Estsve 从 4 个维度来描述 ERP 系统实施的关键成功因素：战略性、战术性、组织性和技术性。详见图 3－4 "Estsve 的 ERP 系统实施关键成功因素模型"：

	战略性	战术性
组织性	1. 持续的管理层支持 2. 有效的组织变革管理 3. 合适的项目组构成 4. 良好的项目范围管理 5. 全面的业务流程重组 6. 合适的项目拥护者角色（champion role） 7. 合作各方的信任关系 8. 用户参与和投入	1. 专注的项目组成员和咨询专家 2. 对咨询专家的合适运用 3. 对项目组的授权 4. 充分的项目培训 5. 有效的沟通 6. 正式的项目计划/时间表 7. 问题解答（trouble shooting）
技术性	1. 避免用户化修改 2. 合适的 ERP 系统实施策略 3. 合适的 ERP 愿景	1. 适当的软件设置 2. 适当的"遗存"系统知识

图 3－4 Estsve 的 ERP 系统实施关键成功因素模型②

---

① Holland, C., Light, B., Gibson, N. *A Critical Success Factors Model of Enterprise Resoucre Planning Implementation*. Proceedings of the 7th European Conference on Information Systems ECIS, Copenhagen, Denmark, 1999.

② Estsve, J., Pastor, J. *Towards the Unification of Critical Success Factors for ERP Implementation*. Proceedings of the 10th Annual Business Technology (BIIT) Conference, Manchester, 2000.

3. Somers 和 Nelson（2001）的研究

Somers 和 Nelson（2001）首先通过文献回顾，提出了一个非常全面的 ERP 关键成功因素列表，见表 3－1。同时，Somers 和 Nelson 通过邮寄问卷的方法，请实际工笔者对上述关键成功因素在 ERP 系统实施各个阶段的重要程度打分。根据调查结果，表 3－2 显示了在 ERP 系统实施不同阶段，重要程度排在前 5 位的关键成功因素。

表 3－1　Somers 和 Nelson 的 ERP 系统实施关键成功因素

1	高层管理者支持	12	资源保障
2	项目组的能力	13	指导委员会作用
3	部门间合作	14	用户培训（针对软件使用）
4	清晰的项目目标	15	用户培训（针对新流程）
5	项目管理	16	业务流程重组
6	部门间的沟通	17	尽量减少用户化修改
7	期望管理（management of expectation）	18	IT 架构（achitecture）选择
8	项目拥护	19	变革管理
9	厂商支持	20	与厂商的伙伴关系
10	ERP 软件包选择	21	利用厂商的实施工具
11	数据分析与转换	22	咨询专家的作用

表 3－2　ERP 系统实施不同阶段的前 5 位关键成功因素

一、初选阶段	二、采用阶段	三、适应阶段
1. IT 架构选择 2. 清晰的项目目标 3. 与厂商的伙伴关系 4. 高层管理者的支持 5. ERP 软件包选择	1. 高层管理者支持 2. 项目组的能力 3. 指导委员会的作用 4. 与厂商的伙伴关系 5. 资源保障	1. 部门间的沟通 2. 部门间的合作 3. 项目组的能力 4. 资源保障 5. 利用厂商的实施工具
四、接受阶段	**五、惯例化阶段**	**六、融入阶段**
1. 部门间的沟通 2. 部门间的合作 3. 高层管理者支持 4. 项目组的能力 5. 用户培训（新流程）	1. 部门间的沟通 2. 高层管理者支持 3. 部门间的合作 4. 厂商支持 5. 用户培训（软件使用）	1. 部门间的沟通 2. 部门间的合作 3. 高层管理者支持 4. 厂商支持 5. 与厂商的伙伴关系

4. 中国企业 ERP 系统实施关键成功因素研究

一些学者在研究中国企业的 ERP 系统实施问题时，也采用了关键成功因素方法。比较典型的有香港城市大学的张良与上海交通大学的张喆共同进行的实证研究“中国企业 ERP 实施关键成功因素分析：多案例研究”。在这一研究中，张良等学者提出 5 个 ERP 系统实施的关键成功因素：组织环境、人员特性、技术问题、供应商支持和文化影响，见图 3－5。其中前 4 个因素为一般的 ERP 关键成功因素，第 5 个文化影响是专门针对中国企业提出的①。

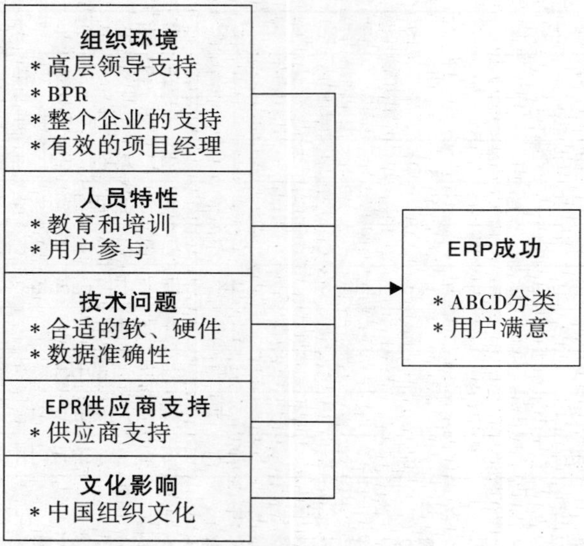

图 3－5 张良等人提出的中国企业 ERP 系统实施关键成功因素模型

三、基于政府部门的应急管理信息系统成功实施多因素影响模型研究

目前专门针对政府部门的应急管理信息系统成功实施的研究很少，主要集中在政府信息化或电子政务的应用研究上。应急管理作为中国政府的一项基本职能，也是在 2003 年 SARS 事件之后得到普遍关注并发展起来的，其信息化的建设也是统一纳入政府信息化的建设当中。

对于政府部门应急管理信息系统实施的研究，笔者首先是从电子政务的应用研究入手，“在一定的管理体制、管理模式下，影响电子政务的最关键的要素从

① 张喆，黄沛，张良．中国企业 ERP 实施关键成功因素分析：多案例研究．管理世界，2005（12）．

国际社会来看，可以归纳为外部和内部两个方面：外部包括政府自身的变革、经济社会的发展、法律法规、经济进步等4大要素；内部主要包括影响力、需求、技术能力、标准、管理手段、信息安全等6大要素。如果说这些要素带有共性规律的话，那么中国的管理模式、管理体制决定了我们还会有一些特殊的'要素'"①。

1. 社会环境因素影响

电子政务作为一种先进的行政管理方式，自20世纪90年代始，引起了世界各国的广泛重视与推广应用。中国也不例外，在这一领域取得了引人瞩目的成就，有效地提升了我国政府的竞争力，并将其作为今后一段时间内行政机构改革的主要内容。通过对我国电子政务开展的实践分析，不难发现，其推进速度的快慢、效果的好坏，与所在地经济发展速度、人口受教育水平、计算机普及程度、信息化意识等因素密切相关。

2. 政府自身的发展

在对电子政务建设规律的认识方面，人们越来越意识到，影响电子政务成败的因素也许有很多，但是最重要的大体有3条：

（1）电子政务所依赖的法制、政策环境。

（2）信息网络技术与政务管理过程如何有机结合的具体实现形式。

（3）在中国这样的管理模式、管理体制下，如何走出一条"低成本、集约化、见实效"的电子政务建设道路。

我们可以从两个视角思考问题：首先，必须关注政府自身的发展；其次，要关注信息网络技术与政府管理结合的过程。其中，有4个关键点是至关重要的②：

（1）统一与分散相结合的一体化电子政务建设模式。这些年来，不少部门都构建了很多从中央开始自上而下的"条条"系统，但是也形成了很多"信息孤岛"。需要互联互通时不能互通，需要资源共享时难以共享，造成了巨大的浪费。因此，信息化系统建设的"顶层设计"理念，就越来越被更多的人所认同。各个部门不能各自为政，部门可以构建自己的业务系统，但这个系统必须在统一的平台上来对接，这样可以最大限度地避免重复建设和浪费。

（2）无缝对接的协同办公平台。关键解决3个环节：①IT人员必须和行政管理人员结合，共同构建一个应用系统的模型；②在业务模型基础上要有业务逻辑的"抽象"；③底层要通过业务流程的梳理、优化，保证顶层的互联互通。

---

① 汪玉凯．转型期电子政务建设的4个关键点．IT时代周刊，2007（14）．

② 汪玉凯．转型期电子政务建设的4个关键点．IT时代周刊，2007（14）．

（3）提供服务型政府信息化系统。要整合各种各样的电子服务工具和手段，如网络、呼叫中心、手机短信等信息工具，最大限度地提供便捷、及时的服务。

（4）建设“以人为本”的政府门户网站。这是电子政务管理与技术结合的关键点，是连接公众、企业、社会最主要的窗口，它的功能、服务都直接影响电子政务的成效。

当我们在组织各种系统建设和应用推进时，时时刻刻都是在“变”与“不变”之间作选择，即是让信息技术服从于现行的行政环境和传统的工作方式，还是改变现行的行政环境和传统的工作方式，使之适应基于信息技术的新的行政环境和工作方式？可以说基本上是在两者之间寻找一个平衡点。而除了需要领导重视这一因素外，在组织系统的建设方面，从技术、功能、操作等层面都有较大的改进空间。而在如何妥善地解决和处理好信息技术对现行的行政环境和人们工作习惯等方面的冲击，在建设和应用过程中，则需要遵循以下几个基本原则①：

（1）以需求为重点，遵循“技术服务于业务”的原则。

（2）以用户为中心，按照“以人为本”的思想，设计信息化系统的操作界面。

（3）以应用为关键，按照“技术服务于人”的宗旨，推进信息化系统的使用。

（4）以现实为基础，按照“循序渐进”的方式，逐步改变传统的工作方式。

第三节　研究假设及其理论分析

一、应急管理信息系统成功实施的评价体系

作为本次研究的因变量，确定一个“应急管理信息系统成功实施”的衡量指标体系是一个很重要的过程。为此，笔者以本章第一节介绍的经典的“DeLone & McLean 信息系统成功模型”为原型，结合电子政务绩效考核体系的指标模式，并对 13 位政府部门各级信息化建设负责人和相关的实践专家们先后进行了两轮的访谈，单独将这个问题提出来，并认真总结、整理、汇总。

第一轮是非结构式深度访谈，提出问题“您认为基于政府部门内部的应急管理信息系统实施要取得成功的话，主要有哪些方面的影响?”

① 刘泉宝．办公自动化系统的建设和应用推进——“我与政务信息化建设共舞”（三）．信息化建设，2005（6）．

第二轮是半结构式访谈，笔者根据第一轮访谈记录整理归纳，提出能较好反映政府部门内部应急管理信息系统实施的主要影响因素的 12 道题目（见附录 1）。而其中第一题便是围绕“应急管理信息系统成功实施”的评价，即“1. 请问您是从哪几个方面来衡量应急管理信息系统应用的成功？一套有效的绩效评估体系主要反映在哪几个方面?”

针对这个问题，实践专家们在第二轮访谈当中都分别提出了自己的观点，进行总结整理后汇总成表 3－3“政府信息化实践专家关于应急管理信息系统成功实施的衡量指标描述汇总”。

表 3－3　政府信息化实践专家关于应急管理信息系统成功实施的衡量指标描述汇总

序号	成功实施的评价	小计	P1	P2	P3	P4	P5	P6	P7	P8	P9	P10	P11	P12
1	平台技术具备扩展性，不会影响到具体应用。系统实用性强，可持久运用	3		x	x				x					
2	系统可靠，对于突发状态有良好的应急方案	1					x							
3	系统可维护性高，易升级、易扩展	1							x					
4	系统之间互联互通，数据实时有效	5	x	x				x	x				x	
5	能给公众提供快速、便捷、准确的服务，信息回馈及时	3				x		x		x				
6	提高办事效率	11	x			x	x	x	x	x	x	x	x	x
7	与用户互动效果好	2	x			x								
8	不同部门之间协作性增强，协同方便快捷	4	x					x					x	x
9	提高办事效果，部门工作效率提高	5				x				x	x	x		x
10	系统满足业务需求和用户工作习惯，用户满意度高，适用性好	5		x	x		x		x			x		
11	用户业务需求稳定	2	x								x			
12	对人员素质要求不高，易用	2		x	x									
13	用户数量大，用户群分布广泛	4				x	x	x				x		

注：x 表示选择此项。

在 DeLone 和 McLean 信息系统成功模型的基础上，对实践专家们在第二次访谈过程当中提出的观点，笔者分别做了归类整理，以此确定了应急管理信息系统成功实施的评价体系，即应急管理信息系统成功实施可以从系统质量、信息质量、个人影响、组织影响、用户满意和系统使用等6个维度进行衡量，在整体成功性的描述上，6个维度分别占有一定的权重比例。

1. 应急管理信息系统成功实施的6维度评价指标

笔者参考表3－3各个实践专家对于应急管理信息系统成功实施的具体阐述，针对应急管理信息系统的具体应用情况和要求，构建了一个应急管理信息系统成功实施的6维度评价体系，见图3－6所示：

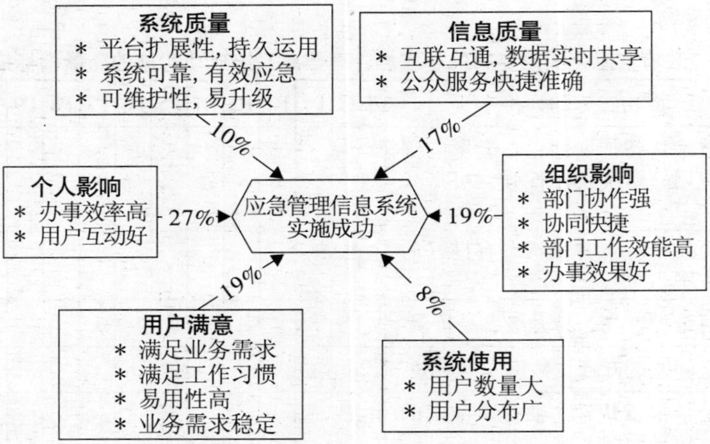

图3－6 应急管理信息系统成功实施的6维度评价体系

这6个维度相对于一般的信息系统又有其特有的描述：

（1）系统质量：系统首先要安全可靠，可维护性高，易于升级和功能扩展，对于突发状态有良好的应急方案。同时，对于系统的平台技术要求具备良好的可扩展性，不会影响到具体的应用，这样系统的实用性强，可持续长久地应用。这一点，由于政府具有服务社会的特殊性，在持续运用和历史资料一致方面显得尤为重要。

（2）信息质量：整个社会80%的信息资源集中在政府，如何有效利用这些信息资源是应急管理信息系统的首要工作。政府要给公众提供快速、便捷、准确的服务，信息回馈及时、到位，同时还能实现不同系统之间的互联互通和数据实时有效的交换、共享，确保政府信息资源的统一有效。

（3）个人影响：应急管理信息系统的应用首先解决的是办事层面的操作问题，然后逐步发展到管理和决策支持层面，这样对于政府部门不同层级的公务员都会有不同的要求。而给办事人员带来的直接效益就是提高了办事效率，并增强了政府部门内外部用户间的互动。

（4）组织影响：应急管理信息系统首先解决了“操作”问题，实现了无纸化办公，不管从工作效率还是从经济效益而言，都极大地提高了办事效果，部门工作效能提高，同时不同部门之间协作性增强，协同方便快捷。

（5）用户满意：主要体现在使用过程中，系统能很好地满足业务需求和用户工作习惯，用户满意度高，适用性好，用户业务需求稳定。同时系统本身对人员素质要求不高，任何程度的人员都易于上手使用。

（6）系统使用：实际用户的数量大，用户群分布广泛，能覆盖到各个层级的用户，而且绝大部分工作都是通过系统完成的。

2. 应急管理信息系统成功实施的指标权重

对实践专家的“回答”进行归类、汇总、整理，根据他们的回答分别计算出每个“成功评价因素”出现的合计总数，以此确定各个衡量指标的“权重”。详细记录见表3-3，最后归类统计出的结果见表3-4。

在本研究的研究过程中，笔者将6个维度分别设计成6个陈述性问题，提供5个答案让实践用户即调研对象对于其部门正在使用当中的应急管理信息系统进行评分，然后通过“权重”计算获得各个调研对象对于本部门应急管理信息系统成功实施程度的“综合评分”。并应用到后面的数据分析当中，通过计算因变量Y的评分值，作为本次研究的“因变量”，参见表3-4当中的权重标志。

表3-4 应急管理信息系统成功实施的指标权重

序号	成功评价	小计	归类	归类汇总	归类比例（%）
1	平台技术具备扩展性，不会影响到具体应用。系统实用性强，可持久运用	3	系统质量$Y1$	5	10
2	系统可靠，对于突发状态有良好的应急方案	1			
3	系统可维护性高，易升级、易扩展	1			
4	系统之间互联互通，数据实时有效	5	信息质量$Y2$	8	17
5	能给公众提供快速、便捷、准确的服务，信息回馈及时	3			
6	提高办事效率	11	个人影响$Y3$	13	27
7	与用户互动效果好	2			

（接上表）

序号	成功评价	小计	归类	归类汇总	归类比例（%）
8	不同部门之间协作性增强，协同方便快捷	4	组织影响 $Y4$	9	19
9	提高办事效果，部门工作效能提高	5			
10	系统满足业务需求和用户工作习惯，用户满意度高，适用性好	5	用户满意 $Y5$	9	19
11	用户业务需求稳定	2			
12	对人员素质要求不高，易用	2			
13	用户数量大，用户群分布广泛	4	系统使用 $Y6$	4	8

其中，6个陈述性问题是：

（1）系统质量：您对应急管理信息系统的系统质量（如稳定性、反应速度、易用性、维护升级）是否满意？

（2）信息质量：您对应急管理信息系统提供的信息质量（如有效性、准确性、实时性）是否满意？

（3）个人影响：您对通过应用应急管理信息系统容易操作并提高工作效率和工作效果是否满意？

（4）组织影响：您对通过应用应急管理信息系统增强了与其他部门协作和数据共享是否满意？

（5）用户满意：您对本部门应急管理信息系统应用的整体效果是否满意？

（6）系统使用：您的日常办公和业务工作都是在应急管理信息系统上完成的吗？

对于问题（1）~（5）提供“非常不满意、不满意、一般、满意、很满意”5个选择答案；对于问题（6）提供“没有、很少、一些、很多、全部”5个选择答案，并分别按照1~5计分。

二、应急管理信息系统成功实施多因素影响模型命题假说

笔者广泛检索并阅读分析了应急管理信息系统应用实施领域的相关文献，尤其是系统地阅读了中国电子政务研究领域的标志性人物近几年的学术文章，运用关键成功因素分析法，从外部和内部分别对政府部门应急管理信息系统应用过程中的影响因素进行了详尽的分析，并作了适当的归纳整理，提出了基于政府部门内部的应急管理信息系统应用的成功因素。这方面的设想在研究初期的“非结构式深度访谈”中，经过与12名访谈对象的沟通，从各自的实践经验里总结出

应急管理信息系统成功实施的一些必要因素。再通过第二轮的半结构式访谈，对这些因素进行更准确的定位和描述，在此基础上总结出一套应急管理信息系统实施的常规方式，以及关键的影响因素。

综合文献理论分析、案例分析和政府部门信息化负责人等关键岗位的访谈结果，运用关键成功因素分析法，对基于政府部门内部的应急管理信息系统实施的关键成功因素可以从外部和内部几个大的方面进行阐述。

1. 外部影响因素

分别从政治、经济、社会、技术和制度等5个方面分析，主要影响因素体现在以下几个方面：

(1) 政治方面。中国政府政治体制改革，流程重组，对政府管理职能和政府服务职能的指导越来越明确。

(2) 经济方面。经济发展带来的越来越庞大的政府信息资源促进了政府部门对应急管理信息系统的需求，同时也带来了充足的资金，可以让政府充分地投入相关的建设。

(3) 社会环境。全球经济一体化和全社会信息化应用水平的飞速提升，使得应急管理信息系统的应用已经成为不可逆转的发展趋势。而社会对政府信息公开的要求，以及《行政许可法》等一系列规范政府行为的法律法规的颁布，也促使政府越来越重视自身信息化的建设。

(4) 技术方面。互联网技术的飞速发展，应急管理信息系统应用技术的日趋完善，相关技术研究越来越专业，安全信息、移动通信、数据交换等新技术的发展应用，使得应急管理信息系统建设过程中的技术难度几乎消失。而IT产业发展使得相关企业在软件开发和系统集成方面积累了越来越多的经验，所提供的应急管理信息系统产品和方案越来越成熟，所提供的服务也越来越专业。

(5) 完善的政策法规和规范的系统使用制度。中国政府在《应对突发事件法》颁布之后，对应急管理本身有了明确的规范，对信息系统的建设提出了纲领性的指导。

立法当然是保障应急管理信息系统得以应用的最好的手段，“法制”而非“人制”，较好地消除了“一把手”领导因素。同时，还要从管理制度的层面来保障系统能很好地运用，用管理制度来规范和固化信息化成果，将人机有效地结合起来。

2. 内部影响因素

从信息系统在政府部门的应用历程来看，我们可以将其总结为三个层次或阶段：

第一层次，也是最基本的。政府信息系统的应用是从底层应用开始的。首先是将一些事务性的事情电子化，再逐步将公文处理的事务电子化，将办公手段自动化，实现快速办公。在初期，都是些基层应用，好处明显，因此阻力相对较小，但技术跟不上。

第二层次，20 世纪 90 年代，是政府信息化开始的时代，可以实现系统管理，各个部门将一些台账式的事情用计算机处理，但基本上还是停留在事务处理层面。技术上的突破还只是在于尝试将多个 MIS 系统集成起来，突破各个 MIS 系统之间的隔阂。但技术上的进步遭遇到管理上的问题，使得应用仅仅停留在科长或者副处长级别，处长以上级别的决策层对计算机技术不是十分认同，且因为技术局限，MIS 系统的应用模式跟常规模式存在差别，所以决策层就更加不支持信息系统的应用了。部门内事务性应用还好，但部门之间的综合管理应用就很难展开了。这个阶段，最典型的表现在于技术问题解决不了管理上的问题，由此出现了“流程再造”的概念，而此时网络的出现和普及正好推动了“流程再造”的发展。

第三层次，2000 年后，网络大规模应用，转变了传统的观念，政府机构逐步由以“管理”为中心转变为以“服务”为中心。各政府机构纷纷建门户网站作为信息发布的平台，实现以“服务”为主的政府形象。随着应用的深入，几大集中式的如税务、工商、银行等业务平台开始建成使用。

从整个应用过程来看，应急管理信息系统是“技术推动”和“社会应用程度”共同推进的，政府部门的应用会比其他社会阶层的应用提早一些，直接涉及以下几个方面：

（1）首先涉及的是“流程再造”，这是政府信息化建设当中的一项重要的前期工作，也是政府体制改革的依据。但是，在我国政府体制改革过程中，要将现行政府架构全部推倒重来是不可能的，它必须经历一个逐渐认同、逐步演化的过程，这也决定了应急管理信息系统的推广应用必须是逐步推进，逐步引导和促进政府体制改革。

（2）业务处理过程首先要很好地解决政务“信息资源互联互通”的问题。往往在技术上没有问题，但跨部门的协调难度就很大，而且各个子系统参差不齐，这其中涉及更多的是“管理”的问题。通常只要其中一个部门不能提供数据共享，整个应用程度不一致或者各个系统的管理方式各不相同，就很难做到互联互通。如何在工作当中通过计算机和网络实现上传下达，表达思想，提高工作效率，规范工作习惯和管理，这不仅仅是技术和系统的问题，更多的是意识层面的问题。政府部门在应用信息系统的过程中产生的各种问题，只要“意识到位”，其实就能很好地解决了。

（3）应急管理信息系统是典型的“一把手工程”。如何引导领导重视，获取适当的资源，让领导实实在在地在认识上重视起来，这是一个双向的问题。一方面，在政府机关里，大家的办事习惯都是跟着领导走，往往成败都在领导身上。领导的认识可以转化为“资源”，提供更好的资金和投入上的支持。一旦领导重视，流程再造、透明化之后产生的负面影响如抵触情绪甚至破坏性行为等，都会很容易地消除；另一方面，我们也要充分重视领导的需求，要“代替”领导来完成操作性的工作，不能让领导陷入烦琐的“操作”当中，这也是从另一个角度“服务”领导。比如提供全面的便捷的高质量的全文查询功能等，使得领导可以非常方便迅速地利用各类信息资源，充分发挥信息化本身的优势。通过一两个切合领导需求的“特长”来吸引领导尝试使用，一旦领导开始使用系统了，就有机会逐步地全面地投入应用。如何“正中下怀”地突破领导使用习惯，抓住领导最关心最迫切的需求，这正是对应急管理信息系统应用推广部门的考验，也是需要重点关注的地方。所以从另一个角度来说，首先要设法让领导用起来，下面的人才会用起来。

（4）“业务处室”在应急管理信息系统应用过程中扮演了非常重要的角色，它既是最大范围的用户群，更是项目的直接“用户”，而业务处室在整个建设周期是从头到尾都参与的，并不是仅仅在最后“应用实施”阶段才使用的。因此，中国政府信息化建设的“立项”机制要以业务处室的应用为核心，而不能简单地由信息化工作部门组织提案。“立项”要从业务处室提出来，可行性研究不能单纯地从专家层面来论证，而是要更多地考虑业务处室需要的紧迫性。在选择项目的时候，要更多地从应用的紧迫性和社会效益的优先度来综合评定，不能单纯从技术层面来考虑。信息化工作主要涉及信息化工作部门和业务处室，需要两者很好地结合，从项目立项到项目开始实施，都需要两者共同关注和参与。应急管理信息系统应用过程其实是个“业务梳理”，即开发人员“需求调研”的过程，这个过程不能仅仅停留在开发阶段，而是要贯穿整个项目过程，并且不断修订，确保系统能真正适应业务。其关键还是在于政府工作人员的认识和对应急管理信息系统的理解、政府官员（公务员）的素质，而不在于系统的好坏或者应用的迫切性。

（5）整个项目从规划、立项到建设、应用，信息化部门充当了整体策划师的角色，发挥着重要的作用。政府单位信息化的建设者首先是信息化工作部门（或称信息中心），是核心部门。从另一个方面而言，信息中心仅仅是一个部门，在政府组织机构中是与其他处室并列的，只有通过上级领导将中心的要求转变为一种意志才能很好地推行下去。但仅仅是分管领导还不行，重要的是对其他业务部门具备管理职能，所以必须是主管全局的负责人才行。在信息化工作部门，主要有三类人直接参与并影响应急管理信息系统的建设和应用：CIO（Chief

Information Officer)、项目经理和支持服务人员。其中：

①CIO。政府 CIO 要能充分调动“资源”。CIO 的高度应该是在各个业务处室之上的，即使不能到达决策层面，也要能参与到决策过程或者影响到决策。这一点目前缺乏机制或者制度保障，更多地依赖于负责人的主管意识，即他对 CIO 的信任和支持程度。

②项目经理。在政府部门，要有比较专业的人员来启动信息化项目。必须有一个同时熟悉技术、政府行为、政府运作的人来启动项目，这一点非常重要。只有政府信息化部门的项目经理才能真正很好地将项目的阶段性划分整理好，在应用实施过程中能很好地沟通协调，对每个步骤的每个细节都能找到成功的解决方案。需要有相对专业的人员充当项目经理，并具备良好的沟通协调和组织能力。

③支持服务人员。支持服务人员要做到技术支持到位，服务主动。信息化技术部门要有一个很好的机制，具有完善的系统的服务机制和明确的人员分工，建立专门针对部门信息化服务的回访和考核机制，提高服务质量，给用户提供很好的服务和支持。首先是在技术服务上有详细和明确的分工，针对性地解决用户问题；其次在网络、技术、规划等不同层面的明确分工，大家水平相当，互相学习，起到很好的积极协调、指导信息化的作用。

(6) 作为产品或方案直接提供者，“供应商”是至关重要的角色。供应商要深入了解政府办事的职能、习惯、思维和办事理念，要尽可能简单化。在开发上，功能要简化，要能满足日常工作的几个关键点。不同层面的人，了解和应用的东西不同，要有针对性。每个人不可能会使用到系统的全部功能，因此系统的功能模块要简单实用。最重要的是必须理解政府部门的业务，尤为重要的是业务与业务之间的联系，功能模块之间的数据共享，即同一项数据在不同功能模块之间只需要填写一次，避免重复输入和多次输入可能造成的数据不一致的现象。信息化系统要很好地满足业务要求，遵从业务人员的实际要求。系统的易操作性，表面上看是接口的问题，但实际上是本身的业务问题，即开发员或开发公司并不一定能真正地理解业务人员的想法。好的应用，对于业务和技术人员双方都是一个很好的促进。

综上所述，笔者从政府部门内部应急管理信息系统应用实践出发，总结了一个“政府信息系统三点三层应用模型”。

3. 政府信息系统实施“3×3”模型

综合文献综述、案例分析和 13 位政府部门各级信息化建设相关的实践专家们的深度访谈结果分析，笔者提出政府信息系统的“三点三层”应用模型，简称政府信息系统实施“3×3”模型，拟从实施主体和推广应用进程的不同阶段和两个维度对政府信息系统的实施做个全面的描述。其中：

前面的“3”分别代表信息系统应用的3个主体即3点：终端用户、信息化部门和供应商。这3个“点”也是政府信息系统应用的具体载体。

而后面的“3”则是标志信息系统实施推广的不同阶段或层次即3层：执行层、管理层和决策层。如图3－7所示。

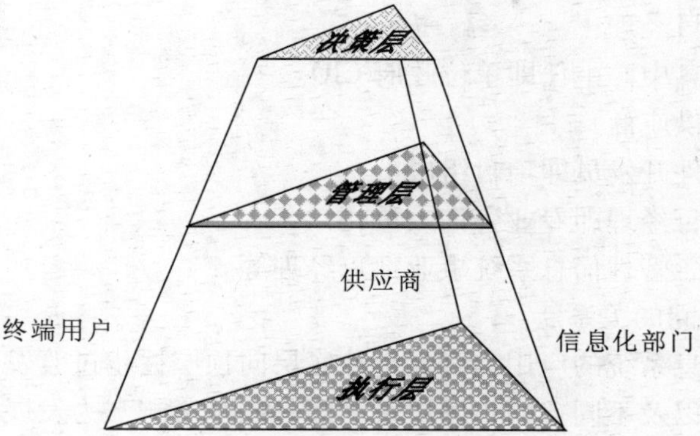

图3－7 政府信息系统实施“3×3”模型

鉴于笔者的研究范围是以政府部门内部为分析视角的应用，对终端用户的定义是指在政府部门内部的用户，不包括公众和企业两大主体。

(1) 三点：终端用户、信息化部门、供应商。

政府部门内部应急管理信息系统应用的3个主体具体为：

①终端用户：政府部门所有使用者，包括各个业务处室具体的办事科员、业务处室的领导暨处级干部、部门领导暨分管领导和“一把手”。通常，针对不同类型的信息化系统，业务处室又可大致分为处理综合性办公业务的“办公室”和处理部门具体应急管理相关业务的“业务处室”两大类。

②信息化部门：是政府部门内部专职从事信息系统规划、建设和实施应用推广的部门。既是终端用户，又是业主代表，更重要的是担任了建设总调度的角色。负责信息系统建设的规划、建设和实施应用、支持服务。

③供应商：提供成熟的产品技术和应用方案，并负责系统的建设和实施应用，以及系统的维护服务。

(2) 三层：执行层、管理层、决策层。

定义：对应于不同“点”的实施应用，三层又分别对应不同的组织层次和应用要求。

①对于终端用户：

执行层：科员即办事员；

管理层：处级干部即处室领导；

决策层：单位领导即“一把手”。

②对于信息化部门：

执行层：技术支持服务工程师；

管理层：项目经理；

决策层：信息中心主任即单位政府CIO。

③对于软件供应商：

执行层：软件开发员即项目组成员；

管理层：项目经理即专业咨询人员；

决策层：应急管理信息系统事业部总经理等。

（3）层级之间的关系。

应急管理信息系统的应用本身就是从底层向顶层逐步过渡发展的。同一点的各个层级之间，以及不同点的不同层级之间是相互影响互为发展的。

①执行层解决的是信息录入的基础问题，是整个应急管理信息系统应用的基础。底层操作层面的应用是管理层和决策层应用的基础，同时也是为管理层和决策层的应用服务的。

②不同层级之间是相互影响、相互作用的，不同层级的需求同时也会积极促进其他层级的需求和应用。

③管理层和决策层之间是互相渗透互为服务的。

（4）点和层之间的联动关系。

①在应用过程中，不同点如果分别处在不同层级上，都有可能带来应用的“不协调”，直接影响到最终的应用效果。比如，当终端用户还处于“执行层”的应用层次时，即使供应商有很先进的应用技术和经验，也不能真正促进应用，反倒会造成“超前发展”，让终端用户无所适从，而信息中心的“规划超前”则更加会直接导致应用脱节。

②不同点之间的交流，应该是对应于同一个层级的交流。比如，对于部门领导的交流，不能停留在操作的简便性和“好用”这个层次，而是要从决策支持和全面及时管理的角度，以及提高整个部门效能方面去做交流。反之，操作层面的人员会更加关注系统是否好用、界面是否友好、是否可以提高工作效率。

（5）政府信息系统应用在不同层级之间的发展。

政府信息系统的应用推广是从底层向顶层逐步应用发展的，随着应用层级的提升，应用本身也在不断加深，同时又反过来促进每个层级的应用要求和需求不断提高和深入。而关键成功因素会随着政府管理信息系统应用水平的不断发展和应用不断深入，普遍“向上”迁移。

①在不同的应用阶段，关键成功因素通常也会处于不同的层级上。随着应用的推进和深入，通常是由底层向顶层“向上”迁移的。

②不同发展阶段，关键成功因素会处于不同的层级，但不同的点在同一时期通常会处于同一层级上。

4. 应急管理信息系统成功实施多因素影响模型研究和命题假设

根据以上说明，在“政府信息系统实施 3×3 模型”内，政府部门内部的应急管理信息系统应用实施基本上是在内部终端用户、信息化工作部门和供应商之间展开，三者彼此影响，应用过程中相互作用，最后是以提高政府效能和工作效率为一致目标的。值得一提的是，不同应用水平和不同应用阶段，关键成功因素会有不同，并会随着时间向“上”迁移。本命题假说是基于广州市和广东省的普遍应用水平作出的分析。

在研究企业关键成功因素理论当中，因不同的企业基本特征会影响关键成功因素的重要性认知，因此当“内部终端用户”即各政府部门的基本特征不同时，也将会影响其对于应急管理信息系统成功实施多因素影响模型的重要性认知。

以企业为实施对象的 ERP 实施，从信息技术应用到资源、流程和活动的跨部门整合运行，整个应用过程其实跟政府的应急管理信息系统实施是一致的，其区别只是在于应用对象是政府部门而不是企业。为此，笔者首先以 ERP 实施关键成功因素为基础，加上政府部门特有的形态和适用的其他因素调整，提出政府部门特有的因素，从而形成本研究假设并以此展开相关研究。

研究模型的假设基于以下几个方面：

（1）影响应急管理信息系统的最关键的要素从国际社会来看，可以归纳为外部和内部两个方面：外部包括政府自身的变革、经济社会的发展、法律法规、经济进步等 4 大要素；内部主要包括影响力、需求、技术能力、标准、管理手段、信息安全等 6 大要素。

（2）以 Holland 的 ERP 实施 CSFs 模型（1999）、Estsve 的 ERP 实施 CSFs 模型（2000）、Somers 和 Nelson 的 ERP 实施 CSFs 模型（2001）以及张良等人提出的中国企业 ERP 系统实施关键成功因素模型为基础，结合政府自有形态和规范进行调整。

（3）结合实践专家访谈实录的分析，基于本章提出的应急管理信息系统成功实施评价体系，以及实践总结出来的“政府信息系统实施 3×3 模型”，套用到实证研究当中。

在前面的理论分析和实践分析的基础上，基于本章提出的应急管理信息系统成功实施评价体系，以及“政府信息系统实施 3×3 模型”，并参考信息系统、

ERP实施研究、电子商务研究和应急管理信息系统相关研究领域的成功模型，提出了应急管理信息系统成功实施多因素影响模型，如图3－8所示。

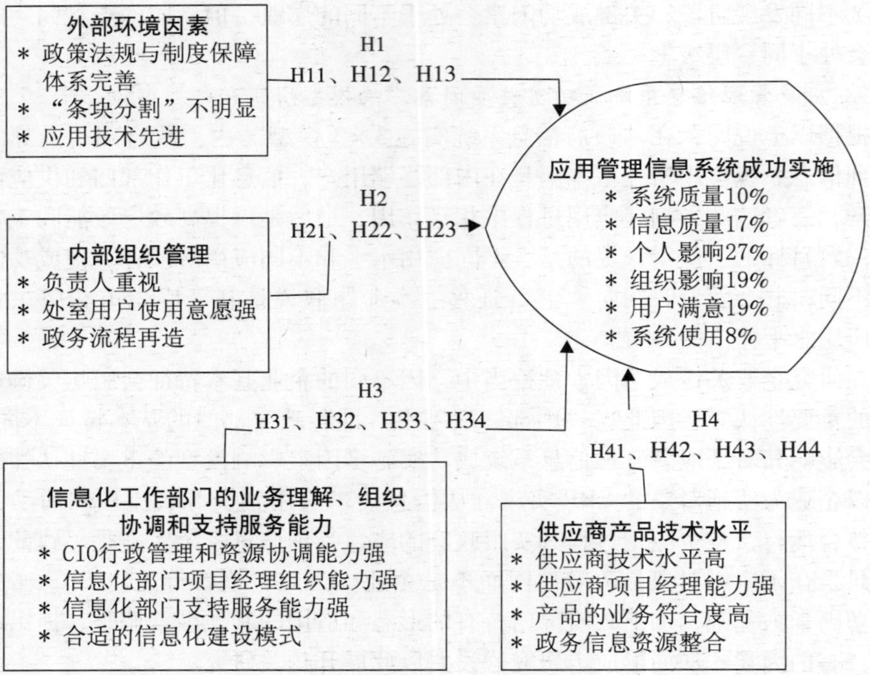

图3－8 应急管理信息系统成功实施多因素影响模型

在以上模型中，笔者一共提出了4个关键成功因素，每个关键成功因素都包含了多个维度。从研究对象而言，本次研究包括4个研究构面，14个研究维度。研究假设如下：

H1：良好的外部环境因素与应急管理信息系统成功实施正相关；

H11：政策法规和制度保障体系完善与应急管理信息系统成功实施正相关；

H12："条块分割"与应急管理信息系统成功实施负相关；

H13：应用技术先进与应急管理信息系统成功实施正相关；

H2：内部组织管理与应急管理信息系统成功实施正相关；

H21：负责人重视与应急管理信息系统成功实施正相关；

H22：处室用户使用意愿与应急管理信息系统成功实施正相关；

H23：政务流程再造与应急管理信息系统成功实施正相关；

H3：信息化工作部门的业务理解、组织协调和支持服务能力与应急管理信息系统成功实施正相关；

H31：CIO 行政管理和资源协调能力与应急管理信息系统成功实施正相关；

H32：信息化部门项目经理组织能力与应急管理信息系统成功实施正相关；

H33：信息化部门支持服务能力与应急管理信息系统成功实施正相关；

H34：合适的信息化建设模式与应急管理信息系统成功实施正相关；

H4：供应商产品技术水平与应急管理信息系统成功实施正相关；

H41：供应商技术水平与应急管理信息系统成功实施正相关；

H42：供应商项目经理能力与应急管理信息系统成功实施正相关；

H43：产品的业务符合度与应急管理信息系统成功实施正相关；

H44：政务信息资源整合与应急管理信息系统成功实施正相关。

三、政府部门基本特征影响命题假说

不同的政府部门，对于应急管理信息系统成功实施的各个关键成功因素的重要性认知程度，会因为其不同的基本特征而有所不同。对于政府部门基本特征的描述可以从情境因素包括单位信息、单位成员信息和个人因素包括个人信息等三个方面进一步细化为 11 项信息：

（1）单位信息，包括单位层级、管理模式、单位性质；

（2）单位成员信息，包括所在处室、岗位、应用角色；

（3）个人信息，包括应用年限、性别、年龄、专业背景、学历。

其中，单位信息和单位成员信息的 6 个基本特征构成了情境因素，而其他的 5 个特征信息就构成个人因素。这两大因素直接影响到对关键成功因素重要程度的认识，从而影响到各个关键成功因素发挥作用时的实际表现。

政府部门基本特征变量属性如表 3－5 所示：

表 3－5　政府部门基本特征变量属性表

属性	特征	变量	选项
情境因素	单位信息	单位层级 B1	省级政府
			市级政府
			区级政府
		管理模式 B2	属地管理
			垂直管理

（续上表）

属性	特征	变量	选项
情境因素	单位信息	单位性质 B3	政府
			党委
			人大
	单位成员信息	所在处室 B4	单位领导
			信息化部门
			业务处室
			办公室
		岗位 B10	科级及以下
			处级
			局级及以上
		应用角色 B11	单位领导
			信息化领导
			一般用户
			项目经理
个人因素	个人信息	应用年限 B5	≤2 年
			≤5 年
			>5 年
		性别 B6	男
			女
		年龄 B7	60 年代
			70 年代
			80 年代
		专业背景 B8	IT 相关
			其他
		学历 B9	大专及以下
			本科
			硕士
			博士

研究假设为：

H5：单位类型不同对各关键成功因素的重要性认知会有显著差异；

H51：单位层级的不同对各关键成功因素的重要性认知会有显著差异；

H52：单位管理模式的不同对各关键成功因素的重要性认知会有显著差异；

H53：单位性质的不同对各关键成功因素的重要性认知会有显著差异；

H6：个人在单位里的地位不同（单位成员信息）对各关键成功因素的重要性认知会有显著差异；

H61：个人所在处室的不同对各关键成功因素的重要性认知会有显著差异；

H62：个人所处岗位的不同对各关键成功因素的重要性认知会有显著差异；

H63：个人在应急管理信息系统应用当中的应用角色不同对各关键成功因素的重要性认知会有显著差异；

H7：个人特征的不同对各关键成功因素的重要性认知会有显著差异；

H71：应用年限（经验）的不同对各关键成功因素的重要性认知会有显著差异；

H72：性别不同对各关键成功因素的重要性认知会有显著差异；

H73：年龄不同对各关键成功因素的重要性认知会有显著差异；

H74：专业背景不同对各关键成功因素的重要性认知会有显著差异；

H75：学历不同对各关键成功因素的重要性认知会有显著差异。

第四章　研究方法介绍

本研究采用的是访谈（interview）和问卷调查（questionaire）相结合的调查研究（survey research）方法。调查研究方法是信息系统领域常用的一种实证、量化的研究方法。本章首先对信息系统领域的研究方法进行了简要综述，对比分析了定性方法与定量方法、实证研究方法与非实证研究方法，第一节专门介绍了调查研究方法的特点、优势和局限，分析了本研究采用调查作为研究方法的理由；第二节总结访谈调研的成果，以便确定直接影响到下一步研究的范围和方向；第三节总结了问卷开发过程以及问卷的构成，介绍了抽样和样本设计过程，并从问卷回答政府部门和问卷回答者等角度对参与调查的样本进行了描述。

第一节　研究方法：先质性探索后量化验证

一、调查研究方法的特点和适用情况

调查研究方法是信息系统领域最常用的实证、量化的研究方法之一。按照 Pinsonneault 和 Kraemer（1993）的定义，调查研究方法有三个主要特点：

（1）调查的目的是为了对研究现象的某些方面做定量的描述。调查研究方法可能关注的是变量之间的关系，也可能是对研究对象的具体描述。调查研究方法是一种量化方法，需要收集和了解研究对象的信息，而且这些信息是标准化的。调查研究的对象可以是个人、组织或社会，也可以是项目、应用或系统。

（2）调查研究方法收集信息和数据的主要方法是向人们提问结构化的、事先设计好的问题。这些问题可能涉及回答者自身的情况或其他分析单位的情况，人们的回答构成了用来分析的资料。

（3）信息和数据通常仅来自于研究总体（population）的一部分，也就是样本。但是，资料收集的方式要保证研究结果可以扩展（generalize）到总体的其他单位中。样本数量通常要满足统计分析的要求。

Newsted（1998）等认为，调查研究备受青睐的原因在于其有如下优势：

（1）研究过程易于管理，在数据的取值和编码上比较简单。

（2）可以比较容易地确定变量和构面（constructs）的数值及它们之间的关系。

（3）从抽样中所得结果可以扩展到研究总体的其他单位中，经常还可以扩展到其他相似的总体中。

（4）可以比较容易地重复研究过程，客观地比较不同组别、时间、地域之间的不同结果。

（5）可以用来预测行为。

（6）可以用比较客观的方式来验证理论命题。

（7）可以验证和深化定性研究的发现。

调查研究是可以在多种自然状态下进行研究的。研究者通常对自变量和因变量有清晰的定义，而且有明确的模型来表示变量之间的关系。这些关系将通过对研究对象的观察来加以验证。因此，Pinsonneault 和 Kraemer（1993）认为，调查研究更适用于以下情况：

（1）调查研究非常适合于回答“是什么”、“多少”、“多大程度”等问题，而不适于回答“如何”、“为什么”等问题。

（2）对自变量和因变量的操控既是不可能的，又是不恰当的。

（3）需要在自然状态下对研究现象加以研究。

（4）要研究的现象正在发生或发生不久。

二、研究方法选择

著名学者 Laudan（1984）提出的“研究的理性三角”可以指导我们对研究方法的选择。Laudan 认为研究目的（或者说研究题目）是基础，它决定应该以哪些现有知识作为理论基础；而理论基础（对研究题目的现有知识）和研究目的共同决定研究方法的选择。

将本研究的研究目的和理论基础与调查研究方法的特点、优势和适用情况相比较，我们发现：

（1）本研究的目的是找到并验证应急管理信息系统应用的关键成功因素，本研究具有明确定义的自变量（关键成功因素）和因变量（应急管理信息系统成功实施），变量之间的关系明确，并且有具体的模型表述。

（2）对应急管理信息系统成功实施多因素影响模型的研究比较有限，但是作为信息系统和相类似的应用系统如 ERP 实施关键成功因素和电子商务关键成功因素的研究已经有了一定的基础，我们有条件也有必要用量化的手段验证和确认前人定性研究的结论。

（3）我们无法也不应该操控应急管理信息系统应用过程中的关键成功因素

和成功实施。

(4) 对应急管理信息系统实施情况的研究应该在自然状态下进行。

(5) 本研究所研究的对象是应急管理信息系统实施，属于正在发生或发生不久的事件。

综上所述，笔者认为调查研究方法适合本研究的研究目的和理论基础，因此本研究采用调查研究方法作为主要的研究方法。同时，由于中国政府体制的特殊性，对于应急管理信息系统实施环节的研究大多是定性分析，缺乏定量分析，特别是对于成功实施的影响因素的研究领域很少有既有的量表或模型。因此，我们在借鉴类似信息系统的研究成果的同时，还要通过访谈、理论分析等质性研究，实践结合理论，首先构建出一个合理的多因素模型或体系，以作为量化研究的验证目标和基础。

根据以上对研究方法的了解和方法选择的原则，本次研究将结合质性和量化方法，首先做“质性探索”，通过对实践专家的访谈，充分了解他们对应急管理信息系统应用实施的影响因素的认识，以此基础来形成初步的观点，构建与实践相结合的成功实施多因素模型。之后“量化验证”，运用定量的调查研究方法，通过合理样本的数据收集和统计分析，对初步模型进行验证和完善、修订，以此提出具有普遍应用效果的成功实施多因素模型。

第二节 质性探索：深度访谈研究

一、访谈研究设计

1. *确定访谈对象*

访谈对象的选取，是基于笔者近 10 年来在广东地区参与各级政府电子政务及应急管理信息系统的咨询和软件开发实践经验，筛选出具有代表意义的广东省、广州市、各区县等各级政府部门的涉及应急管理信息系统应用实施的各个层面的实践专家，包括：政府单位“一把手”、信息化部门负责人（CIO）、信息化项目经理、业务处室领导、业务处室一般用户等多个层面的代表人物。同时考虑到这些人须具有丰富的项目经验，并先后分别参与过通用型的办公系统，或专业型的业务系统的建设和推广应用。最终确定了 13 人作为访谈对象，先后在第一轮非结构式访谈（12 人）和第二轮半结构式访谈（11 人）中作为访谈对象进行了面对面的沟通，具体的访谈对象情况详见附录 4 “访谈对象具体情况表”。详细的访谈内容整理为“第一轮非结构式深度访谈内容摘要”和“第二轮半结构式访谈内容摘要汇总”。

在所有访谈对象中，涵括了本次调研对象所应涉及的各类“应用角色类型”，包括：单位“一把手”1位、信息化部门负责人（CIO）5位、信息化项目经理3位、业务处室领导1位、处室用户1位、单位技术负责人（CTO）1位、信息化行业主管1位，共计13位。这样就能较好地从应急管理信息系统应用实施的各个方面收集来自各个角度的意见、建议或看法。

2. 非结构式深度访谈

首先对其中12位访谈对象进行完全开放的无条件积极倾听的“非结构式深度访谈”，现场详细记录并做录音。其次在访谈结束后对所有记录的内容进行归纳和整理，形成“非结构式深度访谈记录”，并及时整理后以邮件形式发给对方确认。

访谈时采用了开放式的问题：您认为在应急管理信息系统应用实施过程当中，会有哪些因素或环节直接影响其最终效果？同时提示受访者：本次访谈是基于政府部门内部的应用，暂不涉及面向公众和企业的应用，并且所关注的是应用和实施环节，暂不涉及前期咨询立项和建设环节。

3. 半结构式访谈

在第一轮非结构式深度访谈结束后，对“非结构式深度访谈记录”进行认真归纳梳理，结合前期理论分析和案例分析的结论，初步形成本次研究的构面和维度，以此形成关于应急管理信息系统成功实施和主要影响因素的基本研究模型和问卷量表雏形。然后围绕这些初步研究成果，提炼并设计出与应急管理信息系统成功实施密切相关的12个问题，形成“半结构式访谈提纲”（见附录1）。这12个问题是所有被访谈者都先后或多次提及的，可以看作是应急管理信息系统成功实施的关键因素组成。具体的描述如下：

（1）请问您是从哪几个方面来衡量应急管理信息系统的成功实施？一套有效的绩效评估体系主要反映在哪几个方面？

（2）您觉得在现今政府部门当中，主要有哪几类人员会对应急管理信息系统的推广应用产生直接的影响？他们分别产生什么样的影响？

（3）您觉得信息化部门领导（CIO）在应急管理信息系统应用过程中会起到什么样的作用？他需要具备什么样的能力和素质？

（4）您觉得“一把手”对于应急管理信息系统成功应用能起到哪些方面的积极作用或负面影响？系统能否支持决策分析是不是领导重视的必要条件？

（5）您觉得信息化部门的具体的项目经理需要做哪些工作可以确保应急管理信息系统成功实施？他需要具备怎样的素质或能力？

（6）您认为现在在应急管理信息系统应用当中还存在哪些技术上的风险？他们是如何影响具体应用的？

(7) 您所在部门的应急管理信息系统建设是采用什么模式？它跟最后的应用效果是不是存在必然的联系？表现在什么地方？

(8) 您觉得在应急管理信息系统推广应用过程中的培训、技术支持应该要注意哪些方面的问题？重点关注哪些方面的问题？

(9) 如何解决“垂直业务系统”和“属地政府管理系统”之间的“条块分割”？您觉得这个现象对应急管理信息系统应用有何影响？两者之间要实现互联互通的有效整合的关键在于哪些方面？

(10) 应急管理信息系统的实施需要在垂直和属地两个维度上改变上下级政府以及政府部门之间的业务和职权，可能涉及职权和业务重新分配的问题，您觉得这种调整对于应急管理信息系统应用会产生什么样的影响？

(11) 您觉得网络系统集成商/开发商（承建商）会直接影响到应急管理信息系统的应用效果么？如何产生影响？

(12) 您认为法律和行政法规在应急管理信息系统应用过程中起到什么样的作用？体现在哪些方面？

围绕“半结构式访谈提纲”的 12 个问题，对这其中的 11 名访谈对象进行第二轮访谈，让他们针对这些问题做专门回答，作现场详细的记录和录音，之后根据各人的回答情况对访谈记录进行归纳整理，形成“半结构式访谈记录”，最后汇总成“第二轮半结构式访谈内容摘要汇总”。

第二轮访谈结果是对初期研究结果的一个很大的补充和完善，在此基础上提出本次研究的研究假设和基本理论，并最终形成问卷调查表。

二、访谈研究数据处理

在第一轮非结构式深度访谈，与 12 名政府部门各级直接参与应急管理信息系统应用实施的人员进行的沟通过程当中，大家所谈及的影响因素主要概括总结为：

(1) 领导的“认识”；

(2) 信息化工作人员的“认识”；

(3) 用户本身的素质和应用倾向（岗位职责、态度、素质、工作复杂或繁忙程度）；

(4) 政府部门 CIO（信息化部门负责人）的素质和与上级领导沟通的能力（技术专业、行政管理和运作能力、统筹能力、沟通协调能力）；

(5) 政府应急管理信息系统项目经理的素质和项目管理能力（技术专业、项目管理、业务熟悉、沟通协调能力）；

(6) 信息系统的建设模式（自建、外包、合作、租赁、直接采购）；

(7) 供应商本身提供产品、方案和服务的能力（技术水平、产品或方案的成熟、行业经验、过程管理能力）；

(8) 供应商项目经理的专业素质和项目管理能力（技术、业务、经验、过程管理、沟通协调、理解）；

(9) 成熟的法律法规体系；

(10) 流程再造过程（应用推广的方式是自然渐进还是自上而下强势推广）；

(11) 健全有效的绩效评估体系；

(12) 人员培训到位；

(13) 除了提供信息系统的《用户手册》，还要制定相关的行为规范，并以制度形式公布；

(14) 抓住领导者最关心、最迫切的需求做好系统服务，如全面的查询统计、实时报表等功能，"方便"领导者使用；

(15) 实现内外网的网络通畅，解决"涉密网"一般员工无法操作的问题（应加强终端管理，结合技术、手段和制度来保障，而不是简单地依靠内网技术）；

(16) 系统本身的业务或操作规范的标准化；

(17) 以需求带动应用；

(18) 关注项目的"立项"阶段：要从业务处室需求的紧迫性来考虑，而不能单纯从技术层面考虑，应由业务应用部门来主导而非技术部门；

(19) 从领导支持到业务处室配合，要有足够的资源提供给信息化工作部门来应用推广；

(20) 信息化部门对用户的服务和系统的维护要及时，能提供全面的、专业的系统维护和支持（个人岗位分工要明确，保障服务质量）；

(21) 公开招标的采购方式不适合应急管理信息系统项目选择合适的供应商；

(22) "条块"分割导致建设和应用不畅，最好还是以"城市"为一个统一平台，避免垂直业务指导；

(23) 整个社会环境是积极支持的；

(24) 行业标准和规范化，有一个"垂直"的业务整体框架做指导；

(25) 充足的资金。

在此基础上，笔者进行了适当的归纳和整理，汇集成 12 个问题，作为第二次半结构式访谈的提纲，请被访者逐一回答问题。为避免对被访者的误导，笔者在访谈过程中除非被访谈者要求，一般都不发表意见或建议，以免影响被访者自己的思路和观点。

第三节　量化验证：问卷调查研究

一、问卷开发

1. 开发原则

调查研究主要以结构化的问卷作为测量工具收集资料。因此，问卷的开发就成为调查研究的关键环节。本研究遵循了一定的测量工具开发原则，用来指导调查问卷的开发过程，减少问卷偏差。这些原则都被尽可能地应用在本研究的问卷开发过程中。

（1）测量工具问卷的长度要控制在 6～8 页纸之间；

（2）对研究的目的要加以简单明了的介绍，以提供简单的问卷填答指导；

（3）使用日常、简单、朴素的语言，避免使用复杂术语、未经定义的缩写和行话；

（4）问题和格式不应该有可能引起偏差的主观或个人风格；

（5）问卷设计要简单，使回答者感兴趣，问题要具有相关性；

（6）问卷开发的方式要使回答者愿意谨慎、正确地回答问题；

（7）同一部分的一组问题要有同构性和相关性；

（8）问题要确保大多数的回答者理解并可以回答；

（9）选项之间要保证互相的排他性；

（10）用封闭格式，不用开放式的问题。

2. 开发过程

本研究的问卷开发过程见图 4－1 所示。

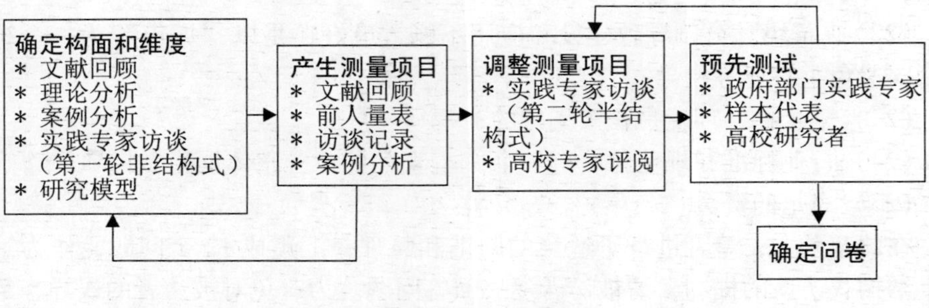

图 4－1　问卷开发过程图

第一步：要确定主要的研究构面和研究维度。所谓确定研究构面就是要将理论模型中的概念变量用具体可测量的维度明确地表达出来。因此，研究构面的确定必须以理论开发过程中形成的研究模型为基础。从本研究的理论模型中我们看到外部环境因素、内部组织管理和信息化部门能力、供应商产品技术水平为本项研究的主要研究构面。通过第三章的文献回顾以及访谈记录，笔者分析了各个关键成功因素的影响机制，并由此归纳出各因素的具体可测量的维度。

第二步：要确定由哪些具体的题目来测量本研究需要了解的研究构面和具体维度。对这一问题，笔者主要利用访谈过程中的实践专家的意见或观点的分析结果，结合文献回顾的方法和关键成功因素分析法的原理，区分外部环境和内部组织等多个领域进行研究，同时结合电子政务研究领域的前沿问题如政务流程再造、数据管理技术应用、政务信息资源整合和法律法规建设等反映应急管理信息系统研究发展趋势的，以及在相类似领域如 IS 信息系统、ERP 系统实施、电子商务等的研究过程中前人已经开发和使用过的量表。

在 IS 信息系统领域，Jarvenppa 和 Ives（1990）、Reimers（2002）、Doll 和 Torkzadeh（1988）以及 Raymond（1984）等学者已经对诸如高层管理者支持、项目管理、IS 成功、用户满意度等概念的测量作过研究。这些学者开发的量表经过了效度和信度检测，比较成熟，参考价值高。

基于以上方面的考虑，结合中国的实际，中国政府特有的政治体系和制度、形态等，并结合笔者长期以来在政府信息化和应急管理信息系统领域的咨询和开发实施的实践经验，重新开发了一份问卷来测量上述模型中的各个变量。产生测量项目的过程也有助于笔者进一步深化对理论开发和研究模型的认识。

第三步：为了提高问卷的效度和信度，问卷初稿设计完成后广泛征询实践专家和学术专家意见。笔者首先在第二轮半结构式访谈过程中，分别征询受邀的 11 位实践专家的意见，大家都针对问卷的组成和内容，积极提出补充和完善的建议。同时专门请教了中山大学电子政务研究中心主任蔡立辉教授及其博士研究生团队，他们从理论的角度进行评审，给予量表很多具体的指导和修改意见，特别是补充了一些政务流程再造和政策环境方面的测量题目，以此完成了量表的设计工作。

第四步：预测。针对样本设计当中的约 10 位政府部门的问卷发放联络人，提前对问卷作预测，主要考察问卷的项目组成特别是关于样本基本特征的收集项目是否合理、排版是否合乎政府阅读习惯，以及测试问卷的长度和耗时，语言是否通畅易懂，问题和选项是否全面合理等。时间尽量控制在 20 分钟左右。然后根据实际工笔者的回馈意见，笔者对问卷作了进一步的修改和补充，在措辞、排版、标识和落款方面作了一些调整。从而最终形成“以政府部门为分析视角的应急管理信息系统成功实施多因素影响模型实证研究调查问卷”（详见附录2），准备发放。

3. 问卷构成

本研究采用问卷调查研究法。所使用的研究工具包括“应急管理信息系统成功实施量表”、“外部环境因素量表”、“内部组织管理量表”、“信息化工作部门的业务理解、组织协调和支持服务能力量表”和“供应商产品技术水平量表”等5个量表。当中的量表设计，主要是本研究对各项因素归纳结果，经过文献回顾、案例分析和第三章的理论开发过程，参考并适当运用了一些ERP实施关键成功因素研究的典型量表的设计内容，并通过分析各个关键成功因素的影响机制，以此归纳出各因素的具体可测量的维度。然后再参考多位专家、学者的意见和建议继而编制完成。同时，也对本单位信息、个人信息和单位成员信息等基本样本特征进行收集。

本研究的问卷一共包括6个部分，共60个问题，经过测试需要15~20分钟的时间来完成。在以上5个量表的问项回答设计上，采用李克特（Likert）五点衡量标尺予以评分，从“没有影响、不太影响、有点影响、影响较大、非常影响”依序给予1分到5分的评分。主要内容由以下三部分组成：

（1）问卷起始简要说明了研究者的身份、研究目的，并且提供了答题指导。

（2）问卷正文的第一部分为个人及其所在单位的基本信息，包括单位信息、个人信息和个人在单位的角色信息。具体包括笔者希望了解的有关受访者的基本特征如单位层级、管理模式、所在处室、岗位和应用角色，以及个人性别、年龄、学历、专业、相关工作年限等13项。本研究需要了解的对成功实施关键因素产生影响的样本基本特征将在这一部分进行测量。问题的回答采用简单的单选形式，统计时对每个答案进行编号，根据实际选项编号后予以记录。

（3）第二、三部分是问卷的主体，包括对“应急管理信息系统成功实施”进行测量的6个问题（Q1~Q6，即Y1~Y6），以及对关键成功因素的测量（Q7~Q50，即X11~X49）。其中关键成功因素的测量又分为4个部分共计43个问题：外部环境因素的测量（Q7~Q14，即X11~X18）、内部组织管理的测量（Q15~Q28，即X21~X214）、信息化工作部门的业务理解、组织协调和支持服务能力的测量（Q29~Q40，即X31~X312）和供应商产品技术水平的测量（Q42~Q50，即X41~X49）。测量构成见表4-1“问卷测量构成表”。

表4－1 问卷测量构成表

研究对象	研究构面	研究维度	编号	问题序号	量表/模型参考
应急管理信息系统成功实施评价	应急管理信息系统成功实施（Y）	系统质量	Y1	Q1	Raymond（1985）Doll & Torkzadeh（1988）
		信息质量	Y2	Q2	
		个人影响	Y3	Q3	
		部门影响	Y4	Q4	
		用户满意	Y5	Q5	
		系统使用	Y6	Q6	
应急管理信息系统成功实施影响因素	外部环境因素（X1）	政策法规与制度保障体系1	X11	Q7	冯耀明（2004）
			X12	Q8	
			X13	Q9	
			X14	Q10	
			X15	Q11	
		应用技术环境2	X16	Q12	
			X17	Q13	
			X18	Q14	
	组织内部管理因素（X2）	“一把手”重视3	X21	Q15	Jarvenppa & Ives（1990）
			X22	Q16	
			X23	Q17	
			X24	Q18	
		处室用户的使用意图4	X25	Q19	
			X26	Q20	
			X27	Q21	
			X28	Q22	
			X29	Q23	
			X210	Q24	
		政务流程再造5	X211	Q25	Reimers（2002）
			X212	Q26	

（续上表）

研究对象	研究构面	研究维度	编号	问题序号	量表/模型参考
		政务流程再造 5	X213	Q27	Reimers（2002）
			X214	Q28	
	信息化工作部门的业务理解、组织协调和支持服务能力（X3）	CIO 资源协调能力 6	X31	Q29	Slevi & Pinto（1987） Reimers（2002）
			X32	Q30	
			X33	Q31	
		信息化部门项目经理组织能力 7	X34	Q32	
			X35	Q33	
			X36	Q34	
		信息化部门支持服务能力 8	X37	Q35	
			X38	Q36	
			X39	Q37	
			X310	Q38	
		信息化建设模式 9	X311	Q39	
			X312	Q40	
	供应商的产品技术水平（X4）	供应商技术水平 10	X41	Q42	
			X42	Q43	
		供应商专案经理能力 11	X43	Q44	
			X44	Q45	
		产品的业务符合度 12	X45	Q46	
			X46	Q47	
		政务信息资源整合 13	X47	Q48	郭琪（2008）
			X48	Q49	
			X49	Q50	

二、抽样和样本设计

1. 抽样方法

基于笔者长期从事应急管理信息系统咨询、软件开发建设和应用实施工作的实际情况，同时鉴于研究人员和时间有限，本研究采用的是“判断抽样

（Judgment sampling）”的主观抽样方法，即研究者根据自己的知识结构和研究目的而主观断定样本的过程。在研究人员的实际操作范围内，根据本研究目的，主观挑选有代表性的单位、部门和人员。结合笔者近10年信息化工作和应急管理信息系统咨询、开发和应用的经验，综合挑选出各具代表性的政府部门和部门各级岗位成员。样本挑选的原则详见以下“样本设计”的描述。

2. 样本设计

在广东省直单位、广州市、珠海市、云浮市、东莞市，以及广州市天河区、荔湾区、黄浦区、增城市等各级政府当中，选取有一定典型意义的应用单位，包括以上访谈对象所在的政府部门，有针对性地定向发送问卷给单位信息化部门员工，以及各个业务处室的用户。综合考虑各类各级政府部门，包括：

（1）单位所处层级：覆盖从省级到市级、区级等各个层级的部门；

（2）单位的管理模式：“属地”水平管理和中央垂直管理；

（3）单位性质：既有政府，也包括了人大、党委；

在样本人员选择方面，要综合考虑各类各级政府部门人员的特性：

（1）性别、年龄：平均分配；

（2）所在处室：既有综合管理部门办公室，也有专业管理部门业务处室及信息化工作部门，同时还要考虑单位领导；

（3）相关工作年限：考虑到经验的影响因素，选择样本既有1～2年的“新手”，有3～5年的使用熟练者，也有超过5年的使用精通者，多层次广泛选取；

（4）所处岗位：从科级及以下的普通办事员，到处室领导和单位领导，完整覆盖不同层级的用户对象；

（5）学历：不同学历，从大专、本科到硕士、博士广泛覆盖，不同学历对信息化会有不同认识；

（6）专业背景：鉴于应急管理信息系统比较专业的IT背景，在使用熟练度方面，专业也会直接影响到用户的使用积极性；

（7）应用角色：不同的应用角色，实际操作或工作内容存在差异，不同的单位领导或信息化工作领导，以及普通的用户和项目经理，对信息系统的应用会有不同的经验。

3. 资料收集过程

样本通过E-mail和实时通讯平台（如QQ）以电子版的形式发放，由各个单位的联络员转发或者打印复印之后分发。完成问卷的受访者通常在完成的第一时间即回复邮件或QQ，而纸质问卷则在填写完毕后统一回收。整个问卷发放和回收时间持续约15天。所有发放和样本回收及数据录入工作由笔者独立完成。

三、样本描述

1. 问卷发放的政府部门情况

根据以上样本设计原理，通过各地信息产业局有目的地组织发放问卷。预计选取广东省级5个政府部门、广州市级约15个部门、区级约15个部门，珠海市、云浮市、东莞市等市级单位约25个，共约60个政府部门。

在广东省内各级单位发放的政府部门和人员角色，问卷发放对象和具体的发放单位信息详见附录3“调查问卷定向发放单位及人员分布表”。在单位的选取过程中，鉴于此次采用“判断抽样”的方法，在单位和部门选取时根据前文所述样本设计的原则，样本能普遍覆盖到样本特征。

2. 问卷发放方式

本次研究充分利用网络，采用电子和纸质两种方式。以邮件或实时通讯方式（QQ和MSN）将问卷发送给各个单位的联络人，然后由联络人直接转发，或者打印、复印出来后分发下去，最后再统一回收。联络的近40个政府部门平均每个部门发放5~10份，其中云浮市信息产业局专门向全市信息化工作QQ通讯群约300个成员发放问卷组织并填写，广州市人大信息办专门印发了100份问卷组织全机关人员填写，广州市荔湾区工商分局办公室也专门印刷30份并发放问卷组织填写。总共发放问卷约800份，详见附录3“调查问卷定向发放单位及人员分布表”。

3. 问卷回收情况

问卷面向各个政府单位分发，得到了各部门联络人员的支持和响应。值得一提的是，云浮市信息产业局、广州市人大和广州市荔湾区工商分局这三家单位分别回收了144份、50份、30份，其中包括有效问卷52份、18份、27份。

问卷总共回收403份，回收率达到预期规模的50%。其中包括电子版219份，纸质版184份，分别占总回收样本的54%和46%。

4. 有效问卷的甄选

问卷回收后，对所有样本进行判断并编号，对问卷进行有效性甄选，对有问题的问卷逐一做适当处理，包括：

（1）非政府单位的样本，共63份，予以剔除；

（2）政府单位样本，但有明显缺漏项或缺漏项太多，共8份，予以剔除；

（3）政府单位样本，连续很多项选择项相同或者跟同一单位其他样本选择项完全相同，共39份，予以剔除；

（4）政府单位样本，偶尔有一项缺漏，明显是疏忽漏选，采用平均值补充或者根据前后同一单位的相同情形予以补充，共15份，仍然计入有效问卷。

通过以上处理，对共计回收的403份问卷进行有效性甄选，剔除无效问卷110份，保留有效问卷293份，有效回馈率为73%。其中电子版196份，纸质版97份，分别占有效问卷的67%和33%。

对有效问卷统一数据编码和录入，形成基础数据，供接下来的数据分析用。

5. 样本情况

本次回收样本在政府部门的覆盖情况比较理想，基本符合了当初的样本设计，按照各种单位类型和用户类型、处室类型良好地覆盖了，详细的样本基本特征分布见表5-1。

第五章　统计分析

本章的主要任务是对问卷调查所收集到的资料进行统计分析，包括第一节“描述统计”；第二节“信度和效度检验”；第三节“成功实施因素的统计验证分析”；第四节“政府部门基本特征对各关键成功因素重要性认知的影响分析”和第五节“假设验证结论”。

采用的分析方法包括一般线性相关分析、主成分分析法、回归分析、单因素方差分析（ANOVA）等，统计软件是 SPSS 13.0。

第一节　描述统计

本研究回收样本在政府部门的覆盖情况比较理想，基本符合了当初的样本设计，良好地覆盖了各种单位类型、用户类型和处室类型，参与人员也按照预先设定的各类应用角色和基本特征全部覆盖到了，较好地满足了“判断抽样”的要求。基本资料的分布情况如表 5－1 所示：

表 5－1　样本描述统计表

<table>
<tr><th>特征</th><th>变量</th><th>属性</th><th>数量</th><th>百分比（%）</th><th>小计</th></tr>
<tr><td rowspan="8">单位信息</td><td rowspan="3">单位层级</td><td>省级政府</td><td>39</td><td>13</td><td rowspan="3">293</td></tr>
<tr><td>市级政府</td><td>127</td><td>43</td></tr>
<tr><td>区级政府</td><td>127</td><td>43</td></tr>
<tr><td rowspan="2">管理模式</td><td>属地管理</td><td>253</td><td>86</td><td rowspan="2">293</td></tr>
<tr><td>垂直管理</td><td>40</td><td>14</td></tr>
<tr><td rowspan="3">单位性质</td><td>政府</td><td>271</td><td>92</td><td rowspan="3">293</td></tr>
<tr><td>党委</td><td>4</td><td>1</td></tr>
<tr><td>人大</td><td>18</td><td>6</td></tr>
</table>

（续上表）

特征	变量	属性	数量	百分比（%）	小计
个人信息	应用年限	≤2 年	139	58	240
		≤5 年	85	35	
		>5 年	16	7	
	性别	男	184	64	287
		女	103	36	
	年龄	60 年代	63	22	288
		70 年代	112	39	
		80 年代	113	39	
	专业背景	IT 相关	93	32	287
		其他	194	68	
	学历	大专及以下	51	18	289
		本科	185	64	
		硕士	50	17	
		博士	3	1	
单位成员信息	所在处室	单位领导	24	8	289
		信息化部门	76	26	
		业务处室	132	46	
		办公室	57	20	
	岗位	科级及以下	255	88	290
		处级	29	10	
		局级及以上	6	2	
	应用角色	单位领导	25	9	290
		信息化领导	24	8	
		一般用户	227	78	
		项目经理	14	5	

第二节 信度和效度检验

应用调查研究方法的关键环节之一就是确保测量工具的质量，而测量工具的质量可以通过效度和信度检测来评价。同时，效度和信度的检测还可以作为改善修正问卷的根据，并可避免做作出错误的判断。

一、信度检验

本研究主要检验量表的内在一致信度，采用测算 Cronbach's α 系数的方法来检验量表的内在一致信度。

对所有测量项目进行信度检测，见表 5－2。Cronbach's α 系数若大于 0.9，表示具有非常好的内在一致性信度。

表 5－2 信度检验（Reliability Statistics）（样本数量：293）

Cronbach's α	基于标准化项目的 Cronbach's α	项目数量
0.950	0.950	49

而对于每一个研究构面，我们也分别进行了信度检验，见表 5－3“研究构面信度检验”。

从表 5－3 可以看到，外部环境因素、组织内部管理因素、信息化工作部门能力因素和供应商水平因素的 Cronbach's α 系数分别是 0.842、0.898、0.879、0.920，均大于 0.8，具有非常好的内在一致性信度。而应急管理信息系统成功实施的 Cronbach's α 系数是 0.780，大于 0.7，也在可以接受的范围内。

表 5－3 研究构面信度检验（样本数量：293）

研究构面	项目编号	平均数	标准差	Cronbach's α
应急管理信息系统成功实施（Y）	Y1	3.59	0.660	0.780
	Y2	3.62	0.714	
	Y3	3.75	0.674	
	Y4	3.53	0.761	
	Y5	3.65	0.704	
	Y6	3.35	0.877	

（续上表）

研究构面	项目编号	平均数	标准差	Cronbach's α
外部环境因素（X1）	X11	3.67	0.878	0.842
	X12	3.61	0.894	
	X13	3.77	0.960	
	X14	3.78	0.935	
	X15	3.86	0.802	
	X16	3.42	0.954	
	X17	3.43	0.903	
	X18	3.49	0.855	
组织内部管理因素（X2）	X21	3.88	0.936	0.898
	X22	4.15	0.782	
	X23	4.31	0.795	
	X24	3.92	1.034	
	X25	3.79	0.976	
	X26	3.81	0.898	
	X27	3.75	0.855	
	X28	3.72	0.869	
	X29	3.65	0.877	
	X210	3.58	0.879	
	X211	3.69	0.861	
	X212	3.43	0.918	
	X213	3.24	1.010	
	X214	3.61	0.886	
信息化工作部门的业务理解、组织协调和支持服务能力（X3）	X31	3.34	0.954	0.879
	X32	3.61	0.903	
	X33	3.60	0.840	
	X34	3.66	0.848	
	X35	3.60	0.861	

（续上表）

研究构面	项目编号	平均数	标准差	Cronbach's α
信息化工作部门的业务理解、组织协调和支持服务能力（X3）	X36	3.68	0.816	0.879
	X37	3.74	0.872	
	X38	3.78	0.831	
	X39	3.90	0.830	
	X310	3.53	0.850	
	X311	3.15	0.924	
	X312	3.12	0.957	
供应商的产品技术水平（X4）	X41	3.62	0.927	0.920
	X42	3.86	0.852	
	X43	3.84	0.860	
	X44	3.79	0.885	
	X45	3.83	0.856	
	X46	3.99	0.880	
	X47	4.10	0.825	
	X48	4.01	0.836	
	X49	4.18	0.754	

二、效度检验

所谓“效度”是指使用的测量工具能够正确衡量出研究者所要了解的事物的程度。换句话说，效度就是准确性，测量的效度越高，表示测量结果越能显现研究者所欲测量对象的真正特征。效度是一个多层面的概念，它是相对于特定的研究目的和研究侧面而言的。因而，检验效度必须针对其特定的目的功能及适用范围，从不同的角度收集各方面的资料分别进行。我们可以从以下几个方面来理解效度的概念：

（1）效度是一种整体的概念，理想的效度检测包含好几种形式的证据；

（2）效度无法直接测量，但可从其他资料推论而得；

（3）效度是一个永远发展的过程；

（4）效度是程度上的差别，而非全有或全无的问题；

（5）效度在使用的目的和情境方面具有特殊性，故不宜视为普遍性的特质。

可见检验一个测量工具的效度并不容易，只有长时间地搜集证据，通过各种模式和理论，建立效度的各种案例，才能确定效度。正如 Straub（1989）所说，开发具有效度的测量工具很难，而检验测量工具是否有效度则更难，因为可能的测量内容几乎是无限的。

1. 内容效度（content validity）

考察内容效度旨在系统地检查测量内容的适当性，并根据我们对所研究的概念的了解，去鉴别测量内容是否反映了这一概念的本质。检验内容效度就是检验由概念到指标的经验推演是否符合逻辑和有效。按照 Straub（1989）的观点，保证测量工具内容效度的最好办法就是请熟悉该研究领域的专家对量表进行反复评价，直到取得最后的一致。此外，为了建立具有内容效度的问卷，研究者必须依循理论架构，收集所有相关的问题与变量，并从中选择能够完整涵盖所界定的研究范围的问题，如此才能使研究工具具备充分的内容效度。

测验内容效度必须具备两个条件：一是有定义的完好的内容范围；二是测验题目应该是所界定内容范围的代表性取样。

本研究问卷通过与 13 位实践专家沟通，他（她）们都拥有多年相关经验并在典型的政府部门从事或负责信息系统应用实施工作，并担任了政府部门的领导或信息化部门领导或工作人员，笔者先后对他（她）们进行了非结构式深度访谈，并整理出所有访谈对象的访谈记录，从中抽取了成功实施的一些重要影响因素。最后在阅读大量文献的基础上，整理提炼出 13 个问题再次进行半结构式的访谈。前后两次访谈都做了详细的现场笔记和部分录音，每次完成访谈之后都会及时整理出文档记录，以邮件的形式向被访谈者确认内容，并根据回馈意见修改。

经过对非结构式访谈记录和半结构式访谈记录的归纳、整理和分析，得出有 49 个条目的问卷。问卷是在进行了广泛的意见征询，并与中山大学电子政务研究中心主任蔡立辉教授探讨、调整、完善后确定下来的。因此，该问卷具有较好的内容效度。

2. 建构效度（construct validity）

考察建构效度就是要了解测量工具是否反映了概念和命题的内部结构，也就是说若将测量工具所得结果中的两组或多组题型相比较，而两者间某种预期的相关关系的确存在时，就表示此测量工具有某种程度的建构效度。由于这种方法是通过与理论假设相比较来检验的，因此建构效度也被称为理论效度。建构效度又分为“收敛效度（convergent validity）”与“区别效度（discriminant validity）”两种形式。以不同的方法来测量同一个构面时，其两个测量的结果之间，应具有较高的相关程度，即具有收敛效度。若以相同的方法来测量不同构面时，其两个测量结果之间，应具有较低的相关程度，即具有区别效度。

本研究采用主成分分析法来检验测量工具的建构效度。作主成分分析时，当测量同一研究构面的一组项目（题目）确实落在一个因子上时，测量量表具有收敛效度；当理论上有区别的构面不具有高度相关性时，则量表具有区别效度。

（1）收敛效度。本研究中，主成分因子分析的 KMO（Kaiser-Meyet-Olkin 检验统计量）值为 0.899，表明资料适合作因子分析。具体结果见表 5－4“调查样本的 KMO 和 Bartlett' s 球形检验结果”。

表 5－4 调查样本的 KMO 和 Bartlett' s Test 球形检验结果

KMO 抽样适当性参数		0.899
Bartlett' s 球形检验	卡方值	9 098.048
	自由度	1 176
	显著性	0.000

作主成分分析时，当测量同一研究构面的一组项目（题目）确实落在一个因子上时，见表 5－8 所示，说明测量量表具有收敛效度。

（2）区别效度。按照 Gaski（1986）介绍的方法，如果每对研究构面之间的相关系数小于其中任何一个构面的 Cronbach' s α（克朗巴哈系数）系数，则认为量表具有区别效度。表 5－6“应急管理信息系统成功实施与关键因素之间的线性相关分析”中显示各个研究构面暨自变量之间具有一定的相关性，但相关系数在 0.426～0.699 之间。与表 5－3“研究构面信度检验”对照，自变量研究构面间的相关系数小于其中任何一个变量的 Cronbach' s α 系数最小值 0.780，表明量表满足区别效度要求。

第三节 成功实施关键影响因素的验证分析

本研究的基本目的是分析并验证政府部门内部应急管理信息系统成功实施的关键影响因素。首先进行了相关分析，采用一般线性相关分析，分析各个研究构面（自变量）与因变量（应急管理信息系统成功实施）之间的相关性和关联程度；然后运用因子分析的主成分分析法，对所有影响因素进行四次最大正交旋转之后抽取主因子，以此构建出关键影响因素的主因子模型；最后进行多元回归分析，对所提炼出来的主成分因子进行多元回归分析，对 5 个主成分因子（自变量）共同作用的情形下对于因变量（应急管理信息系统成功实施）的影响显著性进行分析。

一、相关性分析

表5－5和表5－6分别显示了应急管理信息系统成功实施与外部环境、内部组织管理、信息化部门能力和供应商水平等主要变量的平均值、标准差，以及应急管理信息系统成功实施与各个关键成功因素之间的一般线性相关分析结果。

表5－5　因变量和自变量的平均值和标准差

变量	平均值	标准差	标准误差均值
成功实施	3.611	0.512	0.029
外部环境	3.631	0.620	0.036
内部组织管理	3.753	0.591	0.035
信息化部门能力	3.559	0.573	0.033
供应商水平	3.912	0.666	0.039

从表5－5可以看到，内部组织管理、外部环境、信息化部门能力和供应商水平等研究构面（自变量）的平均数在3.559～3.912之间，根据问卷的设定，3＝有点影响，4＝影响较大，这几个变量从平均值分析来看，对于系统的成功实施都有比较大的影响。

表5－6　应急管理信息系统成功实施与关键成功因素之间的线性相关分析

		应用成功	外部环境	内部组织管理	信息化部门能力	供应商水平
外部环境	Pearson 相关系数	*0.104*	1.000			
	显著度	0.076				
	样本数量	293	293			
内部组织管理	Pearson 相关系数	*0.222*	0.677	1.000		
	显著度	0.000	0.000			
	样本数量	293	293	293		

（续上表）

		应用成功	外部环境	内部组织管理	信息化部门能力	供应商水平
信息化部门能力	Pearson 相关系数	0.300	0.545	0.699	1.000	
	显著度	0.000	0.000	0.000		
	样本数量	293	293	293	293	
供应商水平	Pearson 相关系数	0.211	0.426	0.617	0.668	1.000
	显著度	0.000	0.000	0.000	0.000	
	样本数量	293	293	293	293	293

注：相关系数在0.01水平显著。

从表5－6对各个变量进行一般的线性相关分析结果可以看到，3个关键成功因素“内部组织管理”、“信息化部门能力” 和 “供应商水平” 与系统成功实施呈显著正相关，相关系数在0.104～0.300之间。而其中：

（1）内部组织管理、信息化部门能力、供应商水平的显著性值都为0.000，表现出显著性；

（2）外部环境与系统成功实施呈正相关，但显著性值为0.076，大于0.05，无显著性，而其相关程度也明显低于其他3个因素（仅为0.104），其影响效果相对较低，甚至在某些方面不会产生影响；

相对而言，信息化部门能力的相关程度（0.300）明显高于其他3个因素，显示出其影响效果是最大的。

二、关键成功因素的主成分分析

1. 因子分析检验

在进行主成分分析之前，首先要检验样本资料是否适合进行主成分分析，判定的指标通常有两个，即KMO值和Bartlett' s球形检验卡方值。根据学者Kaiser（1974）的观点，如果KMO＜0.5，则资料较不适宜进行因子分析。KMO值越大，表明变量间的共同因素越多，越适合进行因子分析。

本次研究当中有X11～X49共计43个因子，这43个因子的所有样本的KMO及Bartlett' s球形检验结果见表5－7。其中KMO值为0.910，表示适合进行因子分析。此外，Bartlett' s球形检验卡方值为8 223.147（自由度为903），达到非常显著水平，也表明样本资料适宜进行因子分析。

表 5-7 关键成功因素 KMO 及 Bartlett's 球形检验

KMO 抽样适当性指数		0.910
Bartlett's 球形检验	卡方值	8 223.147
	自由度	903.000
	显著性	0.000

2. 主成分因子提取

接下来，对全部4个研究构面14个研究维度的43个因子（问题项目），采用因子分析法中的“主成分分析法”进行因子提取。按以下两步进行初选和确定：

第一步（初选）：首先采用“四次最大正交法”进行旋转，对关键成功因素进行结构分析，见表5-8“43个项目特征值和方差解释（9因子四次正交旋转）”和图5-1“43个项目主因子分析碎石图”。根据Kaiser关于特征值大于或等于1的因子选取原则，可选取因子数为9，其累积解释了总变异的67.881%。详见表5-8所示：

表 5-8 43 个项目特征值和方差解释（9 因子四次正交旋转）

项目	初始特征值			正交旋转后被提取的载荷平方和		
	总和	方差解释量%	累计方差解释量%	总和	方差解释量%	累计方差解释量%
1	14.994	34.871	34.871	9.615	22.360	22.360
2	3.181	7.398	42.269	3.231	7.515	29.875
3	2.090	4.860	47.128	2.845	6.617	36.492
4	2.009	4.671	51.799	2.784	6.474	42.965
5	1.718	3.996	55.795	2.503	5.821	48.787
6	1.494	3.475	59.270	2.315	5.384	54.170
7	1.385	3.221	62.491	2.145	4.989	59.159
8	1.204	2.799	65.290	2.116	4.920	64.080
9	1.114	2.591	67.881	1.634	3.801	67.881
10	0.933	2.170	70.051			
11	0.855	1.988	72.039			
12	0.836	1.945	73.984			
13	0.812	1.887	75.872			
14	0.725	1.687	77.559			

（续上表）

项目	初始特征值			正交旋转后被提取的载荷平方和		
	总和	方差解释量%	累计方差解释量%	总和	方差解释量%	累计方差解释量%
15	0.676	1.573	79.131			
16	0.654	1.522	80.653			
17	0.613	1.425	82.078			
18	0.566	1.317	83.395			
19	0.536	1.245	84.640			
20	0.507	1.180	85.820			
21	0.474	1.102	86.922			
22	0.442	1.029	87.950			
23	0.413	0.961	88.912			
24	0.383	0.890	89.801			
25	0.363	0.845	90.646			
26	0.344	0.800	91.447			
27	0.329	0.766	92.213			
28	0.309	0.719	92.931			
29	0.301	0.699	93.631			
30	0.289	0.673	94.304			
31	0.275	0.640	94.943			
32	0.257	0.599	95.542			
33	0.235	0.546	96.088			
34	0.225	0.523	96.611			
35	0.218	0.508	97.119			
36	0.211	0.492	97.610			
37	0.201	0.468	98.078			
38	0.173	0.402	98.480			
39	0.157	0.364	98.845			
40	0.138	0.322	99.166			
41	0.132	0.307	99.473			
42	0.121	0.282	99.755			
43	0.105	0.245	100.000			
提取方法：主成分因子分析						

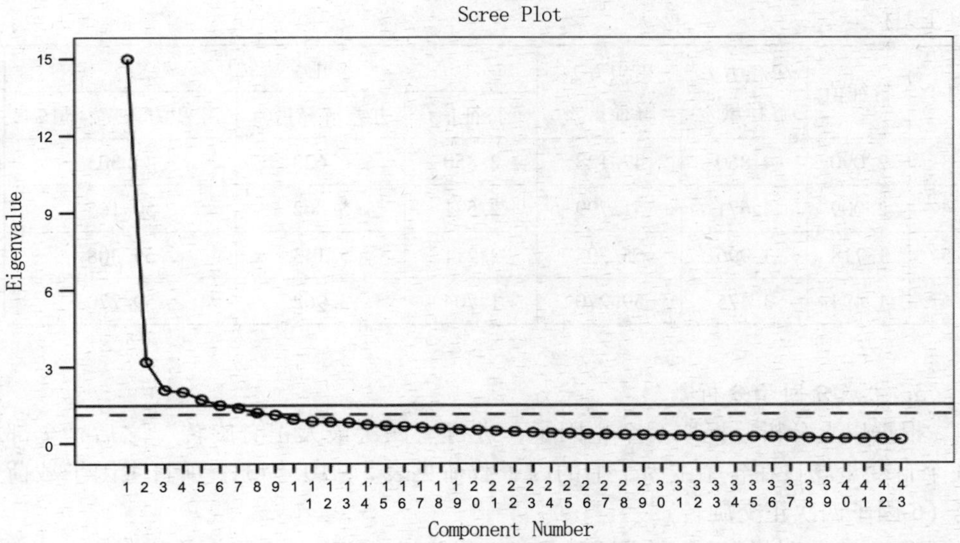

碎石图

Eigenvalue特征值　　Component Number项目编号

图5－1　43 个项目主因子分析碎石图

第二步（主因子提取）：根据一般调查研究法提取主成分因子的原则，通常要求因子累积解释了总变异的60%左右即可达到对因素的解释了。对表5－8中“总变异量累积解释（%）”进行分析，在特征值大于或等于1的9个因子当中，前面6个因子的累积解释变异已经达到59.159%，相比9个因子解释了总变异的67.881%，其解释程度已经比较高了。而从图5－1中也可以看出来，6个因子和9个因子的特征值线非常接近，几近垂直，其对于总变异的解释基本相当。

为此，本次研究确定公共因子数为6，即最后因子分析结果得到至少是由6个因子组成的因子模型。重新对6个因子进行四次正交旋转，其总变异量高达59.270%，见表5－9“43个项目主因子特征值和方差解释（6因子四次正交旋转）”。

表5－9　43 个项目主因子特征值和方差价解释（6 因子四次正交旋转）

因子	特征值	累积方差解释量%	累积方差解释量%	正交旋转后		
				特征值	方差解释量%	累积方差解释量%
1	14.994	34.871	34.871	11.428	26.578	26.578
2	3.181	7.398	42.269	4.772	11.097	37.675

（续上表）

因子	特征值	累积方差解释量%	累积方差解释量%	正交旋转后		
				特征值	方差解释量%	累积方差解释量%
3	2.090	4.860	47.128	2.850	6.628	44.303
4	2.009	4.671	51.799	2.521	5.862	50.165
5	1.718	3.996	55.795	2.211	5.143	55.308
6	1.494	3.475	59.270	1.704	3.962	59.270

3. 主成分因子分析

根据以上分析，提取6个主因子，进行“四次最大正交旋转”之后，全部43个自变量题目在各个主因子上的因子载荷见表5－10“43个项目主因子载荷表（6因子四次正交旋转）”。

本研究对于转轴后的所有因子载荷进行分析，选取每个因素载荷值较高的项目，即选取“载荷>0.6”或“载荷<－0.6”的因子，见表5－11“43个项目主因子成分分析结果（6因子四次正交旋转）”，保留其中载荷较高者。对此表进行分析，其中：

（1）题目X1：X13、X14、X15；X2：X29、X210、X211、X212、X213、X214；X3：X31、X33、X35、X36、X37、X310；X4：X41、X45等17项均没有落在主成分因子上；

（2）题目X311、X312落在主因子5上，其方差解释量仅为3.962%，而且其载荷因子只有0.677、0.694，相对影响效果很低，可以忽略不计；

（3）在所有4个变量的13个研究维度当中，除了“政务流程再造5”和“信息化建设模式9”之外，都落到了主因子上，证明由其余11个研究维度的24个问题项目构成了应急管理信息系统应用的关键成功因素。

其中，研究构面标识为：

X1：外部环境因素；X2：内部组织管理因素；X3：信息化工作部门的业务理解、组织协调和支持服务能力；X4：供应商的产品技术水平。

研究维度标识为：

1：政策法规与制度保障体系；2：应用技术环境；3：终端用户使用意图：“一把手”重视；4：终端用户的使用意图；5：政务流程再造；6：CIO资源协调能力；7：信息化部门项目经理组织能力；8：信息化部门支持服务能力；9：信息化建设模式；10：供应商技术水平；11：供应商项目经理能力；12：产品的业务符合度；13：政务信息资源整合。

鉴于对表 5－11 的分析，笔者对于假设的 43 个问题项目进行了重新的优选，这样关键成功因素模型更为集中和精简。将未落在主因子上的 17 个项目（X13、X14、X15、X29、X210、X211、X212、X213、X214、X31、X33、X35、X36、X37、X310、X41、X45），以及落在主因子 5 上且因子载荷较小的 2 个项目（X311、X312）去掉，最后剩余 24 个项目，并分别分布在除了“政务流程再造”和“信息化建设模式”之外的所有研究维度上。这样，对应急管理信息系统成功实施多因素影响模型的研究就从之前假设的 4 个研究构面的 14 个研究维度的 43 个问题项目，精简集中为 11 个研究维度的 24 个问题项目。

表 5－10　43 个项目主因子载荷表（6 因子四次正交旋转）

	1	2	3	4	5	6
X11	*0.666*	0.009	－0.240	0.093	0.026	－0.157
X12	*0.661*	0.040	－0.100	0.223	－0.003	－0.212
X13	0.466	0.121	0.147	0.425	－0.278	－0.204
X14	0.599	0.072	0.035	0.327	－0.272	－0.196
X15	0.411	0.177	－0.036	0.546	－0.249	－0.059
X16	0.419	－0.063	－0.053	*0.613*	0.211	0.138
X17	0.392	0.034	0.076	*0.639*	0.154	0.088
X18	0.370	0.031	0.030	*0.644*	0.029	0.051
X21	*0.605*	0.141	0.007	0.000	－0.062	－0.051
X22	*0.611*	0.270	0.010	0.134	－0.213	0.007
X23	*0.723*	0.196	0.059	－0.100	－0.328	－0.027
X24	*0.712*	－0.014	－0.239	－0.175	－0.111	－0.117
X25	*0.776*	－0.022	－0.036	－0.086	－0.126	0.017
X26	*0.690*	0.101	0.053	－0.043	－0.040	0.303
X27	*0.693*	0.154	0.039	－0.011	0.015	0.407
X28	*0.657*	0.180	0.094	－0.004	－0.016	0.410
X29	0.522	0.167	0.205	0.284	0.088	0.358
X210	0.529	0.100	0.173	0.208	0.039	0.464
X211	0.471	0.195	－0.138	0.264	0.180	0.522
X212	0.542	－0.067	0.109	0.121	0.297	0.254

（续上表）

	1	2	3	4	5	6
X213	0.432	0.127	0.067	-0.003	0.294	0.208
X214	0.460	0.101	0.243	0.335	0.160	0.211
X31	0.587	-0.035	-0.056	-0.091	0.346	-0.110
X32	*0.669*	0.072	0.176	-0.092	0.252	-0.053
X33	0.528	0.089	0.425	0.204	0.169	-0.278
X34	*0.606*	0.140	0.313	0.119	0.273	-0.147
X35	0.521	0.142	0.410	0.213	0.358	-0.128
X36	0.598	0.114	0.364	-0.001	0.247	-0.102
X37	0.367	0.256	0.559	0.221	0.007	-0.078
X38	0.287	0.283	*0.710*	-0.062	-0.072	0.030
X39	0.310	0.314	*0.724*	0.022	-0.074	0.106
X310	0.296	0.231	0.600	-0.059	0.001	0.083
X311	0.353	0.210	-0.025	0.025	*0.677*	0.056
X312	0.368	0.256	-0.014	0.141	*0.694*	0.024
X41	0.393	0.566	-0.019	0.019	0.128	-0.174
X42	0.401	*0.731*	0.071	0.044	0.071	0.004
X43	0.432	*0.665*	0.145	-0.081	0.127	-0.106
X44	0.385	*0.628*	0.152	-0.178	0.158	-0.103
X45	0.407	0.576	0.089	-0.056	-0.044	0.223
X46	0.370	*0.696*	0.069	0.081	-0.043	0.096
X47	0.304	*0.701*	0.265	0.167	0.011	0.100
X48	0.416	*0.657*	0.163	0.120	0.081	0.034
X49	0.405	*0.711*	0.181	0.053	0.028	0.134
提取方法：主成分因子分析						
在7个迭代上旋转收敛						

表 5－11　43 个项目主因子成分分析结果（6 因子四次正交旋转）

研究构面	研究维度	项目编号	因子载荷					
			主因子 1	主因子 2	主因子 3	主因子 4	主因子 5	主因子 6
X1	1	X11	0. 666					
		X12	0. 661					
		X13						
		X14						
		X15						
	2	X16				0. 613		
		X17				0. 639		
		X18				0. 644		
X2	3	X21	0. 605					
		X22	0. 611					
		X23	0. 723					
		X24	0. 712					
	4	X25	0. 776					
		X26	0. 690					
		X27	0. 693					
		X28	0. 657					
		X29						
	5	X210						
		X211						
		X212						
		X213						
		X214						
X3	6	X31						
		X32	0. 669					
		X33						
	7	X34	0. 606					
		X35						
		X36						
	8	X37						
		X38			0. 710			
		X39			0. 724			
		X310						
	9	X311					0. 677	
		X312					0. 694	

（续上表）

研究构面	研究维度	项目编号	因子载荷					
			主因子1	主因子2	主因子3	主因子4	主因子5	主因子6
X4	10	X41						
		X42		0.731				
	11	X43		0.665				
		X44		0.628				
	12	X45						
		X46		0.696				
	13	X47		0.701				
		X48		0.657				
		X49		0.711				
特征值			11.428	4.772	2.85	2.521	2.211	1.704
方差解释量			26.578	11.097	6.628	5.862	5.143	3.962
累积方差解释量			26.578	37.675	44.303	50.165	55.308	59.270

4. 成功实施关键影响因素的主成分5因子模型构建

根据以上分析结果，应急管理信息系统成功实施多因素影响模型由研究假设的11个研究维度的24个问题项目构成，通过主成分分析，按特征值大于或等于1提取主因子，并进行“四次最大正交旋转”，结果见表5-12“24个项目主因子特征值和方差解释（正交旋转后）”。我们看到前面5个因子累积解释方差已超过66%（66.288%）。而从图5-2“24个项目的主因子分析碎石图”中也可以看出来，6个因子的解释总量占了主要部分。

表5-12 24个项目主因子特征值和方差解释（正交旋转后）

因子	特征值	累积方差解释量%	累积方差解释量%	正交旋转后		
				特征值	方差解释量%	累积方差解释量%
1	9.365	39.023	39.023	5.902	24.592	24.592
2	2.612	10.885	49.908	4.980	20.751	45.344
3	1.638	6.824	56.732	2.143	8.929	54.273
4	1.218	5.073	61.805	1.519	6.329	60.602
5	1.076	4.483	66.288	1.365	5.686	66.288
提取方法：主成分因子分析						

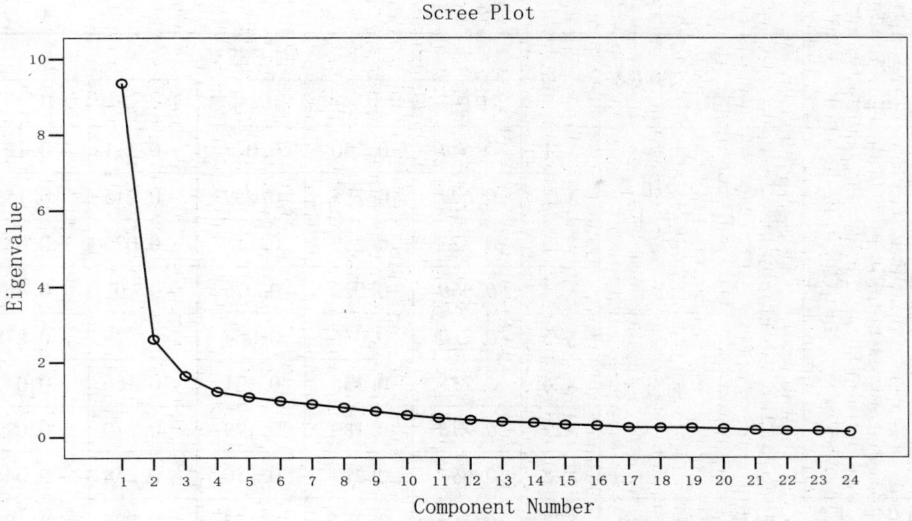

碎石图

Eigenvalue特征值　Component Number项目编号

图 5-2　24 个项目主因子分析碎石图

选取每个因子载荷值较高的项目，即保留“因子载荷 >0.5”和“因子载荷 < -0.5”对应的项目。见表 5-13，其中因子载荷高出 ±0.5 者用下划线标识出来，便构造出清晰的“应急管理信息系统成功实施多因素影响模型 5 因子结构模型”，由 11 个研究维度的 24 个问题项目组成。其中，5 个因子的总量表的 Alpha 系数为 0.929，而各个分量表包括内部组织管理、供应商水平、外部技术环境影响、信息化部门能力和外部政策环境影响等，其 Cronbach's α 系数分别为 0.877、0.915、0.792、0.749、0.777，均在 0.70 以上。说明此量表的信度颇佳。

表 5-13　24 个项目主因子载荷、方差解释和 Cronbach's α 系数汇总表

研究构面	研究维度	项目	因子载荷				
			主因子 1	主因子 2	主因子 3	主因子 4	主因子 5
外部环境因素（X1）	政策法规与制度保障体系	X11	0.494	0.110	0.153	-0.168	*0.563*
		X12	0.471	0.158	0.254	-0.086	*0.573*
	应用技术环境	X16	0.294	0.090	*0.684*	-0.117	0.086
		X17	0.265	0.138	*0.840*	0.123	0.068
		X18	0.283	0.103	*0.787*	0.027	-0.027

（续上表）

研究构面	研究维度	项目	因子载荷				
			主因子 1	主因子 2	主因子 3	主因子 4	主因子 5
内部组织管理因素（X2）	终端用户使用意图："一把手"重视	X21	*0.644*	0.230	0.027	－0.211	－0.121
		X22	*0.644*	0.385	0.069	－0.215	－0.155
		X23	*0.773*	0.259	－0.118	－0.022	－0.033
		X24	*0.660*	0.022	－0.075	－0.108	0.467
	终端用户的使用意图	X25	*0.770*	0.036	0.064	0.079	0.279
		X26	*0.735*	0.136	0.131	0.166	－0.041
		X27	*0.738*	0.180	0.179	0.210	－0.092
		X28	*0.684*	0.219	0.150	0.258	－0.048
信息化工作部门的业务理解、组织协调和支持服务能力（X3）	CIO 资源协调能力	X32	*0.565*	0.264	0.127	0.084	0.102
	信息化部门项目经理组织能力	X34	*0.510*	0.368	0.295	0.183	0.187
		X38	0.248	0.382	－0.004	*0.715*	－0.069
	信息化部门支持服务能力	X39	0.267	0.428	0.072	*0.696*	－0.103
供应商的产品技术水平（X4）	供应商技术水平	X42	0.288	*0.752*	0.033	0.106	0.128
	供应商项目经理能力	X43	0.270	*0.714*	－0.042	0.245	0.299
		X44	0.206	*0.663*	－0.130	0.312	0.400
	产品的业务符合度	X46	0.302	*0.719*	0.062	－0.005	－0.046
		X47	0.215	*0.819*	0.109	0.016	－0.151
	政务信息资源整合	X48	0.304	*0.788*	0.117	－0.042	－0.046
		X49	0.317	*0.823*	0.051	0.001	－0.061
特征值			5.902	4.980	2.143	1.519	1.365
方差解释量			24.592	20.751	8.929	6.329	5.686
累积方差解释量（66.288%）			24.592	45.344	54.273	60.602	66.288
Cronbach's α：			0.877	0.915	0.792	0.749	0.777

提取方法：主成分因子分析
旋转方法：四次正交旋转
在 7 个迭代上旋转收敛

5. *成功实施多因素5因子模型分析*

本研究采用主成分因子分析法来检验测量工具的建构效度。作主成分因子分析时，当测量同一研究构面（construct）的一组题目确实落在一个因子上时，则量表具有收敛效度。从表5－13可以看出，本研究量表具有良好的收敛效度。

表5－13显示，构成应急管理信息系统成功实施多因素影响模型的11个研究维度的24个问题项目都落到了5个主成分因子上，5个因子累积方差解释量达到了66.288%。其中：

（1）测量“内部组织管理因素（X2）”的8个问题项目全部落在因子1上，因子载荷在0.644～0.773之间。

（2）测量“供应商的产品技术水平（X4）”的7个问题项目全部落在因子2上，因子载荷在0.663～0.823之间。

（3）测量“外部环境因素（X1）”的5个问题项目，有三个（X16、X17、X18）落在因子3上，因子载荷分别为0.684、0.840、0.787。而根据问题项目对应的研究维度“应用技术环境”，为便于研究，我们将其归结为一个新的研究构面暨自变量“外部技术环境因素（X1）”。

（4）测量“信息化工作部门的业务理解、组织协调和支持服务能力（X3）”的4个问题项目有2个落在因子4上，因子载荷分别为0.715、0.696。有2个项目反映“CIO资源协调能力（X32）”和“信息化部门项目经理组织能力（X34）”的落在因子1上且因子载荷为0.565和0.510，考虑到CIO和信息化部门项目经理的工作实际上也是基于整个内部组织管理的流程开展的，因此将其统一归入到因子1当中。

（5）测量“外部环境因素（X1）”的5个问题项目，有两个（X11、X12）落在因子5上，因子载荷分别为0.563、0.573。而根据问题项目对应的研究维度“政策法规与制度保障体系”，为便于研究，我们将其归结为一个新的研究构面暨自变量“外部政策环境因素（X0）”。

根据主因子分析结果，5个主因子可以分别命名为：

（1）主因子1：内部组织管理（X2）暨“政府部门内部终端用户的使用意图”，主要受到“一把手”重视和处室具体用户使用意愿两个方面以及CIO资源协调能力和信息化部门项目经理组织能力等共4个方面的影响，包括表5－14“内部组织管理暨政府部门终端用户使用意图表现”所提及的10个方面的直接影响。

表 5 – 14 内部组织管理暨政府部门终端用户使用意图表现

内部组织管理因素（X2）	终端用户使用意图：“一把手”重视	X21	政府是否授权专责单位，负责推导应急管理信息系统计划
		X22	政府是否提供充裕资金保证应急管理信息系统计划的实施
		X23	单位“一把手”的重视，提供充足资金和资源
		X24	单位“一把手”亲力亲为
	终端用户的使用意图	X25	业务处室领导亲力亲为
		X26	业务/办事人员积极使用
		X27	部门内部成员对应急管理信息系统的支持程度
		X28	部门内部成员之间工作的协调配合程度
	CIO 资源协调能力	X32	信息化部门领导行政管理和协调资源能力强
	信息化部门项目经理组织能力	X34	信息化部门项目经理行政业务和需求分析能力强

（2）主因子 2：供应商产品技术水平（X4），主要受到供应商技术水平、供应商项目经理能力、产品的业务符合度和政务信息资源整合等 4 个方面的影响，包括表 5 – 15“供应商产品技术水平表现”所提及的 7 个具体方面。

表 5 – 15 供应商产品技术水平表现

供应商的产品技术水平（X4）	供应商技术水平	X42	供应商的技术水平高
	供应商项目经理能力	X43	供应商的项目经理有丰富的项目经验
		X44	供应商的项目经理沟通协调能力强
	产品的业务符合度	X46	软件灵活性高，方便调整流程和拓展新功能
	政务信息资源整合	X47	系统的安全保障性高
		X48	可实现多个业务子系统的信息资源整合
		X49	系统性能好，稳定运行速度快

（3）主因子 3：外部技术环境因素（X1），主要受到技术应用环境方面的影响，包括电子商务的发展和应用水平、终端用户即企业和公民对应急管理信息系统公共服务的接受意愿等 3 个方面的直接影响，详见表 5 – 16。

表 5－16　外部技术环境因素表现

<table>
<tr><td rowspan="3">外部技术环境因素（X1）</td><td rowspan="3">应用技术环境</td><td>X16</td><td>电子商务的发展和应用水平</td></tr>
<tr><td>X17</td><td>企业对应急管理信息系统公共服务的接受意愿</td></tr>
<tr><td>X18</td><td>公民对应急管理信息系统公共服务的接受意愿</td></tr>
</table>

（4）主因子 4：信息化工作部门的业务理解、组织协调和支持服务能力（X3），主要受到 CIO 资源协调能力、信息化部门项目经理组织能力和信息化部门支持服务能力这个方面的影响，包括信息化部门领导（CIO）行政管理和协调资源能力强、信息化部门项目经理行政业务和需求分析能力强、信息化部门工程师提供随叫随到的支持服务、工程师技术熟练和现场解决问题能力强等 4 个方面，详见表 5－17。

表 5－17　信息化工作部门的业务理解、组织协调和支持服务能力表现

<table>
<tr><td rowspan="2">信息化工作部门的业务理解、组织协调和支持服务能力（X3）</td><td rowspan="2">信息化部门支持服务能力</td><td>X38</td><td>信息化部门工程师提供随叫随到的支持服务</td></tr>
<tr><td>X39</td><td>信息化部门工程师技术熟练，现场解决问题能力强</td></tr>
</table>

（5）主因子 5：外部政策环境因素（X0），主要受到政策法规与制度保障体系方面的影响，包括政策法规和条块分割两个方面的直接影响，详见表 5－18。

表 5－18　外部政策环境因素表现

<table>
<tr><td rowspan="2">外部政策环境因素（X0）</td><td rowspan="2">政策法规与制度保障体系</td><td>X11</td><td>完善的政策法规或规范的系统使用制度</td></tr>
<tr><td>X12</td><td>行政制度中的垂直业务系统和属地政府管理平台之间“条块分割”</td></tr>
</table>

三、多元回归分析

将 5 个关键成功因素进行多元回归分析（Regressions Analysis）。分析结果见表 5－19、表 5－20 和表 5－21。

表 5－19 多元回归模型摘要

R 值	R^2 值	调整后的 R^2 值	因变量预测值的标准误差
0.292	0.085	0.069	0.498
自变量：（常数），X5（外部政策环境），X2（供应商水平），X3（外部技术环境），X4（信息化部门能力），X1（内部组织管理）			

表 5－20 多元回归 ANOVA 分析

	平方和	自由度	均方值	F 值	显著性
回归	6.635	5.000	1.327	5.355	0.000
残差	71.111	287.000	0.248		
合计	77.746	292.000			
自变量：（常数），X5（外部政策环境），X2（供应商水平），X3（外部技术环境），X4（信息化部门能力），X1（内部组织管理）					
因变量：加权 Y（应用成功）					

表 5－21 多元回归模型系数 Coefficients

	非标准系数		标准系数	T 值	显著性
	B 值	标准误差	Beta 值		
（常数）	2.757	0.209		13.193	0.000
X1（内部组织管理）	0.205	0.084	0.251	2.430	0.016
X2（供应商水平）	0.072	0.057	0.096	1.258	0.210
X3（外部技术环境）	0.050	0.044	0.074	1.138	0.256
X4（信息化部门能力）	－0.002	0.085	－0.002	－0.019	0.985
X5（外部政策环境）	－0.105	0.045	－0.162	－2.302	0.022
因变量：加权 Y（应用成功）					

表 5－19、表 5－20 和表 5－21 的多元回归分析结果显示：

1．影响显著性分析

从表 5－21 可以看到，“内部组织管理”因素和“外部政策环境”因素的显著性值分别为 0.016 和 0.022，小于 0.05，具有显著性。而其他 3 个因素的显著性值都明显大于 0.05，不具有显著性。这说明当多个因素一起发生作用时，“内部组织管理”因素和“外部政策环境”因素是显著的，而其他另外3个因素“供应商水平”、“外部技术环境”和“信息化部门能力”对于应急管理信息系统成功实施则没有显著影响。

2. 影响能力分析

当5个关键成功因素全部带入回归方程后，可以解释应急管理信息系统成功实施8.5%的变化（Adjusted $R^2=0.085$）。本次研究因为时间和精力所限，对于所有的受访用户都是采用同一套问卷，并没有针对性地编制问卷，这就势必会出现“同言偏差”的现象。考虑到不同的受访者，其情境因素和个人因素不同，可能会直接影响填写问卷的结果。为此，笔者对所有研究因素再作进一步的分层多元回归分析。

四、分层多元回归分析

为了更加客观地衡量5个关键成功因素对应急管理信息系统成功实施的影响能力，而5个关键因素在同时发生作用的时候，其影响能力会因为样本特征而有所变化，本研究采用分层多元回归分析（Hierarchical Regressions Analysis）方法：

第一步对5个关键成功因素以Enter方法代入；

第二步以Stepwise方法将情境因素和个人因素的11个特征因素采用Dummy Variables方法代入，统计分析结果见表5－22、表5－23和表5－24。

表5－22 分层多元回归模型摘要 Model Summary

模型	R值	R^2值	调整后的R^2值	因变量预测值的标准误差
1	0.297	0.088	0.072	0.498
2	0.323	0.104	0.085	0.494
3	0.343	0.118	0.096	0.491
4	0.364	*0.133*	0.108	0.488

a 因变量：（常数），X5（外部政策环境），X2（供应商水平），X3（外部技术环境），X4（信息化部门能力），X1（内部组织管理）

b 因变量：（常数），X5（外部政策环境），X2（供应商水平），X3（外部技术环境），X4（信息化部门能力），X1（内部组织管理），市级单位

c 因变量：（常数），X5（外部政策环境），X2（供应商水平），X3（外部技术环境），X4（信息化部门能力），X1（内部组织管理），市级单位，“一把手”

d 因变量：（常数），X5（外部政策环境），X2（供应商水平），X3（外部技术环境），X4（信息化部门能力），X1（内部组织管理），市级单位，“一把手”，单位领导

以逐步回归方法代入各个情境因素和个人因素时，本研究采用虚拟变量的方法，即将各个因素的样本值分别记录为“0”或“1”，每个变量按照“$n-1$”的选项数代入，具体的代入变量及其选项分别为：

情境因素 B（6 个）：

（1）单位层级：省级单位、市级单位；

（2）管理模式：属地管理；

（3）单位性质：政府、党委；

（4）所在处室：单位领导、信息化部门、业务处室；

（5）岗位：科级以下、处级；

（6）应用角色：一把手、信息化领导、项目经理。

个人因素 C（4 个）：

（1）性别：男；

（2）年龄：60 年代、70 年代；

（3）专业背景：IT 相关；

（4）学历：大专、本科、硕士。

值得一提的是，以逐步回归方法代入各个基本特征变量的时候，一旦代入个人因素变量“应用年限”，其 R^2 会明显降低。而通过反复多次的比较，仅仅代入其中 4 个因素变量即“单位层级、所在处室、应用角色、年龄”，其统计结果与代入全部基本特征变量的结果是基本一致的。

表 5-23 分层多元回归 ANOVA 分析

模型		平方和	自由度	均方值	F 值	显著性
1	回归	6.736	5.000	1.347	5.440	0.000
	残差	69.838	282.000	0.248		
	合计	76.573	287.000			
2	回归	7.994	6.000	1.332	5.459	0.000
	残差	68.579	281.000	0.244		
	合计	76.573	287.000			
3	回归	9.023	7.000	1.289	5.343	0.000
	残差	67.550	280.000	0.241		
	合计	76.573	287.000			

（续上表）

模型		平方和	自由度	均方值	F 值	显著性
4	回归	10.150	8.000	1.269	5.329	0.000
	残差	66.423	279.000	0.238		
	合计	76.573	287.000			

a 因变量：（常数），X5（外部政策环境），X2（供应商水平），X3（外部技术环境），X4（信息化部门能力），X1（内部组织管理）

b 因变量：（常数），X5（外部政策环境），X2（供应商水平），X3（外部技术环境），X4（信息化部门能力），X1（内部组织管理），市级单位

c 因变量：（常数），X5（外部政策环境），X2（供应商水平），X3（外部技术环境），X4（信息化部门能力），X1（内部组织管理），市级单位，“一把手”

d 因变量：（常数），X5（外部政策环境），X2（供应商水平），X3（外部技术环境），X4（信息化部门能力），X1（内部组织管理），市级单位，“一把手”，单位领导

e 因变量：加权 *Y*（应用成功）

表 5－24 分层多元回归模型系数 Coefficients[a]

模型		U 非标准系数		标准系数	T 值	显著性
		B 值	标准误差	Beta 值		
1	（常数）	2.739	0.211		12.966	0.000
	X1（内部组织管理）	0.202	0.084	0.248	2.395	*0.017*
	X2（供应商水平）	0.075	0.058	0.099	1.300	0.195
	X3（外部技术环境）	0.057	0.044	0.085	1.297	0.196
	X4（信息化部门能力）	－0.003	0.086	－0.003	－0.029	0.977
	X5（外部政策环境）	－0.106	0.045	－0.165	－2.324	*0.021*
2	（常数）	2.741	0.210		13.071	0.000
	X1（内部组织管理）	0.180	0.084	0.221	2.129	*0.034*
	X2（供应商水平）	0.063	0.057	0.084	1.103	0.271
	X3（外部技术环境）	0.070	0.044	0.103	1.577	0.116
	X4（信息化部门能力）	0.000	0.085	0.000	0.000	1.000
	X5（外部政策环境）	－0.100	0.045	－0.157	－2.216	*0.027*
	市级单位	0.137	0.061	0.132	2.271	*0.024*

（续上表）

模型		U 非标准系数		标准系数	T 值	显著性
		B 值	标准误差	Beta 值		
3	（常数）	2.719	0.209		13.026	0.000
	X1（内部组织管理）	0.180	0.084	0.221	2.145	*0.033*
	X2（供应商水平）	0.061	0.057	0.080	1.060	0.290
	X3（外部技术环境）	0.072	0.044	0.106	1.627	0.105
	X4（信息化部门能力）	0.009	0.085	0.010	0.105	0.917
	X5（外部政策环境）	-0.099	0.045	-0.155	-2.204	*0.028*
	市级单位	0.153	0.061	0.147	2.521	*0.012*
	"一把手"	-0.215	0.104	-0.117	-2.066	*0.040*
4	（常数）	2.767	0.209		13.269	0.000
	X1（内部组织管理）	0.188	0.083	0.231	2.256	*0.025*
	X2（供应商水平）	0.044	0.057	0.058	0.772	0.441
	X3（外部技术环境）	0.078	0.044	0.115	1.772	0.077
	X4（信息化部门能力）	0.001	0.084	0.002	0.016	0.987
	X5（外部政策环境）	-0.102	0.045	-0.159	-2.284	*0.023*
	市级单位	0.148	0.060	0.142	2.461	*0.014*
	"一把手"	-0.569	0.193	-0.311	-2.952	*0.003*
	单位领导	0.430	0.198	0.231	2.176	*0.030*
a	因变量：加权 *Y*（成功实施）					

（1）影响显著性分析。从表 5-24 可以看到，在考虑到受访用户的情境因素和个人因素时，"内部组织管理"因素和"外部政策环境"因素的显著性值分别为 0.025 和 0.023，小于 0.05，具有显著性。而其他 3 个关键成功因素的显著性值都大于 0.05，不具有显著性。这说明当多个因素一起发生作用时，即使受访用户的基本特征不同而致使其对关键成功因素的重要性认知程度不同，"内部组织管理"因素和"外部政策环境"因素对应急管理信息系统成功实施的影响也是显著的。

而受访用户的基本特征当中，"单位层级、所在处室和应用角色"等因素对于应急管理信息系统成功实施的影响也是显著的。也就是说用户所在单位的层级、用户本身在单位中所在处室的性质，以及用户本人在应急管理信息系统应用过程中所承担的角色或工作内容，会直接影响受访用户对应急管理信息系统成功实施的认识。

(2) 影响能力分析。当5个关键成功因素全部带入回归方程并考虑到样本基本特征对受访者回答问卷可能带来"同言偏差"的误差时，它们可以解释应急管理信息系统成功实施13.3%的变化（Adjusted $R^2=0.133$）。这个结果显然比之前仅仅对5个关键成功因素作多元回归分析的结果更好，但还是有些偏低。

虽然多元回归分析结果比笔者预计的要小，但考虑到应急管理信息系统应用实施是一个长期而复杂的过程，影响应急管理信息系统成功实施的因素非常丰富，不可能在一个研究模型中完全体现出来。而本研究所包括的关键成功因素都是可以在应急管理信息系统应用过程中加以管理和控制，进而提高成功实施率的因素。还有一些因素（例如官场文化）虽然也会影响应急管理信息系统成功实施，但在应急管理信息系统应用过程中无法轻易改变，因此不作为关键成功因素加以研究。此外，本研究主要从组织和项目管理角度研究应急管理信息系统的应用，纯粹的技术性因素没有列入研究模型中。因此，笔者认为这一结果是可以接受的。

此外，从表5-6"应急管理信息系统成功实施与关键成功因素之间的线性相关分析"中可以看出，本研究的各个自变量之间具有高度线性相关，各个自变量之间的相关系数最低0.426，最高达0.699，普遍高于各个自变量与因变量之间的相关系数，且各个自变量直接的相关影响性显著性值都小于0.000，显著相关。这个由于自变量之间具有高度线性相关所引起的多元共线性问题是多元回归分析的主要难题之一。当存在多元共线性问题时，回归系数的估计值会因样本不同有很大差异。这时，如果仍以回归系数作为衡量自变量相对重要性的指标，可能会导致错误。

第四节 政府部门基本特征对各关键成功因素重要性认知的影响分析

在这一部分，主要采用单因素方差分析方法，着重分析本研究所涉及的情境因素（包括所在单位信息、单位成员信息等）和个人因素（包括个人信息等）对于应急管理信息系统成功实施多因素影响模型重要性认知程度所产生的影响，体现在不同特征的政府部门在应急管理信息系统成功实施的关键影响因素的选择评分上是否表现出显著性差异。如果差异显著，则列出方差表和各项的平均评分，并对表现出显著差异的组继续作多重比较检验，显著要求在 0.05 水平上。

为此，我们通过对 293 份问卷调查样本的基本特征变量情况进行分析，基于资料分析结果的“应急管理信息系统成功实施多因素影响模型 5 因子模型”，在确定关键影响因素的内容是由 11 个研究维度的 24 个问题项目构成的基础上，一方面对评分者 11 个独立变量（单位信息、个人信息、单位成员信息等）中的每一个特征变量都进行单因素方差分析，以检验每个因素的组间差异和特征变量对关键成功因素 5 因子的显著性（相伴概率）分析。另一方面，比较分析每一组变量对各个关键成功因素的平均评分，以分析差异原因究竟在哪里。

首先对 11 个独立特征变量分别进行单因素方差分析，对其显著度进行观察，结果汇总见表 5－25“样本特征变量显著性分析汇总表”，并对 $P<0.05$ 水平上显著予以标记。

表 5－25　样本特征变量显著性分析汇总表

关键成功因素 / 基本特征	内部组织管理	供应商水平	外部技术环境	信息化部门能力	外部政策环境
单位层级	*0.00*	*0.01*	0.51	*0.01*	0.42
管理模式	*0.01*	0.07	0.23	0.15	0.44
单位性质	0.35	*0.04*	0.63	0.20	0.62
所在处室	*0.01*	*0.01*	0.91	*0.02*	*0.00*
岗位	0.44	0.73	0.72	0.45	0.34
应用角色	0.08	0.52	0.63	*0.03*	*0.01*
应用年限	0.19	0.37	0.64	0.27	*0.01*
性别	0.62	0.50	0.24	0.93	0.10
年龄	0.27	0.32	0.62	0.86	0.42
专业背景	*0.02*	0.12	0.18	*0.05*	*0.00*
学历	0.41	0.09	*0.04*	0.67	0.22

从表 5－25 可以看出，单位层级（省级单位、市级单位、区级单位）、管理模式（属地管理、垂直管理）、所在处室（单位领导、信息化部门、业务处室、办公室）、专业背景（IT 相关、其他专业）、应用角色（单位领导、信息化部门领导、一般用户、项目经理）等 5 个样本基本特征对关键成功因素重要性认知程度的影响比较明显，单位性质（政府、党委、人大）、学历（大专及以下、本科、硕士、博士）等两个样本特征对某些关键成因素重要性认知程度有一定的

影响，而应用年限、性别、年龄、岗位等4个基本特征则对关键成功因素重要性认知程度无显著影响。

为此，本研究将针对有明显影响的5个基本特征进行分析，以找出差异究竟在哪里。

一、不同单位层级对关键成功因素的差异分析

在本研究中，将单位按照所属政府的层级划分为省级单位、市级单位和区级单位。通过对关键成功因素5因子作“单位层级”的单因素方差分析，如表5-26所示。发现单位层级在内部组织管理、信息化部门能力和供应商水平等3方面差异显著，其Pearson相关性值分别为0.001、0.014、0.013，Pearson相关性值均小于0.05；而在外部技术环境和政策环境方面，其Pearson相关性值为0.508、0.421，大于0.05，未表现出显著差异。

表5-26 单位层级在关键成功因素上的单因素方差分析（ANOVA）

		平方和	自由度	F值	显著性
内部组织管理	组间平方和	5.664	2.000	6.803	0.001
	组内平方和	120.715	290.000		
	合计	126.378	292.000		
供应商水平	组间平方和	4.092	2.000	4.449	0.013
	组内平方和	133.363	290.000		
	合计	137.455	292.000		
外部技术环境	组间平方和	0.786	2.000	0.679	0.508
	组内平方和	167.968	290.000		
	合计	168.755	292.000		
信息化部门能力	组间平方和	3.538	2.000	4.356	0.014
	组内平方和	117.782	290.000		
	合计	121.320	292.000		
外部政策环境	组间平方和	1.113	2.000	0.867	0.421
	组内平方和	186.259	290.000		
	合计	187.372	292.000		

继续分析不同单位层级在各关键成功因素上的平均评分，见表5-27。

表 5－27　不同单位层级在各个关键成功因素上的平均评分

单位层级	内部组织管理	供应商水平	外部技术环境	信息化部门能力	外部政策环境
省级单位	4. 016	3. 989	3. 368	3. 872	3. 756
市级单位	4. 043	4. 089	3. 420	3. 819	3. 669
区级单位	3. 757	3. 836	3. 507	3. 612	3. 579

从表 5－27 可以发现：

（1）在内部组织管理因素上，省级单位的评分（$M=4.016$）和市级单位的评分（$M=4.043$）无显著差异，但是和区级单位的评分（$M=3.757$）相比就明显高出。将不同层级单位在内部组织管理因素上的差异绘成图 5－3。

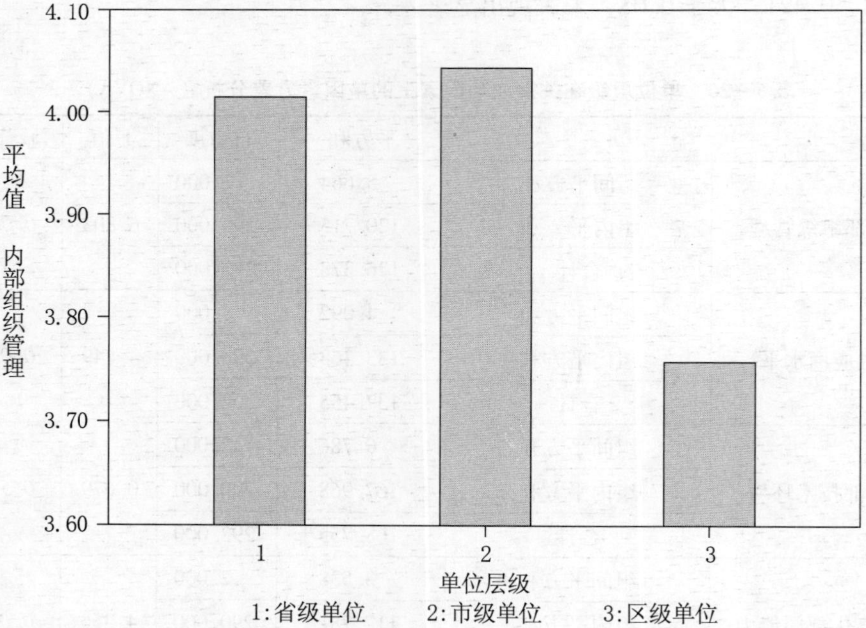

图 5－3　不同层级单位在内部组织管理因素上的差异

（2）在供应商水平因素上，省级单位的评分（$M=3.989$）和市级单位的评分（$M=4.089$）差异很小，但是和区级单位的评分（$M=3.836$）相比明显高出。将不同层级单位在供应商水平因素上的差异绘成图 5－4。

（3）在外部技术环境因素上，各层级单位的评分平均分都非常接近，无显著差异。但从平均评分结果看，区级单位最高，而省级单位评分最低。

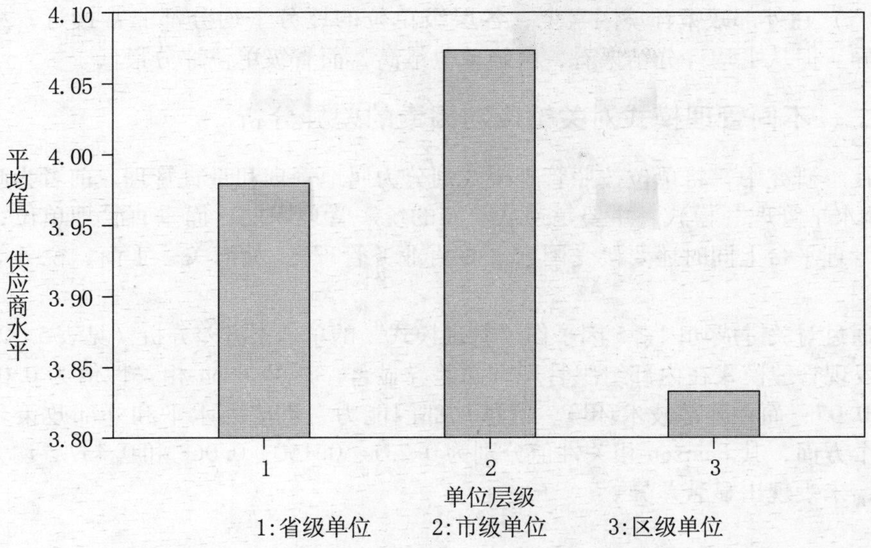

图 5－4　不同层级单位在供应商水平因素上的差异

（4）在信息化部门能力因素上，省级单位的评分（$M=3.872$）和市级单位的评分（$M=3.819$）无显著差异，但是和区级单位的评分（$M=3.612$）相比明显高出。将不同层级单位在信息化部门能力因素上的差异绘成图 5－5。

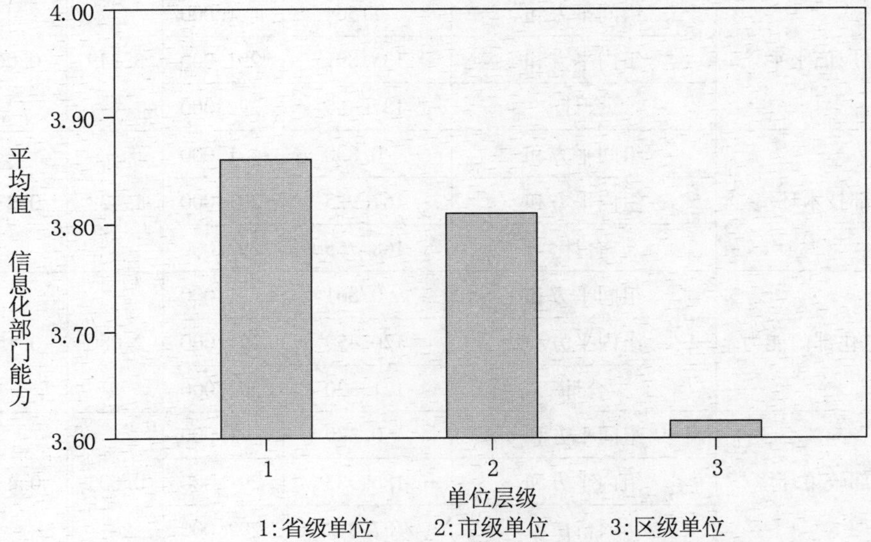

图 5－5　不同层级单位在信息化部门能力因素上的差异

（5）在外部政策环境因素上，各层级单位的评分平均分都非常接近，无显著差异。但从平均评分结果看，区级单位最高，而省级单位评分最低。

二、不同管理模式对关键成功因素的差异分析

在本研究中，将单位按照管理模式划分为属地管理和垂直管理。前者为政府“属地水平管理”模式，主要是遵从政府的统一管理职能；而垂直管理单位，在政府管理平台上同时还要接受国家“垂直业务管理”，如海关、工商、税务等职能部门。

通过对关键成功因素5因子作“管理模式”的单因素方差分析（见表5－28），笔者发现管理模式在内部组织管理方面差异显著，其Pearson相关性值为0.010，小于0.05；而在外部技术环境、信息化部门能力、供应商水平和外部政策环境等4个方面，其Pearson相关性值分别为0.231、0.150、0.068和0.437，均大于0.05，未表现出显著差异。

表5－28 管理模式在关键成功因素上的单因素方差分析（ANOVA）

		平方和	自由度	F值	显著性
内部组织管理	组间平方和	2.821	1.000	6.644	<u>*0.010*</u>
	组内平方和	123.557	291.000		
	合计	126.378	292.000		
供应商水平	组间平方和	1.564	1.000	3.349	0.068
	组内平方和	135.891	291.000		
	合计	137.455	292.000		
外部技术环境	组间平方和	0.830	1.000	1.438	0.231
	组内平方和	167.925	291.000		
	合计	168.755	292.000		
信息化部门能力	组间平方和	0.861	1.000	2.080	0.150
	组内平方和	120.459	291.000		
	合计	121.320	292.000		
外部政策环境	组间平方和	0.389	1.000	0.605	0.437
	组内平方和	186.983	291.000		
	合计	187.372	292.000		

不同管理模式在各关键成功因素上的平均评分见表 5－29。

表 5－29　不同管理模式在各个关键成功因素上的平均评分

管理模式	内部组织管理	供应商水平	外部技术环境	信息化部门能力	外部政策环境
属地管理	3.955	3.995	3.472	3.758	3.656
垂直管理	3.669	3.782	3.317	3.600	3.550

从上面两表可以发现：

（1）在内部组织管理因素上，属地管理模式的评分（$M=3.955$）明显高出垂直管理模式的评分（$M=3.669$）。将不同管理模式单位在内部组织管理因素上的平均评分差异绘成图 5－6。

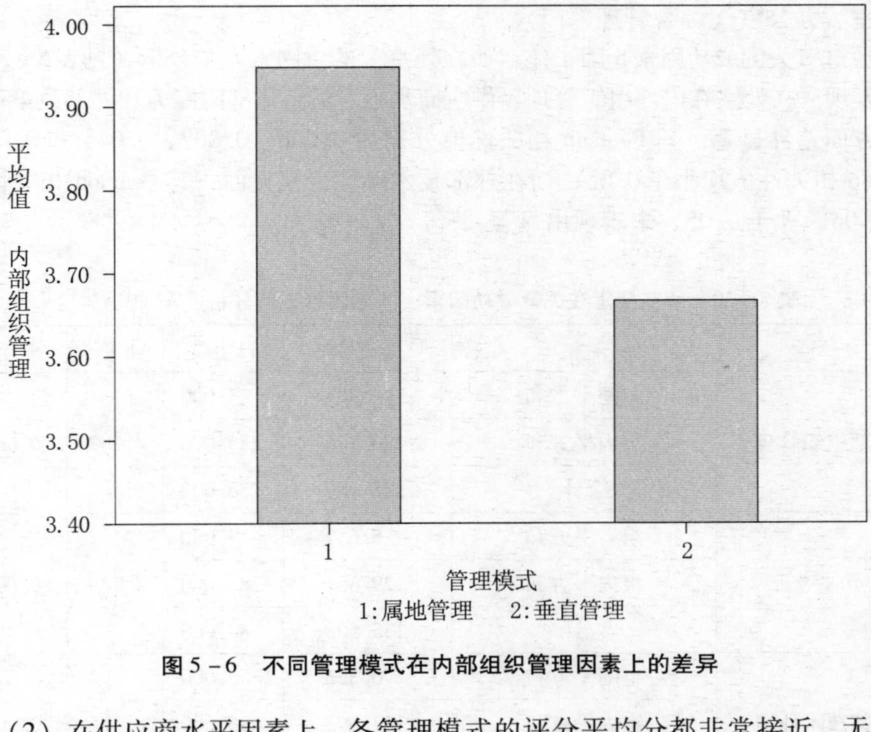

图 5－6　不同管理模式在内部组织管理因素上的差异

（2）在供应商水平因素上，各管理模式的评分平均分都非常接近，无显著差异。但从平均评分结果看，属地管理模式的评分（$M=3.995$）要高过垂直管理模式的评分（$M=3.782$）。

(3) 在外部技术环境因素上，各管理模式的评分平均分都非常接近，无显著差异。但从平均评分结果看，属地管理模式的评分（$M=3.472$）要高过垂直管理模式的评分（$M=3.317$）。

(4) 在信息化部门能力因素上，各管理模式的评分平均分都非常接近，无显著差异。但从平均评分结果看，属地管理模式的评分（$M=3.758$）要高过垂直管理模式的评分（$M=3.600$）。

(5) 在外部政策环境因素上，各管理模式的平均评分都非常接近，无显著差异。但从平均评分结果看，属地管理模式的评分（$M=3.656$）要高过垂直管理模式的评分（$M=3.550$）。

三、不同所在处室对关键成功因素的差异分析

在本研究中，将所在处室按照一般政府单位的部门设置特点进行划分，并区别出负责信息系统应用实施工作的信息化部门，包括单位领导、信息化部门、业务处室、办公室（综合管理部门）。

通过对关键成功因素5因子作“所在处室”的单因素方差分析（见表5－30），笔者发现所在处室在内部组织管理、供应商水平、信息化部门能力和外部政策环境等4方面差异显著，其Pearson相关性值分别为0.006、0.007、0.045和0.000，Pearson相关性值均小于0.05；而在外部技术环境因素方面，其Pearson相关性值为0.906，大于0.05，未表现出显著差异。

表5－30 所在处室在关键成功因素上的单因素方差分析（ANOVA）

		平方和	自由度	F值	显著性
内部组织管理	组间平方和	5.304	3.000	4.193	<u>*0.006*</u>
	组内平方和	120.176	285.000		
	合计	125.480	288.000		
供应商水平	组间平方和	5.657	3.000	4.139	<u>*0.007*</u>
	组内平方和	129.851	285.000		
	合计	135.508	288.000		
外部技术环境	组间平方和	0.326	3.000	0.185	0.906
	组内平方和	167.093	285.000		
	合计	167.419	288.000		

（续上表）

		平方和	自由度	F值	显著性
信息化部门能力	组间平方和	4.216	3.000	3.529	<u>*0.015*</u>
	组内平方和	113.503	285.000		
	合计	117.719	288.000		
外部政策环境	组间平方和	13.502	3.000	7.411	<u>*0.000*</u>
	组内平方和	173.072	285.000		
	合计	186.574	288.000		

继续对不同所在处室在各个关键成功因素上的平均评分进行分析，如表5－31所示。

表5－31　不同所在处室在各个关键成功因素上的平均评分

所在处室	内部组织管理	供应商水平	外部技术环境	信息化部门能力	外部政策环境
单位领导	4.141	4.298	3.528	4.052	3.854
信息化部门	4.072	4.109	3.408	3.832	3.947
业务处室	3.786	3.878	3.462	3.678	3.443
办公室	3.908	3.877	3.427	3.627	3.596

从表5－31可以发现：

（1）在内部组织管理因素上，单位领导的评分（$M=4.141$）和信息化部门的评分（$M=4.072$）无显著差异，但是与业务处室的评分（$M=3.786$）和办公室的评分（$M=3.908$）相比明显高出。将不同处室在内部组织管理因素上的差异绘成图5－7。

（2）在供应商水平因素上，业务处室（$M=3.878$）和办公室（$M=3.877$）的评分无明显差异，但相比单位领导的评分（$M=4.298$）和信息化部门的评分（$M=4.109$）则明显过低。将不同处室在供应商水平因素上的差异绘成图5－8。

（3）在外部技术环境因素上，不同所在处室的评分平均分都非常接近，无显著差异。但从平均评分结果看，单位领导最高，而信息化部门评分最低。

（4）在信息化部门能力因素上，单位领导的评分（$M=4.052$）明显高过其他各个处室信息化部门（$M=3.832$）、业务处室（$M=3.678$）和办公室（$M=3.627$）的评分。将不同处室在信息化部门能力因素上的差异绘成图5－9。

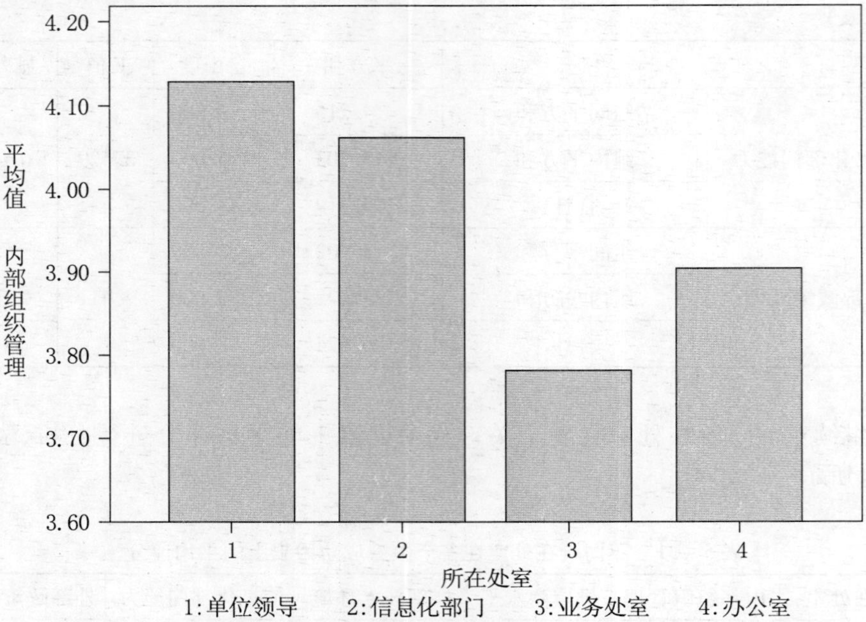

图 5-7 不同所在处室在内部组织管理因素上的差异

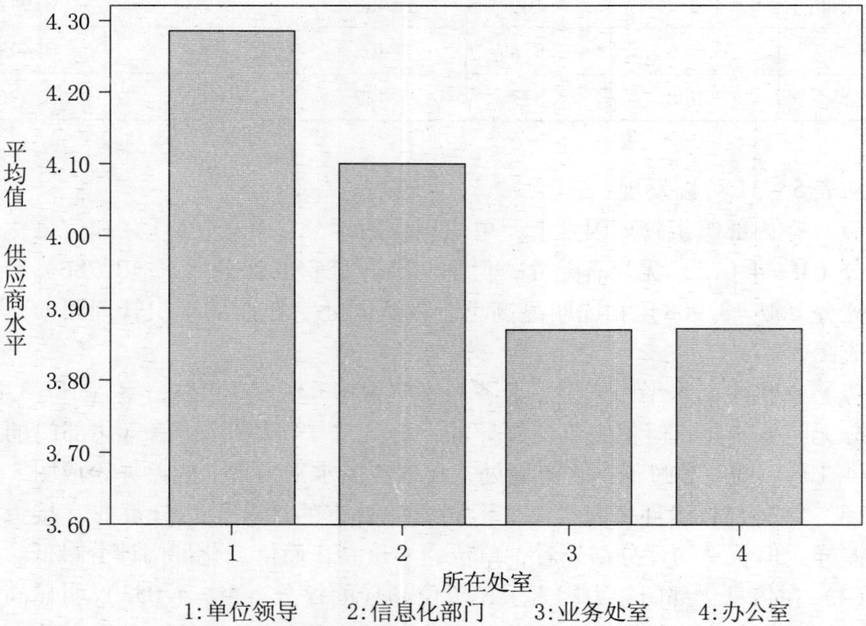

图 5-8 不同所在处室在供应商水平因素上的差异

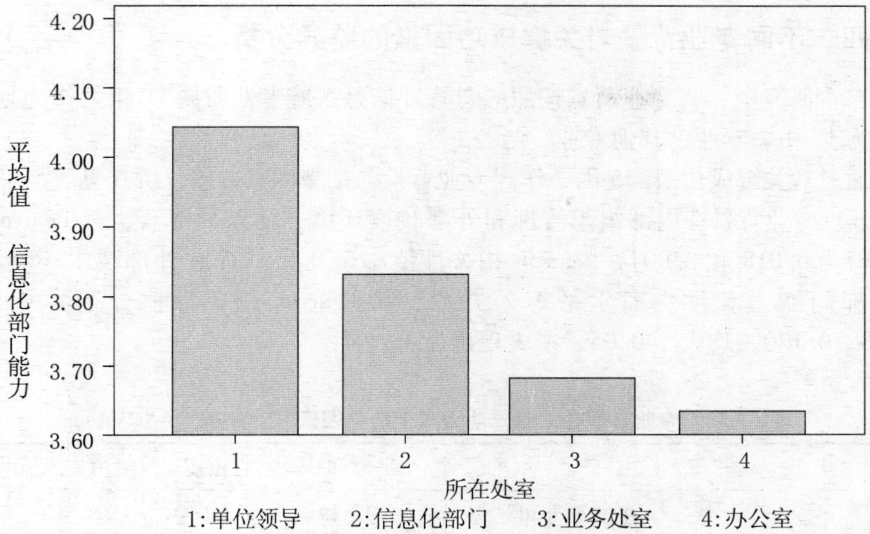

图 5－9 不同所在处室在信息化部门能力因素上的差异

（5）在外部政策环境因素上，信息化部门（$M=3.947$）和单位领导的评分（$M=3.854$）明显高过其他业务处室（$M=3.443$）和办公室（$M=3.596$）的评分。将不同处室在信息化部门能力因素上的差异绘成图 5－10。

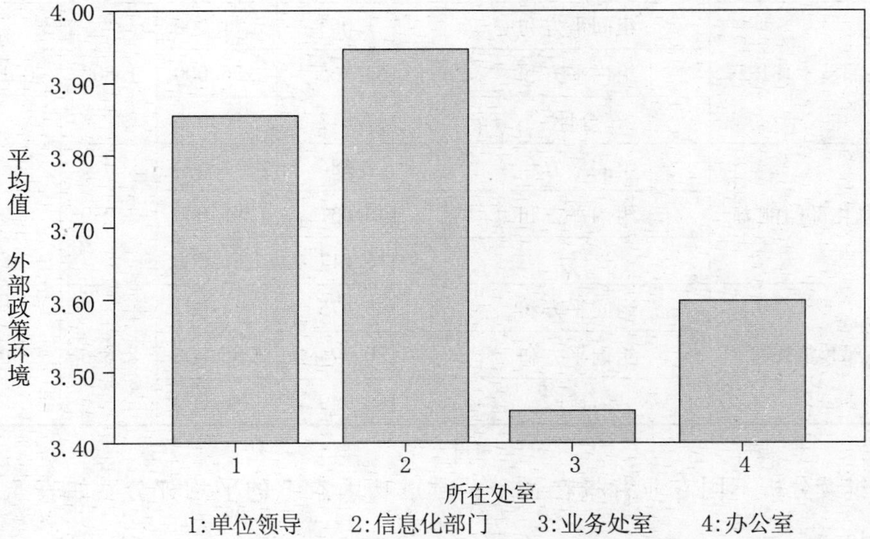

图 5－10 不同所在处室在外部政策环境因素上的差异

四、不同专业背景对关键成功因素的差异分析

在本研究中，将专业背景按照应急管理信息系统专业所属 IT 相关作为划分，区分为 IT 相关专业、其他专业。

通过对关键成功因素 5 因子作“专业背景”的单因素方差分析（见表 5－32），笔者发现专业背景在内部组织管理和外部政策环境方面差异显著，其 Pearson 相关性值为 0.018 和 0.004，Pearson 相关性值小于 0.05；而在外部技术环境、信息化部门能力和供应商水平等 3 方面，其 Pearson 相关性值分别为 0.180、0.048、0.120，均大于 0.05，未表现出显著差异。

表 5－32　专业背景在关键成功因素上的单因素方差分析（ANOVA）

		平方和	自由度	F 值	显著性
内部组织管理	组间平方和	2.419	1.000	5.680	*0.018*
	组内平方和	121.376	285.000		
	合计	123.795	286.000		
供应商水平	组间平方和	1.129	1.000	2.428	0.120
	组内平方和	132.472	285.000		
	合计	133.601	286.000		
外部技术环境	组间平方和	1.053	1.000	1.808	0.180
	组内平方和	165.965	285.000		
	合计	167.017	286.000		
信息化部门能力	组间平方和	1.586	1.000	3.930	0.048
	组内平方和	115.031	285.000		
	合计	116.617	286.000		
外部政策环境	组间平方和	5.475	1.000	8.656	*0.004*
	组内平方和	180.274	285.000		
	合计	185.749	286.000		

继续分析不同专业背景在各个关键成功因素上的平均评分，如表 5－33 所示：

表 5-33　不同专业背景在各个关键成功因素上的平均评分

专业背景	内部组织管理	供应商水平	外部技术环境	信息化部门能力	外部政策环境
IT 相关	4.054	4.071	3.362	3.852	3.844
其他	3.858	3.937	3.491	3.693	3.549

从上面两表可以发现：

（1）在内部组织管理因素上，IT 相关专业的评分（$M=4.054$）和其他专业的评分（$M=3.858$）相比明显高出。将不同专业在内部组织管理因素上的差异绘成图 5-11。

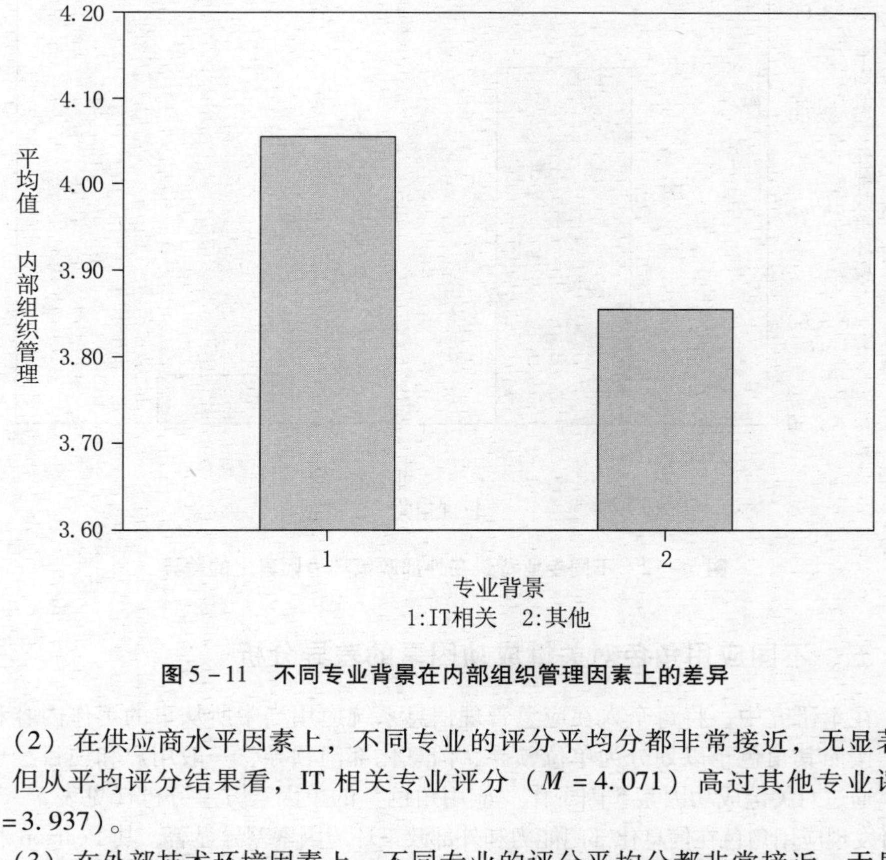

图 5-11　不同专业背景在内部组织管理因素上的差异

（2）在供应商水平因素上，不同专业的评分平均分都非常接近，无显著差异。但从平均评分结果看，IT 相关专业评分（$M=4.071$）高过其他专业评分（$M=3.937$）。

（3）在外部技术环境因素上，不同专业的评分平均分都非常接近，无显著差异。但从平均评分结果看，其他专业评分（$M=3.491$）高过 IT 专业评分

($M=3.362$)。

(4) 在信息化部门能力因素上，不同专业的评分平均分都非常接近，无显著差异。但从平均评分结果看，IT 专业评分（$M=3.852$）高过其他专业评分($M=3.693$)。

(5) 在外部政策环境因素上，IT 专业的评分（$M=3.844$）和其他专业的评分（$M=3.549$）相比明显高出。将不同专业在外部政策环境因素上的差异绘成图 5-12。

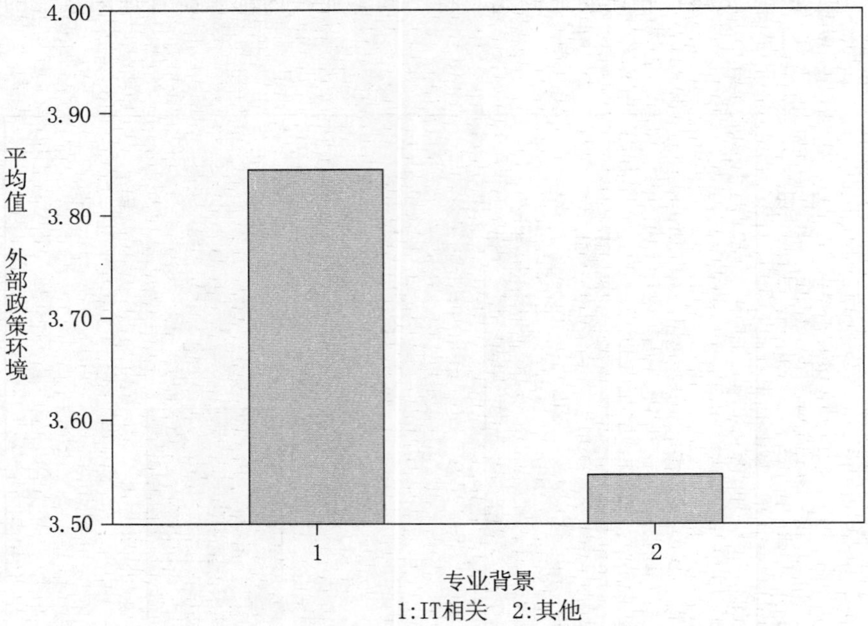

图 5-12 不同专业背景在外部政策环境因素上的差异

五、不同应用角色对关键成功因素的差异分析

在本研究中，将每个人在应急管理信息系统应用当中所从事的工作内容和岗位，按照其角色予以划分为单位领导、信息化部门领导、一般用户和项目经理。

通过对关键成功因素 5 因子作“应用角色”的单因素方差分析（见表 5-34），笔者发现应用角色在信息化部门能力和外部政策环境因素差异显著，其 Pearson 相关性值分别为 0.031 和 0.006，Pearson 相关性值小于 0.05；而在外部技术环境、内部组织管理和供应商水平等 3 方面，其 Pearson 相关性值分别为 0.629、

0.084、0.521，均大于0.05，未表现出显著差异。

表5－34　应用角色在关键成功因素上的单因素方差分析（ANOVA）

		平方和	自由度	F值	显著性
内部组织管理	组间平方和	2.891	3.000	2.235	0.084
	组内平方和	123.284	286.000		
	合计	126.175	289.000		
供应商水平	组间平方和	1.063	3.000	0.754	0.521
	组内平方和	134.446	286.000		
	合计	135.509	289.000		
外部技术环境	组间平方和	1.017	3.000	0.580	0.629
	组内平方和	167.186	286.000		
	合计	168.203	289.000		
信息化部门能力	组间平方和	3.653	3.000	3.012	*0.031*
	组内平方和	115.648	286.000		
	合计	119.302	289.000		
外部政策环境	组间平方和	8.002	3.000	4.254	*0.006*
	组内平方和	179.309	286.000		
	合计	187.311	289.000		

不同应用角色在各个关键成功因素上的平均评分如表5－35所示：

表5－35　不同应用角色在各个关键成功因素上的平均评分

应用角色	内部组织管理	供应商水平	外部技术环境	信息化部门能力	外部政策环境
单位领导	4.105	4.109	3.573	3.950	3.800
信息化部门领导	4.104	4.101	3.375	4.021	3.958
一般用户	3.865	3.943	3.455	3.688	3.562
项目经理	4.116	4.000	3.262	3.804	4.143

从表5－35可以发现：

（1）在内部组织管理因素上，不同应用角色的评分平均分都非常接近，无显著差异。但从平均评分结果看，项目经理的评分（$M=4.116$）最高，而一般用户的评分最低（$M=3.865$）。

（2）在供应商水平因素上，不同应用角色的评分平均分都非常接近，无显著差异。但从平均评分结果看，单位领导的评分（$M=4.109$）和信息化部门领导评分（$M=4.101$）最高，而一般用户的评分最低（$M=3.943$）。

（3）在外部技术环境因素上，不同应用角色的评分平均分都非常接近，无显著差异。但从平均评分结果看，单位领导的评分（$M=3.573$）最高，而项目经理的评分最低（$M=3.262$）。

（4）在信息化部门能力因素上，单位领导的评分（$M=3.950$）和信息化部门领导的评分（$M=4.021$）无显著差异，但是和一般用户的评分（$M=3.688$）和项目经理的评分（$M=3.804$）相比明显高出。将不同应用角色在信息化部门能力因素上的差异绘成图5-13。

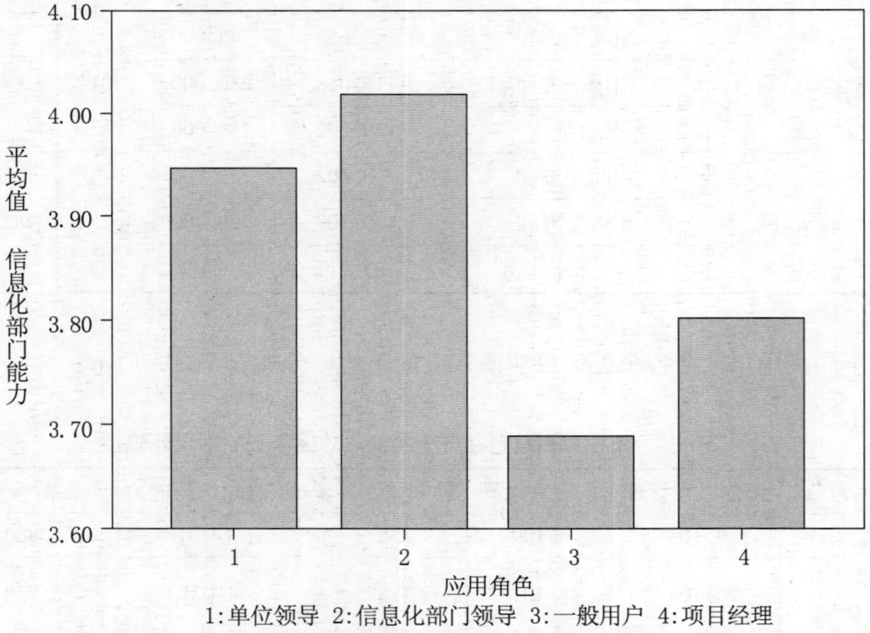

图5-13 不同应用角色在信息化部门因素上的差异

（5）在外部政策环境因素上，项目经理的评分（$M=4.143$）和信息化部门领导的评分（M=3.958）明显高出单位领导的评分（M=3.800）和一般用户的评分（M=3.562），其中一般用户的评分明显低于其他各项。将不同应用角色在外部政策环境因素上的差异绘成图 5-14。

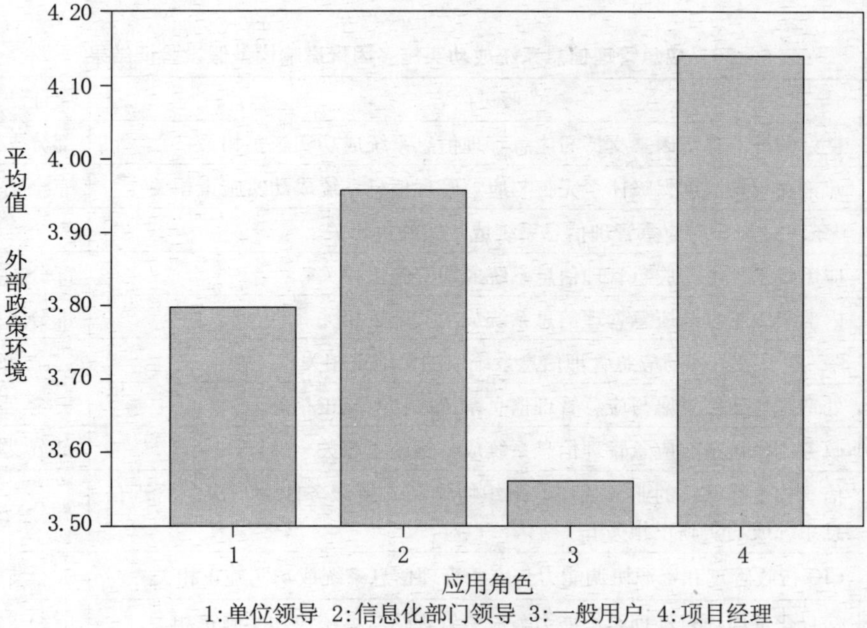

图 5-14　不同应用角色在外部政策环境因素上的差异

第五节　假设验证结论

一、成功实施关键因素命题假设验证结论

通过相关分析，证明了 4 个研究构面（自变量）与应急管理信息系统成功实施（因变量）之间存在积极促进的正相关关系，并具有显著性。以此为基础，进一步通过主成分分析对假设模型予以验证并精简、归纳，作进一步调整完善，形成本研究结论之应急管理信息系统成功实施多因素影响 5 因子模型。

最后通过分层多元回归分析，同时考虑到情境因素和个人因素的作用影响，对 5 个主因子共同作用时对应急管理信息系统成功实施因变量分别产生的影响进行分析，其中，“内部组织管理”因素和“外部政策环境”因素对应急管理信息系统成功实施影响显著，而“供应商水平”、“外部技术环境”因素和“信息化部门能力”对应急管理信息系统成功实施影响不显著。命题假设验证结果总结如表5－36所示：

表5－36 应急管理信息系统成功实施多因素影响模型假设验证结果

假设	假设内容	验证结论
H1	良好的外部环境因素支持与应急管理信息系统成功实施正相关	部分支持
H11	政策法规与制度保障体系完善与应急管理信息系统成功实施正相关	完全支持
H12	“条块分割”与应急管理信息系统成功实施负相关	完全支持
H13	应用技术先进与应急管理信息系统成功实施正相关	部分支持
H2	内部组织管理与应急管理信息系统成功实施正相关	部分支持
H21	“一把手”重视与应急管理信息系统成功实施正相关	完全支持
H22	处室用户使用意愿与应急管理信息系统成功实施正相关	完全支持
H23	政务流程再造与应急管理信息系统成功实施正相关	部分支持
H3	信息化工作部门的业务理解、组织协调和支持服务能力与应急管理信息系统成功实施正相关	部分支持
H31	CIO行政管理和资源协调能力与应急管理信息系统成功实施正相关	完全支持
H32	信息化部门项目经理组织能力与应急管理信息系统成功实施正相关	完全支持
H33	信息化部门支持服务能力强与应急管理信息系统成功实施正相关	完全支持
H34	合适的信息化建设模式对应急管理信息系统成功实施有积极促进作用	部分支持
H4	供应商产品技术水平与应急管理信息系统成功实施正相关	完全支持
H41	供应商技术水平与应急管理信息系统成功实施正相关	完全支持
H42	供应商专案经理能力对应急管理信息系统成功实施有积极促进作用	完全支持
H43	产品业务符合度与应急管理信息系统成功实施正相关	完全支持
H44	政务信息资源整合与应急管理信息系统成功实施正相关	完全支持

二、关键成功因素5因子模型

根据以上的资料分析结果和命题假说的验证结果，我们将本次研究的“应急管理信息系统成功实施多因素影响模型”根据验证结果进行精简和完善，以主因子提取结果为前提，在最初提出的假说4个研究构面14个研究维度的43个问题项目当中，较好地验证了4个研究构面其中的11个研究维度的24个问题项目，并将研究构面“外部环境因素”更精确地区分为“外部技术环境因素”和“外部政策环境因素”，从而构建了应急管理信息系统关成功实施多因素影响5因子模型，见图5－15“应急管理信息系统成功实施多因素影响5因子模型”。

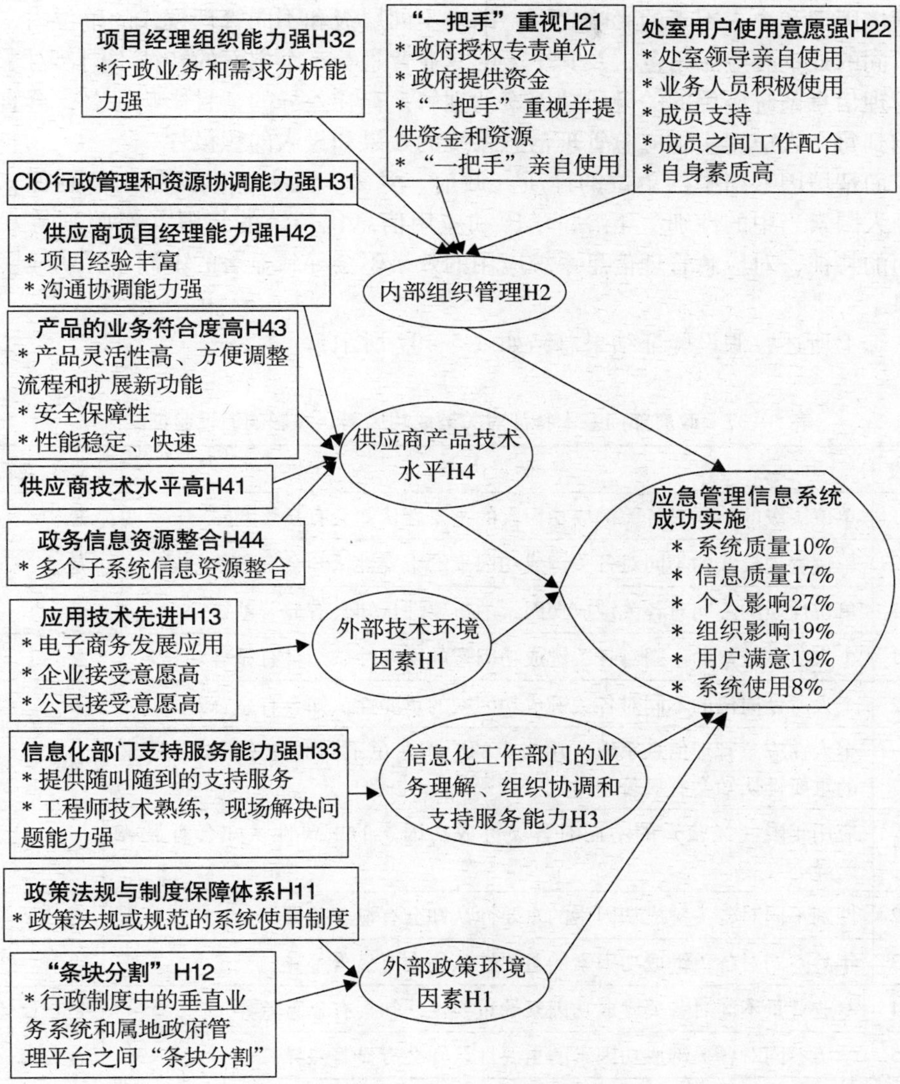

图5－15　应急管理信息系统成功实施多因素影响5因子模型

三、政府部门基本特征对各关键成功因素重要性认知的影响

本研究结果不仅揭示了政府部门内部不同群体特征对应急管理信息系统成功实施的影响，而且也发现了政府部门内部不同群体间的差异和特点。研究表明，在情境因素和个人因素的影响之下，即在不同层级和不同管理模式的单位内，处于不同的处室和应用角色，及其个人的专业背景等5个方面的特征不同，对于应急管理信息系统应用的关键成功因素的理解是存在差异的，且影响显著，会直接影响到每个人应用实施应急管理信息系统的效果和投入的积极性。

而情境因素当中的单位的性质（政府、党委、人大）和所处岗位高低，以及个人因素当中的性别、年龄、学历和应用信息化系统的年限（经验）等6个方面的特征，对应急管理信息系统应用的效果不会导致显著的不同，无明显影响效果。

综上所述，假设验证结果总结如表5－37所示：

表5－37　政府部门基本特征对关键成功因素认知影响假设验证结果

假设	假设内容	是否支持
H51	单位层级的不同对各关键成功因素的重要性认知会有显著差异	是
H52	单位管理模式的不同对各关键成功因素的重要性认知会有显著差异	是
H53	单位性质的不同对各关键成功因素的重要性认知会有显著差异	否
H61	个人所在处室的不同对各关键成功因素的重要性认知会有显著差异	是
H62	个人所处岗位的不同对各关键成功因素的重要性认知会有显著差异	否
H63	个人在应急管理信息系统应用当中的应用角色不同对各关键成功因素的重要性认知会有显著差异	是
H71	应用年限（经验）的不同对各关键成功因素的重要性认知会有显著差异	否
H72	性别不同对各关键成功因素的重要性认知会有显著差异	否
H73	年龄不同对各关键成功因素的重要性认知会有显著差异	否
H74	专业背景不同对各关键成功因素的重要性认知会有显著差异	是
H75	学历不同对各关键成功因素的重要性认知会有显著差异	否

第六章　应急管理信息系统成功实施的影响因素分析

笔者首先采用案例分析和深度访谈研究做质性探索，提出了应急管理信息系统“3×3”应用模型，并以此为框架，结合理论分析和访谈结果，提出了应急管理信息系统成功实施多因素影响模型，该模型包括外部环境因素、内部组织管理、信息化部门业务理解、组织协调和支持服务，以及供应商的产品技术水平等4个研究构面及14个研究维度共43个问题项目，比较全面地反映了政府部门内部应急管理信息系统应用实施所包括的各个涉众。同时为了更好地、更科学地开展实证研究，本研究还专门研究并通过访谈结果提出了一个应急管理信息系统成功实施的6维度评价指标体系，作为研究的因变量。

笔者之后采用问卷调查研究做量化验证。按照样本规模必须大于问题项目数量的3倍即49个问题的条件至少需要150份样本的规模，本研究在广东省、广州市、珠海市、云浮市以及广州市的天河区、荔湾区、增城市、黄埔区等各级政府广泛发放问卷，最后回收有效问卷293份。样本数量已经能很好地满足资料分析的需要了。

接下来，样本资料通过了信度和效度的检验，可以用于假设模型的验证。本研究利用软件SPSS 13.0，采用相关分析、主成分分析和分层多元回归分析方法，在假设模型的基础上，进一步准确定位和精简，较好地构建出应急管理信息系统成功实施多因素5因子模型。该模型同样包括假设模型的4个研究构面，并通过进一步的定位细分为5个构面。不同之处在于从原来的14个研究维度之43个问题项目中，根据主成分分析结果挑选出来进行调整并验证了对应急管理信息系统应用实施起到关键作用的“少数”因子，最后精简为11个研究维度24个问题项目。这些项目很好地反映出在政府部门内部推广应用应急管理信息系统的时候，要有针对性地解决这些问题，这样才能确保信息系统应用实施真正地获得成功。

同时，从众多不同基本特征的样本当中，通过对情境因素和个人因素对关键成功因素多元回归分析结果的影响分析，也发现在多个关键成功因素共同作用的时候，政府部门的基本特征不同，其对各个关键成功因素的重要性认知程度也是不同的。为此，本次研究还采用单因素方差分析和平均评分比较的方式，发现不同特征的政府部门对各个关键成功因素的重要性认知有不同程度的影响，并利用笔者的实践经验和专家访谈记录对其内在的原因和关联性进行剖析，分析差异产生的原因。

本研究通过主成分分析，将假设的关键成功因素模型 4 个研究构面 14 个研究维度共 43 个问题项目，进一步精简为由 5 个研究构面 11 个研究维度共 24 个问题项目组成的“应急管理信息系统成功实施多因素影响 5 因子模型”，而通过相关分析，较好地验证了本研究的 24 个研究项目（自变量）与应急管理信息系统成功实施（因变量）之间是积极促进的正相关关系。

在各个因素当中，组织内部管理因素当中“一把手”重视和处室用户的使用用途、信息化部门 CIO 和项目经理的沟通协调、供应商的产品技术水平、外部政策环境因素当中的政策法规制度和“条块分割”、外部技术环境因素当中的电子商务应用水平和终端用户（企业和公民）的使用意图与信息化部门支持服务能力，构成了政府部门内部应急管理信息系统成功实施的 5 因子模型。

通过分层多元回归分析，研究发现，当多个因素一起发生作用时，只有其中 2 个因素即内部组织管理因素和外部政策环境因素是显著的，而另外 3 个因素包括信息化部门能力因素、供应商产品技术水平和外部技术环境因素对应急管理信息系统成功实施与否则没有显著影响。而情境因素和个人因素对关键成功因素的影响效应将产生直接的影响。

下面，我们将对此分析结果做详细的讨论或说明。

为了实现政府部门内部应急管理信息系统的应用效果，积极促进政府部门的应急管理能力，提高政府应急响应的效率和效能，本研究认为，首先要“意识”先行，尤其是领导包括部门领导和各个业务处室的领导要重视，加强政府部门“一把手”的认识和相关能力的培养，真正使“一把手”重视系统的应用，同时各级用户做到积极应用。

其次是要努力营造良好的外部政策环境，从政策法规上明确应急管理信息系统应用实施的合法性和必要性，积极响应和配合各级政府在应急管理方面制定的法律法规，加强信息化行业标准的推广应用，同时客观对待并认真处理“条块分割”在行政管理方面带来的负面影响。

最后应该加强并确保信息化工作部门能适应应急管理信息系统的应用实施，部门需培养并拥有一批合适的积极促进应用实施的队伍，加强政府信息化部门暨信息中心“一把手”的认识和相关能力，规范政府信息化部门的人员和结构建设。现阶段，尤其应加强政府 CIO 和信息化部门的队伍建设，赋予其适当的权利和发展空间。

第一节 内部组织管理因素积极促进应急管理信息系统成功实施

单位的整体信息化素养、整体干部的信息化素养直接影响应急管理信息系统应用实施的实际推进进程。首先是领导和各级处室用户的“意识”要到位，它具体体现在：①要有主动意识来使用信息化工具；②要具备基本的技能，如系统的操作和对技术应用的理解。

当然，作为一项投入，政府对于应急管理信息化项目要有足够的经费投入，否则一切就无从谈起了。而作为终端使用者，使用应急管理信息系统的直接受益者或者“受害”者——部门内部用户成员对应急管理信息系统的支持程度，尤其是各个部门之间的协调配合程度，将直接影响最后的应用效果和持续与否。中国的应急管理信息系统的业务系统的建设是从各个部委办局（条条上）从上至下，容易形成“信息孤岛”。事实上，这也是我们国家以往通行的建设模式，在本研究过程中，也不难发现业务处室对于关键成功因素的重要性认识与其他应用部门存在差异，这是因为大家在应急管理信息系统应用实施过程中普遍侧重业务方面的应用。对此，我们需改进这种完全由业务主导的应用模式，而应该由地方政府牵头来全面统筹，科学规划，整体建设。要以城市为平台统一规划、统一部署，这样能较好地解决各方面不同部门之间的冲突矛盾。尽管各个部委办局的职能经常改变，机构改革常改常变，但一个城市服务公众的整体职能是不会变的。

“政务流程再造”在分析过程有点“意外”地落到了主因子之外。究其原因，一方面是由于研究方法的局限性，不能很好地探讨各个因素之间的相互作用，导致其他关键因素比如“一把手”和处室领导的作用等“联动”削弱了它的影响力；另一方面，也反映了政府部门内部信息系统的应用实施与对外服务的信息系统不同，它并没有标准规范可以统一遵循，所谓“人制”大于“法制”。工作习惯，尤其是领导的工作习惯直接决定了内部办事流程和规范。相比而言，“政务流程”所能发挥的作用就非常有限了，甚至在做整体的影响分析时也未能体现出其作用来。

第二节 供应商产品技术水平积极促进应急管理信息系统成功实施

首先从提供产品的角度来看：一个信息化项目往往会同时涉及硬件和软件，而软件本身若不能满足政府应急管理不断变化的需求，将会直接影响它的应用和实施。但除了软件产品本身，能否成功应用实施，还在于其实施的方式和方法。同一个软件产品，若用有效的推广实施方法，就会成功；而无效的方法，就可能不成功。这就要求：

（1）开发的软件系统要符合政府单位的应急管理业务的需求，而不是片面强调先进技术的应用。

（2）软件产品的交互设计友好、易操作，符合一般性操作习惯，尽量减少鼠标点击的次数。

（3）系统技术架构开放性，能适应未来业务的拓展和进一步深入应用，并能方便地与其他信息系统集成。

而供应商提供的产品要能很好地满足政府应急管理的实际应用需要，就要求供应商能理解政府部门的应急管理业务，尤其是各个业务与业务之间的联系。功能模块之间的数据共享和交换，即同一项数据在不同功能模块之间只需要填写一次，避免重复输入和多次输入可能导致的数据不一致。

其次，从系统本身的开发过程来看，必须考虑到几个基本的环节：

（1）系统需求分析，要能获取政府用户真实的需求，然后在此基础上配以适当合理的系统分析。

（2）必须充分了解并遵循相应的法律法规或行政管理制度。

（3）要考虑整个应急管理业务的发展，即从业务发展的整个周期和业务本身着手，而不能简单地从行政流程来考虑整个系统的开发设计。

（4）从技术的角度考虑要在整个行业应用领域形成标准化。先要形成应急管理业务的标准化，然后要考虑各个业务数据的互联互通，这样才能真正支持到政府信息资源的共享。

由于政府本身运作的独特性，软硬件供应商很难真正了解政府部门应急管理业务的运作规律，并不能一次性给出很贴切的解决方案。这就要求供应商的项目经理必须具备良好的项目管理和沟通协调以及业务理解能力。只有通过政府信息化部门的项目经理才能真正地、很好地将项目的阶段性划分整理好，在应用实施过程中能很好地沟通协调，对每个步骤的每个细节都能找到成功的解决方案。这就取决于信息化工作部门对应急管理信息系统应用实施过程的有效控制。这一点将在第四节中提及。

第三节 外部技术政策环境因素积极促进应急管理信息系统成功实施

外部环境因素，包括外部技术和政策环境因素两大块。从整个过程来看，应急管理信息系统是“技术发展”和“社会应用程度”共同推进的，而政府部门的应用会比其他社会阶层的应用更提早一些。由于中国政府独特的政治体制，“领导重视”是第一位的这个说法没错，但领导的“意识”也不是凭空而来的，它同样是受周围人或者周围事务所影响和启发的。比如手机短信、博客、微博等网络应用在其兴起之初就很快地被应用到政府信息化工作当中。因此，政府的信息化应用也是随着整个社会的应用发展到这一步才会被引发的。只有看到过或者有人讲过而正好可以解决问题时，领导自然就会重视起来。因此，整个社会的电子商务的发展和应用水平的整体氛围将直接影响到领导的“意识”。而企业和公民对应急管理信息系统公共服务的接受意愿也势必会直接触动领导对应急管理信息系统应用适时的紧迫性。这一点，在我们的实证研究当中得到了较好的验证。

政策法规与制度保障体系建设是推进政务信息化建设健康有序、良性发展的重要保证。从法律法规层面上界定哪些行为是违法违规的，从管理层面上制定一套完整的政务信息化建设管理办法，明确从网络运行、维护到应用系统的使用等各单位以及各单位干部职工在其中的责、权、利是什么，并界定哪些行为是失职、渎职，哪些行为属不作为等，以及相应的处置办法，这样才能保障网络世界里的虚拟政府运转协调，保证网络世界里的涉密信息安全。

“条块分割”也是应急管理信息系统应用实施过程当中提及最多的话题，但是本次研究结果也是落到主因子之外。究其原因，还是在于这个问题是中国政治体制本身的问题，而且是长久以来一直存在，并且在未来一定时期内不可能得到根本性解决的，它并非是应急管理信息系统的应用实施所带来的新问题。相比而言，应用过程当中大家普遍是带着客观的态度来看待它，理解它的“合理存在”，也就不会给实际应用实施带来过多困扰了。

第四节 信息化工作部门的能力积极促进应急管理信息系统成功实施

广东省编办在调研过程中曾提到，很多信息系统项目的失败都源于信息中心（政府信息化工作部门）没有起到应有的作用，这一点对应急管理信息系统实施的影响同样也是很大的。

事实上，信息中心在应急管理信息系统项目当中能发挥的作用和“决策权”都是很有限的。应急管理信息系统是处于业务处室之上的一项工作，需要协调单位各个部门的资源和力量，甚至是要求协调全市各应急委员会所在单位的资源和力量，而信息中心通常在单位的地位较低，在建设机制上就“先天不足”。这个现状也造成从事信息化的人普遍对前景都不乐观，而政府机构当中信息化的决策机构“信息化领导小组”往往是个“虚设机构”，起不到实质性的作用。因此，要从根本上解决应急管理信息系统应用实施的“动力”问题，首先就要给信息化工作部门“正身”，赋予其足够的权利，它应该是处于各个业务处室之上的，至少应该是“助理巡视员”级别以上。而关键还在于信息中心在各个部门当中所处的地位，将直接影响到其作用的发挥。因此，必须有一个处于业务处室之上的常设机构来组织应急管理信息系统的建设工作。

最明显的，信息化部门承担了应急管理信息系统建设和应用实施的中间纽带的作用，是外界供应商“生产”和内部业务处室“运用实施”的桥梁。如何做好这个纽带工作，就要求我们信息化部门的工作人员应具备很强的业务理解能力、需求分析能力、系统分析和项目管理能力等。这些综合的专业和管理能力，显然与现在信息化工作人员的定位存在一定的距离。如何建立一套合理的能够真正促进信息系统建设、应用和实施的信息化工作人员队伍，是解决应用效果的关键。

“一个单位、一个系统、一个部门的信息化搞得好不好，和他们 CIO 的知识结构、感觉、对政务和技术方面的了解等有着直接的关系。”① 信息化工作部门是应急管理信息系统应用实施直接发生关系的部门，其作用是最直接的，其具体执行过程势必会影响其他因素对成功实施的作用效果了。而我们从信息化工作部门的职能和定位不难发现，应用实施过程中信息化工作部门或人都是同时兼任两

① 汪玉凯．公务员队伍对电子政务知识的需求．信息化建设，2007（11）．

个身份的：作为政府部门应急管理业务的“委托代表”，需要理解并传达用户（处室）的真实需求，提供支持和服务；而同时它又是供应商直接面对的“业主代表”，负责整个项目的控制、监管和验收，涉及应急管理信息系统建设、应用和实施的所有环节或活动，起着决定性的作用。

我们从实证研究中就得到了很好的验证，对信息化部门的要求更多的是该部门在行政管理上的理解和沟通协调能力，在业务思想上的认识和准确掌握。因此，对信息中心的人员要求会越来越高，既要懂得技术，又要懂业务，还要懂行政管理。而应用系统和使用的人要用制度来规范和规定，于是信息中心就是这些制度的发起人、起草人、贯彻者、执行者和监督者、管理者。可见，成功实施对信息化部门的要求是多方面的，但与其部门的现实定位显然是不相符的。

在应急管理信息系统建设应用过程中，信息化部门更多的是把握政府应急管理业务的用户需求的关键能力和工具，通过它能真实、正确、全面地把握政府用户的需求，是政府用户对需求明确和业务理解的一个重要环节。往往是由于政府用户需求不明确，而直接导致政府用户对信息化不理解，从而导致应急管理信息系统应用的失败。

同应急管理信息系统应用实施密切相关的信息化工作部门人员主要包括三类人：CIO、项目经理和支持服务工程师。对这些人员的要求，不能仅仅停留在“技术可靠”的印象上，而是需要具备多学科的技能和多方面的素质。

1．CIO

CIO的作用很关键，就是一个“纽带”。应急管理信息系统的建设和应用，涉及很多非技术性的工作，首先需要获取政府资金和资源，以及制度政策等方面的支持。同时信息化工作部门又是开发和实施的推动部门，CIO还需要对技术架构和安全方面承担最后决策的作用，信息化项目的科学性与否将会导致最后完全不同的效果。与政府部门的“一把手”相比较而言，CIO的工作更为具体，主要体现在：

（1）能否获得单位“一把手”的支持和政府资金，很大程度上取决于CIO的沟通效果。

（2）从建设过程来讲，CIO还要关注项目管理过程，如与承建方供应商的协调、开发过程中问题的解决、用户需求的协调和进度的控制等多方面。

（3）CIO并不一定要求具备专业的能力，在技术方面也不一定要求很深，但必须对信息化行业发展有准确把握，具备良好的“甄别”能力。同时要求CIO与其他部门要有良好的沟通和协调，富有领导艺术。要求他必须擅长协调沟通和组织分析判断，尤其是跟其他业务处室领导之间的沟通。

（4）对CIO自身而言，需同时具备技术管理和行政管理的能力与素质。技术方面，要求知识面广，但不一定要对某一项技术了解很深；行政管理方面，要求对业务要理解，知道如何将业务变成需求，将领导的目标变成具体的业务上要实现的目标。将目标转化为问题，演化为业务需求，对应于哪些相关单位，可利用哪些资源来解决问题等。

（5）需要具备系统的“需求分析和系统分析”的能力，把领导目标按照整个部门的业务进行分解、执行。

2. 项目经理

信息化部门里项目经理的工作主要是组织协调、安排整个项目过程，协调所有“项目干系人”和涉及的各业务处室，在搭建了一个合理的工作流程的基础上来组织、协调。通常项目经理要求具备的能力包括：

（1）具备一定的行政管理能力和项目管理能力。

（2）具备一定的专业知识，清楚软件的合适的选择，实施思路清晰，具备协调管理能力。

项目经理同时还是具体经办人，其工作性质与 CIO 类似，都是确保项目成功，满足需求，解决实际问题。具体要求：

（1）要很好地领会领导的目标、具体的操作方案，协调好整个项目资源的调配，在 CIO 协调资源后由其具体操作。

（2）项目建设方案随时可能根据实际情况进行调整和及时反馈。在能力要求方面，与 CIO 类似，只是在程度、深度和广度上不同，要求也更深和更窄。而在了解业务需求的基础上，沟通和协调是工作的重点。同时要具备业务素质、技术素养以及项目管理的能力。

3. 支持服务工程师

技术支持是双向的。计划时要控制和管理，服务一定要到位，随传随到，并能解决问题，重点还要关注培训。

技术服务工程师不是简单的软件操作，其在开发过程中就要参与到项目的 Beta 版本（即用户体验版本）的测试和调试过程中，并根据实际业务处室的用户需求来及时调整系统，让“需求变得更合理化”。这个远比系统开发完成后才提供支持要实在得多。

另外支持工程师必须是受过专门训练的，不能随便“上岗”。

在政府部门内部应急管理信息系统的应用实施过程中，作为主体的终端用户、信息化部门和供应商三者之间是相互关联和相互作用的，而实际的应用实施会在不同的执行层、管理层和决策层三个层次即三个阶段之间来发展和互为基础关系。认识到这个基本的规律，我们在推广应用过程中，就要有针对性地对不同岗位、不同层级提供不同的服务，甚至不同的产品和方案，各取所需，这样才能真正激发起政府部门的应用积极性。只有从自身解决“动力”问题，应用和实施才能持久广泛地开展。

值得欣慰的是，政府已经逐渐意识到了信息化工作部门之于信息系统建设、应用、实施的关键作用，并已经在着手推进其体制架构的合理建设。在广州市“十一五”计划当中就已经提及了如何提高信息化工作部门的领导地位，切实开展政府信息系统的建设和应用。而随着2009年广东省事业单位整顿工作的进行，越来越多单位的信息化工作部门在向公务员编制转换。随着信息化工作部门相对于政府部门各个业务处室之间“地位”的提升，势必提供一个更好的平台来协调资源，促进深入应用。

第五节　内部组织管理因素对应急管理信息系统成功实施影响显著

本研究多元回归结果显示，当多个因素一起发生作用时，内部组织管理因素对于信息系统成功实施的影响是很显著的。

应急管理信息系统的建设和实施不是一个单纯的技术问题，更多的是政府内部的管理和执行力。因此组织信息化建设的部门和人很重要，它首先是一个桥梁，把具体的业务理解正确转化为软件系统的“技术语言”，对业务部门提出的业务和需求首先要进行整理与分析，用计算机语言表达出来。而领导的重视能否实现又是与具体的组织部门密切相关的。在组织和推进信息化应用过程中需要的政策、行政命令或措施等，组织部门可以通过领导来下达、贯彻，但信息化和业务要制定一套配套的制度，这个是需要信息化组织部门自己来制定的，不能依靠企业。组织部门需要一个高素质的队伍，既要理解业务，也要理解信息化技术，也只有这样才能指导供应商更科学、更合理地建设信息系统。

第六节　外部政策环境因素对应急管理信息系统成功实施影响显著

本研究多元回归结果显示，当多个因素一起发生作用时，外部政策环境因素对应急管理信息系统应用的影响是显著的。

这个主要还是在于政府本身对应急管理信息系统的应用很大程度上是取决于具体部门的业务和工作流程的复杂程度。由于是政府部门内部工作，不像其他面向公众和企业的服务工作，可以通过《行政许可法》或者一些办事规章制度来约束，更多的是工作习惯使然，这就使得这个过程本身就不够“标准”了。而对于信息系统的实施最擅长的是“标准化”，这个对于政府部门而言显然就缺乏坚实的基础了。

正是由于这种矛盾的存在，使得政策环境的建设显得尤为重要。2009 年是广州市政府的“政府服务年”，随着政务公开和政府服务职能的进一步强化，公务员的行为规范就显得越发重要了，也促使单位领导对这一块工作越发重视了。因此，在应急管理信息系统的应用过程中，大家也普遍关注政策法规的制定和实际运用了。

第七章　政府部门基本特征的影响分析

作为政府部门，其所在层级和管理模式、所在处室和应用角色，及其个人的专业背景等5个方面的特征不同，对应急管理信息系统成功实施的关键影响因素的重要性认知是存在差异的，且影响显著。其中，不同政府层级和所在处室的影响尤为显著。而单位的性质、所处岗位高低以及个人的性别、年龄、学历和应用信息化系统的年限（经验）等6个方面的特征，对应急管理信息系统成功实施因素的重要性认识不会造成明显区别，无明显影响效果。

本研究的结果表明，对应急管理信息系统应用实施过程的研究，不能简单地从实施过程来考虑，而是要很好地区别“应用对象”，对于不同特征的人群给予不同的关注重点，采用不同的手段或方法，对症下“药”，让各类政府部门或政府人员能根据各自的实际情况和需要出发，在应用实施过程中很好地切合各自的工作和个体实际需要，这样才能从根本上激发其在实际工作过程当中应用应急管理信息系统的积极性，从而促进真正的成功实施。

第一节　不同单位层级的差异原因分析

不同层级的单位，在对“内部组织管理”因素、“供应商水平”因素和“信息化部门能力”因素等的重要性认知程度上存在明显差异。省级和市级单位对于“内部组织管理”因素、“供应商水平”因素和“信息化部门能力”因素的重要性认知程度明显高于区级单位。分析原因主要在于：

区级单位的信息化工作通常是由区政府下属的信息化部门统一集中规划和建设实施。他们是专职从事政府部门内部的信息化建设，还负责整个区政府的网络维护和运营。而区级单位在应用过程中，由于各个单位往往是规模比较小而且还要身兼多职，因此在信息化应用的“意识”上更多的是“顺从”区政府的统一安排，尽量适应现有系统的业务或操作习惯。因此，区级单位的应用过程“阻力”会相对小一些，对产品的多样性要求少一些，个性化的需求也会少一些，这样对于供应商的要求就不会那么高，基本上提供性能稳定、可靠，能满足大部分人或单位业务需求的系统就可以。因此，区级单位对于供应商的依赖会相对低一些。

对于市级和省级单位，通常是有各自单位自属的信息中心或者信息化部门来独立承担或负责，要应付自身单位的特殊需要，同时还要兼顾到一些业务处室的工作，也算是综合性部门，因此他们在信息化方面的工作远不如区政府信息中心“单纯”。尤其是对产品系统的要求方面，首先要完全符合单位自身的业务习惯和需求，在流程方面要根据各个单位的实际业务需求“量身定做”。而在具体应用过程中，业务处室由于本身业务繁忙，对于系统的易用性和性能要求更高，所以对供应商的要求远远高过一般区级政府。首先是要求供应商提供随叫随到的服务和技术支持，对于不符合业务习惯的操作要求随时调整，甚至流程稍一变动也要求系统随时响应。

相比省级单位，市级单位的业务办理量和操作的复杂程度更高，因此在应用过程中出现的问题会更多，要求产品随着实际业务随时调整适应，这就对供应商的要求更高了。

因此，在关键成功因素的选择当中，业务越集中，其操作程度越复杂，因而工作量就越大，其对系统的灵活性和扩展性要求就越高，于是相应的对供应商的产品技术水平就越重视了。市级单位比省级单位的业务要求高，而区级单位的业务复杂和操作难度小一些，对供应商的依赖和期望就相应会低一些。

第二节　不同管理模式的差异原因分析

不同管理模式的单位在对“内部组织管理”因素的重要性认知程度上存在明显差异。水平的属地管理的单位对于内部组织管理因素重要性的认知程度明显高于中央垂直管理单位，分析其原因主要在于：

不同管理模式，也即俗称的“条块分割”，是一个比较复杂的问题。它并不是应急管理信息系统本身产生的，是行政体制本身的问题，要通过信息系统的技术手段来解决很难。“条块分割”是中国政府管理中的通病，很难解决。垂直方面仅仅是业务上的指导方式，没有直接的行政权限；而在水平的属地政府管理层面，又很难从业务上进行协调。

“条条”方面，垂直部门业务清晰，上下有“共同语言”，即使是不同地区其业务也是基本相同的，严格上讲就只是一个业务系统，而且行政上有明确的管理职能。而“块块”方面，业务管理本身就是有分工的，本身的联系是信息沟通和协调的问题，从行政管理角度而言也仅仅是在需要的时候才有联系，即“事情来了才有工作要做”，平时就没有必然的联络要求。而要通过应急管理信息系统把两者“绑”在一起，那双方在协作的形式和内容上跟传统模式或实际政务管理模式就不相匹配了。

应急管理信息系统的应用还会涉及各个相关部门利益的重新分配。应急管理信息系统要解决的核心问题是信息数据和程序的问题，权利和职位是跟其密切关联在一起的。无论是垂直还是水平管理都会涉及，而且调整和影响会很大。应急管理信息系统则会促进这种调整和重新分配，但很难明确是往哪个方向调整，至于职位和权利的调整，既可能阻碍也可能促进应急管理信息系统的应用。要解决“条块分割”，首先要实现信息共享，如建设专题资料库等，可以着手逐步缓解，但不能指望完全消除。

现在的政府机构调整讲究“大部制”，实际上就是“一件事在一个部门内解决”。而应急管理信息系统会很好地促进这方面的改革。相比而言，不利影响会少很多。其间“条块分割”是天然形成、合理存在的。垂直和水平之间存在不同是必然的，各自独立业务系统与管理系统本身就关系不大，不用做人为的关联，在建设和应用上最好不要相互影响，要独立建设。各个系统之间要求松耦合，关键还是在于实现各个系统信息数据的交换和共享。

第三节　不同所在处室的差异原因分析

处于不同处室的人员，在对“内部组织管理”因素、“供应商水平”因素、“信息化部门能力”因素和“外部政策环境”因素等的重要性认知程度上存在明显差异。分析原因主要在于：

应急管理信息系统是一个系统工程，涉及方方面面，对它所涉及的所有人员都会有直接影响。政府主要有四类部门：单位领导（“一把手”或分管领导）、信息化部门、业务处室、综合办公部门即办公室。由于各自的工作内容的目标不同，他们对于应用过程的需求和操作习惯都存在不同。

1. 内部组织管理、供应商水平和外部政策环境

单位领导和信息化部门的人员，对于“内部组织管理”、“供应商水平”和“外部政策环境”的重要性认知明显高于其他业务处室和办公室的人员。因为政府内部应用的通常是通用型的系统，往往用户多、分布广，各部门和个人的想法及实施习惯差异较大，应用过程更关注工作习惯、流程，尤其是领导的个人意

志，还要受个人的主观意识制约，缺乏严格的、客观的标准。而专业型的业务系统会更关注功能实现，有一定的明确的业务规范和流程，相对标准化。因此在应用过程中，用户的个人主观意识会对系统的应用产生不同的需求，将直接影响到系统的使用。

信息化工作主要涉及信息化工作部门和业务处室，需要两者很好地结合，从项目立项到项目开始实施，都需要两者共同关注。首先，信息化系统要很好地满足业务要求，遵从业务人员的实际要求。系统的易操作性，表面上看是接口的问题，但实际上是本身的业务。其次，应急管理信息系统应用过程其实是“业务梳理”即开发人员做“需求调研”的过程，这个过程不能仅仅停留在开发阶段，而是要贯穿整个项目过程，并且不断修订，确保系统能真正适应到业务。所以，应急管理信息系统更多的是服务，是用信息手段来更好地实现应急管理的业务，而非单纯的技术应用。

业务处室和办公室是具体的操作和使用部门，是被考核者，同时也是直接的受益者或者“受害”者，他们关注的显然不是建设过程，而是更看重最后交到他们手中的产品或系统，那个才是辅助他们工作的工具。业务处室以办理业务为主，相对来说业务流程和办理过程清晰；而办公室以综合服务为主，更主要的是服务领导，因此更加关注速度和接口的友好易用性。而且他们主要是停留在操作层面，协调工作都是通过上级领导来处理，所以我们可以看到这两个部门对于内部组织管理因素相对不是那么重视，而供应商、信息化部门等信息化执行部门对其影响就不明显了。

2. 信息化部门能力

单位领导对于“信息化部门能力”因素的重要性认知明显高于其他信息化部门、业务处室和办公室的人员。主要是因为单位领导要基于应急管理信息系统建设的实际过程和目标做决策，并且是最终负责的，因此，对各个因素的关注度是最高的。

第四节　不同专业背景的差异原因分析

不同专业背景的人员，在对“内部组织管理”因素和“外部政策环境”因素等的重要性认知程度上存在明显差异，IT 相关专业的人员对于“内部组织管理”和“外部政策环境”因素的重要性认知明显高于非 IT 相关专业的人员。分析原因主要在于：

信息系统要很好地满足业务要求，遵从业务人员的实际要求。系统的易操作性，表面上看是接口的问题，但实际上是本身的业务，而开发员或开发公司并不一定能真正地理解业务人员的想法。好的应用，对于业务和技术人员双方都是一个很好的促进。如果软件在开发过程中没有站在用户的角度，从用户本身出发，将直接影响到系统的易用性和操作习惯性。

应急管理信息系统的重点是在于应急管理的“政务”而不是“电子”，这一点已是大家的共识了。政府部门内部对于专业背景的要求，通常是根据所对口业务部门来确定的。一般而言，IT 背景的人通常是在信息化工作部门或信息化网络服务岗位，相比其他岗位就比较少参与到具体的行政管理过程当中去。而信息系统的建设应用又是跟应急管理的业务密切相关的，一方面缺乏实践工作经验，另一方面又缺乏相关业务基础，所以相比较而言，这部分人对政府内部组织流程就不太熟悉，就会对领导和业务处室领导或成员的意见尤为重视了，他们会普遍比其他专业背景的用户更加重视内部组织管理因素的影响。

通常 IT 相关专业的人员，更多会关注信息化系统应用过程的技术细节，而且从事的工作更多是与技术相关，对业务本身不太了解。基于自身客观存在的缺陷，在实际应用过程当中，对业务相关的包括行为规范和规则等会更加关注一些。

第五节 不同应用角色的差异原因分析

处于不同应用角色的人员，在对“信息化部门能力”因素和“外部政策环境”因素这两方面的重要性认知程度上存在明显差异。分析原因主要在于：

应急管理信息系统是一个系统工程，涉及方方面面，而它所涉及的所有人员都会有直接影响。可大致分为四类人员：单位“一把手”或主要领导（主管信息化领导）、信息化工作部门领导（CIO）、一般用户包括应用部门（业务处室和办公室）的领导和用户、信息化部门的项目经理等。他们的分工各不相同：

政府单位领导（“一把手”）：要设定规则、政策，决策做与不做，以及做到什么程度，通常很熟悉本单位的业务，是信息化建设和应用沟通的桥梁。

信息化工作部门领导：需要把领导的信息化战略决策“落地”，对领导提出的项目要判断是否可行和可用，合理地评估实施，并制定合理的步骤和方法，是领导和供应商的沟通枢纽，技术语言与业务语言的沟通交叉点。

一般用户政府部门主要工作人员，可以区分为两大类：业务处室领导和一线办事员，他们的目标在于提高工作效率、方便办事、业务驱动和公众服务。其中，业务处室领导起到承上启下的作用，大量的业务能否有效推广应用关键还是在于业务处室领导能否有效使用；而一线办事人员目前不是问题，只要应急管理信息系统没有重大缺陷并且对工作有帮助，他们就肯定会支持使用，并且现在的公务员考试都有计算机操作。

信息化部门具体负责的项目经理，要负责具体的项目建设和实施应用，解决如何做的问题。技术方面要把关，要理解业务并做好项目管理以保障项目成功，同时需对业务有一定的了解，清楚本单位人员的应用水平，对菜单、接口分配合理，这样比较容易推广。

1. 信息化部门能力

单位领导和信息化部门领导对于“信息化部门能力”因素的重要性认知明显高于其他一般用户和项目经理。

从上面的分工协作当中，我们可以看到，“一把手”、CIO 和项目经理，是整个应急管理信息系统应用实施的启动者、策划者和执行者，跟整个信息化建设过程密切关联。因此，在他们看来信息化部门本身的能力会成为一个很重要的因素，尤其是 CIO，会把本部门的执行能力作为一个最重要的关注点。而反观一般用户，应急管理信息系统的应用仅仅是提升他们工作效率和效果的一件“工具”，没有计算机就用“纸笔”，所以他们更加关注系统本身的具体使用，而且前提是不能给他们本身已经繁重的工作“添麻烦”。为此，他们对于建设和推广过程中的细节就不那么关注了，所以对于信息化部门能力的敏感度相对是最低的。

而作为单位领导，他是最重要的，掌握着资金和人力资源，“资金 + 人”是信息化的关键所在，旨在提升单位形象，提高满意度。但他通常从业务出发，对信息化领域的发展和技术不熟悉，势必要通过专门的信息化部门来了解和实践，因而对信息化部门能力就尤为关注了。

至于信息化部门领导，他负责单位领导思想和战略决策的“落地”，因为信息化部门能力是直接的作用因素，自然会关注这一块。相反项目经理更多是处身于具体的项目操作，更关注项目运作过程的具体问题，对于部门能力的关注度相对较小。

2. 外部政策环境

项目经理和信息化部门领导对于“外部政策环境”因素的重要性认知明显高于其他一般用户和单位领导。

在系统建设应用过程中，一般用户是具体的经办人，落实领导决策，关注具体的流程和操作接口。由于本身日常工作繁重，他们普遍工作压力大，但其工作又起到承上启下作用，非常关键。所以他们对应用的要求是：不增加额外工作负担，提高效率和部门效能，更注重实用性。由于其面向的对象就是领导，因此绝对不能影响他们工作质量和工作效率，而且要产生直接的作用，很“强势”，有时甚至会对信息系统的应用实施起到阻碍作用。

反过来，项目经理和信息化部门领导，对于单位实际业务的了解很有限，如何将政务过程与标准的信息化流程结合起来，是技术与业务结合的关键，在业务基础缺乏的前提下，他们会更趋向于通过政策法规和制度的应用来将过程尽可能地标准化。

第八章　政府应急管理信息系统成功实施的对策

基于之前的研究架构和理论分析，通过本研究之案例分析和深度访谈研究做质性探索，经过实证分析及研究结果，本研究得到以下几个结论。

第一节　影响应急管理信息系统成功实施的关键因素

通过验证构建出的应急管理信息系统成功实施多因素影响5因子模型，很好地反映了政府部门内部应急管理信息系统成功实施的5大关键因素，包括：

因素1：组织内部管理因素，包括“一把手”重视和业务处室用户的使用意愿等方面。

（1）“‘一把手’重视”体现在：政府授权专责单位负责推导应急管理信息系统计划，并提供充裕的资金保证应急管理信息系统计划的实施，单位“一把手”重视并提供充足资金和资源，同时“一把手”亲力亲为。

（2）“业务处室用户的使用意愿”体现在：业务处室领导亲力亲为、业务/办事人员积极使用、部门内部成员对信息系统支持程度高，并且部门内部成员直接工作协调配合程度高，终端用户本身的素质较高。

（3）“CIO资源协调能力”体现在：信息化部门领导（CIO）行政管理和协调资源能力强。

（4）“信息化部门项目经理组织能力”体现在：信息化部门项目经理行政业务和需求分析能力强。

因素2：供应商的产品技术水平因素，包括供应商技术水平、供应商项目经理能力、产品的业务符合度和政务信息资源整合等4个方面。具体而言：

（1）“供应商技术水平”体现在：供应商的技术水平高。

（2）“供应商项目经理能力”体现在：供应商承建此项目的项目经理有丰富的项目经验，且沟通协调能力强。

(3)“产品的业务符合度”体现在：软件灵活性高，方便调整流程和拓展新功能，且系统性能好、稳定运行速度快、系统的安全保障性高。

(4)“政务信息资源整合”体现在：可实现多个业务子系统的信息资源整合，实现数据交换和共享。

因素 3：外部技术环境因素，主要指技术应用环境因素。具体而言：

(1) 整个社会的电子商务的发展和应用水平。

(2) 企业对信息系统公共服务的接受意愿。

(3) 公民对信息系统公共服务的接受意愿。

因素 4：信息化工作部门的业务理解、组织协调和支持服务能力因素。主要包括 CIO 资源协调能力、信息化部门项目经理组织能力和部门支持服务能力等 3 个方面。具体而言：

(1)“CIO 资源协调能力”体现在：能很好地赢得单位领导的支持和资金，具备一定的业务和技术理解能力，熟悉政府行政管理机制，与各业务处室领导保持良好的沟通和理解。

(2)“信息化部门项目经理组织能力”体现在：具备项目管理的技能和项目进度管控能力，能较好地理解业务并做好系统的需求分析，对技术有一定的“甄别”能力，与供应商保持良好沟通。

(3)“部门支持服务能力”体现在：信息化部门工程师提供随叫随到的支持服务，技术熟练，现场解决问题能力强。

因素 5：外部政策环境因素，主要指应用的政策环境因素。具体而言：

(1) 完善的政策法规或规范的系统使用制度。

(2) 行政制度中的垂直业务系统和属地政府管理平台之间“条块分割”能够很好协调沟通。

以上 5 个因素构成了“政府部门内部应急管理信息系统应用的关键成功因素 5 因子模型”。而其中以政府部门内部为分析视角，政府内部领导和处室成员的使用意图与“意识”水平，以及信息化部门 CIO 和信息化部门综合能力显然对于应急管理信息系统的成功实施尤为重要。

本次研究结果表明，每个因素单独“作用”时，都对应急管理信息系统成功实施起着积极的促进作用，而多个因素一起发生作用时，只有其中 2 个因素包括内部组织管理因素和外部政策环境因素是显著的，而其他另外 3 个因素包括信息化部门能力因素、供应商产品技术水平和外部技术环境因素对应急管理信息系统成功实施则没有显著影响。

这个主要是由政府部门现行的建设模式直接关联的。在政府内部，信息化部门往往负责整个单位的应急管理信息系统项目的策划、立项、建设、应用和维护等全过程，信息化部门成了承上启下、推动应急管理信息系统应用的“枢纽”，而各个层次的应用或参与都要通过它来发挥作用，因此导致其他因素都要通过这个因素方能发挥作用，从而大大影响了其他因素对应用成功产生直接的作用。

第二节 政府部门的基本特征直接影响到实施成功

作为政府部门，其所在层级和管理模式、所在处室和应用角色，及其个人的专业背景等5个方面的特征不同，对于应急管理信息系统应用的关键成功因素的重要性认知是存在差异的，其影响显著。

单位的性质、所处岗位高低以及个人的性别、年龄、学历和应用信息化系统的年限（经验）等6个方面的特征，对应急管理信息系统应用的效果不会导致显著的不同，无明显影响效果。

不同政府层级和所在处室的影响尤为显著。这个主要还是在于政府本身对应急管理信息系统的应用在很大程度上取决于具体部门的业务复杂程度和工作流程复杂程度。由于政府部门内部工作，不像其他面向公众和企业的服务工作，可以通过《行政许可法》或者一些办事规章制度来约束，更多是工作习惯使然，使得这个过程本身就不够“标准”。而信息系统应用实施最擅长的是“标准化”，显然这个对于政府部门应急管理业务的应用而言就缺乏坚实的基础了。

第三节 建 议

为了解决政府部门内部应急管理信息系统的应用效果，积极促进政府管理，提高政府效率和效能，基于本研究结论，笔者在此也提出积极的建议：

（1）领导亲自带头使用。这里的领导，同时包括“一把手”、分管领导和处室领导。在政府机关里，大家的办事习惯都是跟着领导走，尤其是“一把手”的办事习惯和风格。因此，领导不用，应急管理信息系统应用实施不一定不成功；但是一旦领导亲自使用，就会“排除万难”，确保信息系统的成功应用了。

（2）各级政府应切实加强政策法规与制度保障体系的建设。政策法规与制度保障体系建设是推进政务信息化建设健康、有序、良性发展的重要保证。“一是在法律法规层面上界定哪些行为是违法违规的，明确违法违规的认定单位和执法主体单位等等，并制定相应的处置办法，维护网络虚拟世界里的秩序。二是管理层面，制定一套完整的政务信息化建设管理办法，明确从项目立项到组织实施，从项目的验收到项目的绩效评估等等的具体要求，制定一套完整的应急管理信息系统运行管理办法。”①

（3）信息化工作部门的系统建设和重新定位。信息化工作部门要从以前和当前“搬搬抬抬”的网络与硬件服务的角色，尽快转换为应急管理信息系统规划、咨询、应用和服务的角色。特别要强调的是，跟应急管理信息系统的概念一样，不能单纯强调“电子”，只谈技术和手段，更多的是要关注到“业务”，关注到应急管理本身的业务和过程。

（4）信息化工作人员的素质和能力的多方面要求。信息化工作部门目前面临的问题，更多的是涉及自身素质和能力。跟应急管理信息系统应用密切相关的信息化工作部门人员主要是CIO、项目经理和支持服务工程师。对这些人员的要求，不能仅仅停留在“技术可靠”的印象，而是需要具备多学科的技能和多方面的素质，要求他们能具备把握用户需求的关键能力和工具，通过它能真实、正确、全面地把握政府用户的需求，成为政府用户对需求明确和业务理解的一个重要环节。在今后的信息化部门建设当中，对人员的录用和考核应摒弃简单的技术考核，综合考虑其技术和行政管理尤其是沟通协调的能力。

（5）利用信息化手段建立一套科学的、客观的政府绩效考核体系。政府绩效考核一直以来都缺乏量化指标，不但不知道如何量化，更加不知道凭什么来做量化。一套客观的绩效考核体系不应该依靠额外产生的考核材料，而是直接利用政务过程当中的信息资源。应急管理信息系统应用的直接作用体现在大量的办公和业务资料被积累，同时不同部门和环节之间的信息交换和共享变成了事实。有了这些充足的资料基础，“量化”便成了可能。未来可以考虑运用BI（商业智能）技术，通过资料挖掘，对系统中的庞大的信息数据进行处理。这样，可以在实现对工作绩效量化考核的同时，还能积极促进流程优化或重组，让政府的行政改革更有科学的依据。

第四节　研究贡献

一、学术贡献

（1）运用关键成功因素分析法、实证研究方法和问卷调查结果进行科学、

① 刘泉宝．政务信息化建设的进一步思考——“我与政务信息化建设共舞”（四）．信息化建设，2005（11）．

合理的统计分析，对政府部门内部应急管理信息系统成功实施多因素影响模型的假说进行实证求解和分析研究，构建了一个基于政府部门视角的应急管理信息系统成功实施多因素影响5因子模型，是应急管理信息系统应用研究的一个创新型模型。

（2）基于丰富的文献检索，结合笔者近10年的应急管理信息系统建设实践经验，同时在对两次访谈结果和问卷调查统计进行详细分析的基础上，创新性地提出了应急管理信息系统应用“3×3”模型。

（3）基于应急管理信息系统成功实施模型5因子模型，并参考电子商务和ERP系统实施的成功模型，系统地归纳提出了应急管理信息系统成功实施6维度评价指标体系，为应急管理信息系统应用领域的研究提出了一个相对客观的成功指标。

二、应用贡献

（1）在验证了基于政府部门视角的应急管理信息系统成功实施多因素影响5因子模型的基础上，本书提出了保障应急管理信息系统成功实施的思路框架。明确了如何确保应急管理信息系统成功实施的几个关键方面。

（2）通过对应急管理信息系统应用实施过程的全方位扫描分析，聚焦了现今应急管理信息系统领域的热点问题，为政府提供了积极的政策建议，为实践过程中政府自身的信息系统应用的措施和政策制定提供了依据。

（3）本书从拥有不同基本特征的政府部门出发探讨其对于应急管理信息系统应用实施的关键影响因素的重要性认知上是否存在差异，则可提供拥有不同基本特征的政府部门在应用信息系统过程中一个思考的方向和优先考虑的因素。

第五节　研究局限和未来研究方向

限于时间、人力、成本以及相关人员配合程度等各个方面因素，本研究难免有不完善的地方。本节分析了本研究的主要局限，并以此为基础探讨了下一步的研究方向。

一、研究局限

（1）样本。以政府部门为研究对象，总体样本尺寸太大，本次研究无法组织普查，而是采用了主观抽样当中的判断抽样方法，存在抽样误差。未来可以在条件许可下组织普查，以较好地减少研究误差。

（2）问卷。问卷设计过程经过广泛的文献检索，发现几乎没有针对中国政府部门内部的应急管理信息系统应用实施的专门的研究量表，甚至政府信息系统研究领域的量表也很少。为此，本研究主要参照了一般信息系统和 ERP 实施、电子商务方面的研究量表，所得结果难免有遗漏或失误。

（3）建模过程。与问卷设计同样的原因，由于相关研究领域可参考的模型太少，转而借鉴类似领域，因此会有误差。同时，由于本研究主要从组织和项目管理角度研究应急管理信息系统的应用，纯粹的技术性因素和一些在应急管理信息系统应用过程中无法轻易改变的因素（例如官场文化）没有列入研究模型中，而且应急管理信息系统应用是一个长期而复杂的过程，影响应急管理信息系统成功实施的因素非常丰富，不可能在一个研究模型中完全体现出来。因而建模过程难免存在缺漏遗失，有待后续研究不断完善。有必要在今后的研究中建立更加全面的研究模型。

（4）研究方法。总的来看，本研究遵循的是实证主义（positivism）研究范式，采用了量化研究方法。量化方法虽然具有科学严谨性，但一般无法全面考察组织、政治因素的复杂性和丰富性。正如 Willimas 等（1996）所说，“与‘机器’的高结构化和简单物理性环境相比，‘组织’是低结构化的，而且处在复杂社会性环境中”。因此，组织中的关键成功因素也应该是一种社会性概念，并且在一定程度上是主观的；当环境本身变化以及人们对环境认识发生变化时，关键成功因素也会变化。而调查研究仅能考察研究现象在某一时点的情况，属于横向研究。这种方法适于确定和验证研究变量之间的关系，却无法详尽地解释各个关键成功因素和特征变量对于应急管理信息系统成功应用的影响机制。对于应急管理信息系统这种实施周期长、影响因素复杂的信息系统实施进行研究，最理想的方法是纵向研究和大规模调查研究相结合。

（5）分析方法。本研究采用的主成分分析方法和分层多元回归分析方法，只是基于一个方程建立模型反映的自变量和因变量之间的直接作用，而不能反映自变量之间的相互关系。实际上，关键成功因素之间的相互关系是错综复杂的，这种自变量之间的相互联系会直接影响到它们对因变量的作用方式。本研究中流程再造等在一般应急管理信息系统研究作为重点考虑对象的方面，就是由于受到其他关键成功因素的干扰而在最后的分析结果中变得不显著。为了解决这一问题，可以在今后的研究中采用结构方程建模（SEM），也即路径分析（Path Analysis）等方法等进行验证性探索。

为便于研究，对因变量采用了简单加权的处理方法，研究过程中是作为一个变量处理的。但事实上，应急管理信息系统成功实施的各个因素是独立作用同时又是相互影响的，要真正全面地研究应用成功与关键成功因素之间的关系，最好能对应用成功保留多个研究变量，采用典型相关分析方法进行更为详尽和客观的研究。

（6）应用模型的提出。本研究在理论分析、案例分析和访谈研究的基础上，提出了应急管理信息系统应用实施“3×3”模型，以期能通过这个应用模型的研究来解读和指导政府部门应急管理信息系统应用的一般过程和特点。但是由于人力和时间精力有限，仅仅提出一个概念，没能对该模型从发展和相互关系角度进一步阐述其关联性，不能形成一套完整的理论体系，对实践的指导意义就非常有限了。

二、未来研究方向

（1）避免抽样误差，本研究采用的是“判断抽样”，未来在条件许可下可组织普查，以较好地减少研究误差。

（2）进一步完善调查问卷，通过更加广泛的文献检索，构建一套系统的、专业的可用应急管理信息系统成功实施多因素影响模型的测量量表。

（3）丰富研究建模，从不同角度探索应急管理信息系统成功实施的影响因素，并进一步探究关键成功因素“发生作用”的机理。

（4）完善研究方法，运用纵向研究，选取不同时间接口的资料进行分析。

（5）完善分析方法。考虑到关键成功因素之间的相互关系是错综复杂的，这种自变量之间的相互联系会直接影响到它们对因变量的作用方式。在今后的研究中采用结构方程建模也即路径分析等方法进行验证性探索。而对于因变量“应急管理信息系统成功实施”保留多个研究变量而非简单的一个变量，采用典型相关分析方法进行更为详尽和客观的研究。

（6）进一步从纵向和横向丰富完善“3×3”应用模型，使之逐步发展成为一套可以综合解释应急管理信息系统应用形态的理论体系。

（7）进一步挖掘本研究的关键成功因素是如何产生作用的，探索其工作的机理。未来我们可以尝试对这些关键因素逐一展开更深层次的研究，包括政府部门基本特征变量在内的其他情景变量的作用情况。从而对应急管理信息系统应用过程做全方位的扫描和研究，切实提供政策上的建议依据。从实践的角度出发，具体可进一步开展以下领域的深入研究：

①中国政府 CIO 体制的建设和 CIO 的绩效评估。本次研究发现，尽管最后是归纳到第4因子，但是政府 CIO 的行政管理和沟通协调能力，以及项目经理和业务理解及项目管理能力都是落到了第1因子当中，由此可以看到这两个因素对于应急管理信息系统应用的重要性！政府 CIO 的概念也是“舶来品”，近几年被屡次提到。但是在的中国政治体制下，如何合理设置 CIO 的岗位与职责？如何

提供资源保障？又如何做合理的绩效评估以确保这个制度的合理持续运行？显然，目前的研究更多的是在翻译国外的职责，而很少从中国政府国情出发，从编制和机制上来探讨 CIO 体制的合理建设问题。

②信息化工作部门的建设研究。本次研究主要是从应急管理信息系统应用角度，强调信息化工作部门的能力和素质要求。而从应急管理信息系统的整体发展来看，如何从体制上更好地建设信息化工作部门和完善人员合理配置？如何完善部门人员岗位设置？如何甄选合适信息化工作人员？解决了这些问题才能从根本上保障应急管理信息系统的持久应用。信息化工作部门在应急管理信息系统建设和应用过程中成效不显著，很大部分原因在于自身素质所限，直接导致其作用无法正常发挥，成熟性不够，未能起到应有的作用。

③明确岗位，实现政务信息资源的增值。80%的社会信息资源是集中在政府环节的，但是这部分的“信息”还没有被发掘利用，更谈不上增值了。在本次研究过程中，笔者曾提出问题：决策支持是不是应急管理信息系统成功实施的必要条件？几乎所有访谈者都回答“不是”，理由是还没有到达那个程度，或者目前还不具备成熟的“数学模型”来支持资料处理。事实上，政府信息资源的利用，最直接的就是“资料分析”，这些分析不需要复杂的数学模型或者深奥的资料挖掘技术，关键还是在于有没有专人承担起这个责任或职责，结合其各个部门的实际业务需要，针对性地对资料进行分析统计。应急管理信息系统的应用为我们积累了大量的资料，让政府有了一个“电子大脑”，却没有人去开发这个“大脑”，也就谈不上利用了。政府需要明确岗位或人员来从事这方面的工作。相比之下，信息化部门应该是最合适开展这样的工作的。信息化部门或者信息化工作人员，如何从“搬运工”提升到“大脑”，这对于信息化工作者和政府都是一个很大、很迫切的挑战。

④建设一套合理的应急管理信息系统成功实施绩效评估体系。出于研究的考虑，本次研究简单地套用了信息系统成功模型来对应急管理信息系统应用从 6 个维度做了描述，并采纳了专家访谈过程中大家整体关注程度来确定了各个维度的权重。而在资料分析过程中，笔者尝试用加权值和平均值分别做分析，得出的分析结果是不尽相同的。可见，合理的成功评价指标体系不仅对于研究结果产生直接影响，更重要的是在实际应用过程中，可以科学地指导各方面工作的开展，对于相关人员给予合理客观的工作绩效考核。所以，用系统的方法研究并建立一套应急管理信息系统应用绩效评估体系，很紧迫也非常重要。

第九章　政府应急管理信息平台建设方案

近年来，随着我国社会经济的发展和城市化进程的加快，人口和各种工业危险源越来越集中，自然灾害对社会的危害也日益严重，由此，公共安全更加被社会所关注。据有关资料统计，我国每年因危害公共安全的突发公共事件造成的非正常死亡超过20万人，伤残超过300万人，经济损失计约占GDP总量的6%，因此，全面提高公共安全水平已成为保障社会稳定和国家安全、建设小康社会所亟待解决的重大战略问题，是我国全面建设和谐社会的基本保证。

2006年出台的《国务院关于全面加强应急管理工作的意见》把推进国家应急平台体系建设列为加强应对突发事件的能力建设的首要工作，明确要求“加快国务院应急平台建设，完善有关专业应急平台功能，推进地方人民政府综合应急平台建设，形成连接各地区和各专业应急指挥机构、统一高效的应急平台体系”。应急管理信息平台建设成为应急管理的一项重要基础性工作。

建设应急管理信息平台（以下简称“应急平台”）可以有效地对突发事件进行监控、预测，针对事故类型作出科学决策，对全面履行政府职责，切实提高保障公共安全和处置突发事件的能力，预防和减少自然灾害、事故灾难、公共卫生和社会安全事件及其造成的损失，保障公众生命财产安全和维护社会稳定，具有重要意义。

应急平台是以公共安全技术为核心，以信息技术为支撑，软硬件相结合的突发公共事件应急保障技术系统。系统具有日常管理、风险分析、监测监控、预测预警、动态决策、综合协调、应急联动与总结评估等功能，是政府有效实施应急预案的重要保证。

第一节　应急平台建设思想

一、建设目标

总体目标：根据各级政府的“十一五”规划，按照国务院、省市各级政府的有关文件精神，结合政府的实际需求，整合现有的政务信息资源和应急资源，充分利用现代科学技术，实现信息共享，建立起“全市统一、功能齐全、反应灵敏、高效指挥、科学决策、合理调度、上下联动”的应急管理信息平台。应急平台的建设必须要加强应急预测预警、信息报送、辅助决策、调度指挥和总结评估等应急处置和响应、救援等工作，提高政府应急管理水平，最大限度地减少突发事件对社会的危害。

具体建设目标包括：

(1) 建设应急指挥场所。应急指挥场所包括政府统一的应急指挥中心以及一些重点专项的应急指挥系统。统一的应急指挥中心（大厅），包括计算机网络子系统、视频监控接入子系统、视频会议子系统、大屏幕显示子系统、LED显示子系统、VOIP电话子系统、机要电话子系统、计算机机房建设、UPS不间断电源子系统等。在建设过程中需结合政府的实际，整合现有的网络和通信资源、移动指挥接入资源、数字图像接入资源、视频会议资源、应急资源等，整合各专项应急指挥系统，以支撑全市的应急指挥平台。

(2) 建设现场通信网络支撑系统。通过集成移动通信、数字集群、卫星通信、微波传输、计算机网络、信息系统等多种资源，实现事件发生区域内指挥中心的快速部署，进行现场应急指挥，随时随地与市应急指挥中心（大厅）保持语音、图像、数据的通信，使前后方各级领导能全面、实时地掌握信息，迅速制定决策。

(3) 建设应急管理业务应用系统。利用信息技术和网络技术，实现应急指挥、应急调度和应急管理信息化，其中建设内容包括门户网站子系统、综合呈现及调度子系统、信息报送子系统、公共预警信息发布子系统、资源管理子系统、决策支持子系统、电子沙盘推演子系统以及应急指挥标准和规范的建设。

(4) 建立应急管理专题数据中心。数据中心要建立各类应急管理相关的专题数据库，包括基础信息数据库、人口信息库、空间信息数据库、预案库、应急工作联络网、救援队伍库、救援物资库、专家库、法规库、事件信息数据库、模型库、知识库、案例库和文档库等。数据仓库主要存储从应急管理业务系统和各级政务信息系统中抽取的相关数据，实现数据的海量存储和管理。

(5) 建设信息安全及授权管理系统。充分利用政府已有的信息安全资源，建设市应急指挥平台安全体系，包括网络安全、应用安全和安全管理措施，保障市应急指挥平台安全运行。

二、建设原则

1. 统筹规划，分步实施

应急平台的建设涉及各级政府专业部门和重点企业的安全生产应急管理与协调指挥机构，要按照条块结合、属地为主的原则进行统筹规划、总体设计、分步实施和分级管理，实现业务系统和技术支撑系统的有机结合。

2. 因地制宜，整合资源

根据政府的实际情况和部门职责，本着节约的原则，防止重复建设，突出建设重点，注重高效实用。具体做法是：整合政府现有的专项应急指挥系统资源和网络资源，以应急指挥信息系统为主体，同时考虑应急管理信息系统和部门业务系统的利用，制定统一标准，采用接口转换等技术手段，建立全市统一的应急指挥平台，实现上与省应急指挥平台，下与下辖市、区应急指挥平台和政府部门专项应急指挥系统的互联互通、信息共享。

3. 注重内容，讲求实效

要重视应急平台的硬件和软件建设，更要重视业务应用系统的开发和应急资源信息库暨专题数据库的建设，保证市应急平台的实用性。既要立足应急响应，又要满足平时应用，真正实现“平战结合”，充分发挥应急平台的作用。

4. 技术先进，安全可靠

采用符合当前发展趋势的先进技术，加强核心技术的应用，优先考虑国内具有自主知识产权的成熟产品，保证系统设备的可靠性和先进性。通过建立安全防护和容灾备份机制，保障应急平台安全平稳地运行。

5. 立足当前，着眼未来

应急平台的建设工作要以需求为导向，把当前的需求和未来的发展结合起来，既要满足当前应急管理工作的需要，又要适应技术和应用的发展，不断提升应急平台的技术和应用水平。

6. 机制灵活，社会联合共建

与应急管理工作的机制类似，应急平台的建设要以政府为主导，充分利用政府、企事业单位和社会的各种资源来共同建设应急平台。

三、建设依据

为有效建设政府应急平台，需充分整合和利用现有的网络资源、专项应急指挥资源、应急管理业务应用系统和政府各级部门已有的业务系统，实现资源共享。根据应急平台建设的目标，充分利用国家、省和市政府现有的技术标准与规范，制定和完善应急指挥平台相关的技术标准和规范，保证信息资源的共享与交换以及未来应急平台的不断完善。本书重点参考了《广东省应急平台技术指导要求》。

1. 总体框架设计

政府应急平台是以“一案三制”、“一网五库”工程为主要建设内容，以资源整合和协调开发利用为出发点，以应急管理流程为主线，通过自动化、信息化等采集手段构建软硬件相结合的突发公共事件应急保障信息化发展总体框架，实现上连国家、省等各级应急平台，下连各职能部门及下辖市、区应急平台的目标。在建设过程中，要坚持以人为本，全面落实科学发展观，建设和谐社会。坚持以安全发展为原则，充分利用现有资源，依靠信息通信技术和安全技术，并为有效预防和妥善处置突发事件提供先进的技术手段，全面提高应急指挥、应急响应和应急救援的能力。

省级政府应急管理信息平台总体框架如图 9－1 所示：

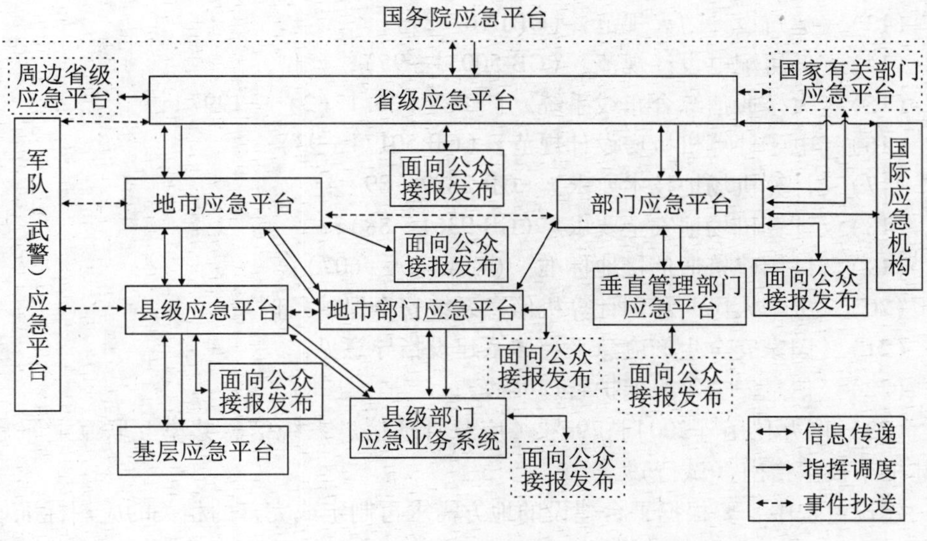

图 9－1　省级应急平台总体框架图

2. 技术标准和规范

本书主要参考了国家和广东省政府现有的技术标准和规范，包括：

（1）《数字程控调度机技术要求和测试方法》（YD/T 954—1998）；

（2）《邮电部电话交换设备总技术规范书》（YDN 065—1997）；

（3）《IP 电话、传真业务总体技术要求》（YD/T 1264—2003）；

(4)《软交换设备总体技术要求》(YD/T 1434—2006);

(5)《数字集群移动通信系统体制》(SJ/T 11228—2000);

(6)《文件传真三类机在电话网中的互通技术条件第 1 部分:用于文件传输的三类传真终端的标准化》(GB/T 3382. 1—2003);

(7)《文件传真三类机在电话网中的互通技术条件第 2 部分:用于文件传输的三类传真终端的标准化》(GB/T 3382. 2—2003);

(8)《电话网上文件传真三类机承受传输损伤能力的基本要求》(YD/T 589—2002);

(9)《短波单边带宽通行设备通用规范》(GB/T 16946—1997);

(10)《国内卫星通信地球站工程设计规范》(TD 5050—2005);

(11)《国内卫星通信小型地球站(VSAT)通信系统工程设计规范》(YD/T 5028—2005);

(12)《民用建筑线缆标准》(EIA/TIA—568A);

(13)《建筑设计防火规范》(GBJ 16—87);

(14)《低压配电设计规范》(GB 50054—95);

(15)《大楼通信综合布线系统》[YD/T 926. 1(2)—1997];

(16)《电子计算机机房设计规范》(GB 50174—93);

(17)《计算机场地技术要求》(GB 2887—89);

(18)《计算机场地安全要求》(GB 9361—88);

(19)《民用建筑通信接地标准》(EIA/TIA—607);

(20)《中华人民共和国计算机信息系统安全保护条例》;

(21)《国家安全生产应急平台体系建设指导意见》;

(22)《信息安全等级保护管理办法》;

(23)国办秘函〔2004〕79 号《应急管理信息系统信息共享互联互通平台总体框架技术指南(试行)》。

建设过程中,要根据平台建设的地方需求再制定或完善的相关的应用标准或规范,包括:

(1)《政府应急指挥平台信息资源目录体系》;

(2)《政府政务数据共享与互联互通实施规范》(增加应急指挥平台部分);

(3)《政府政务数据共享规范与接口标准》(增加应急指挥平台部分)。

四、建设要求

1. 总体功能要求

应急平台是以公共安全科技和信息技术为支撑,以应急管理流程为主线,软硬件相结合的突发公共事件应急保障技术系统，是实施应急预案的工具。其具备风险分析、信息报告、监测监控、预测预警、综合研判、辅助决策、综合协调与总结评估等功能，能动态生成优化的综合协调方案和资源调配方案，形成实施应急预案的可视化实战指南。

在网络上，政府应急平台以应急业务专网为基础，通过整合党政内网、部门专网、有线通信网和无线通信网，形成统一、综合的网络平台，为应急指挥业务应用系统提供了网络支撑，实现上连省应急指挥中心，下连各职能部门及下辖市、区应急指挥平台的目标。

在业务功能上，应建立统一指挥、功能齐全、反应灵敏、协调有序、运转高效的应急机制，将应急平台作为重点建设的示范项目，统筹规划各级政府、各部门专项应急管理信息系统建设，突出整合和拓展现有专业信息系统与指挥系统功能。在常态"平时"，应急平台应发挥应急管理工作的咨询、宣传、教育、数据分析处理功能；在非常态"战时"，应急平台应支撑应急指挥、调度、协调等各项工作，实现应急信息资源整合、传输与共享，与各级应急平台互联互通，从根本上提高政府应对突发事件的能力。

地市级应急指挥平台与省级平台的交互和整体建设架构如图 9－2 所示：

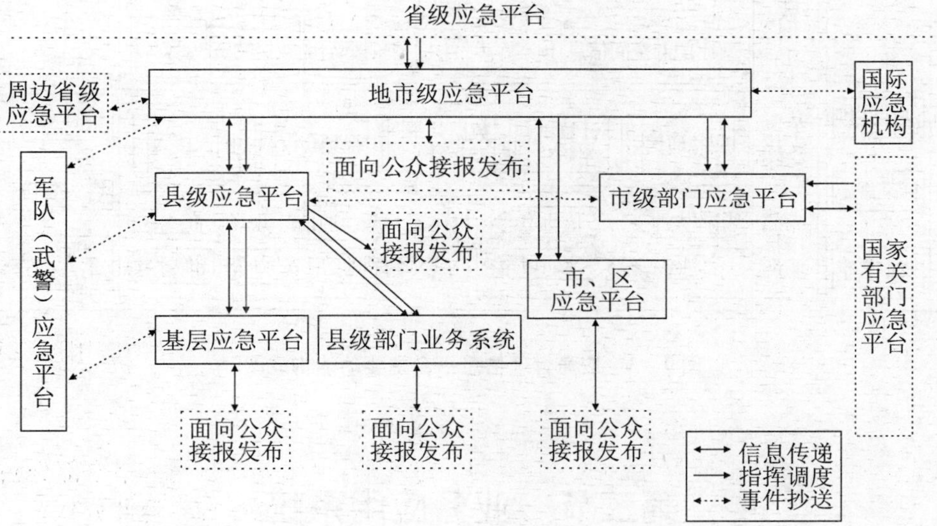

图 9－2　地市级应急指挥平台与省级平台的交互和整体建设架构图

2. 基本组成部分

应急平台由基础支撑系统、信息接报与发布终端系统、应急业务应用系统、应急资源数据库系统、移动应急平台、应急指挥场所、计算机网络，以及安全保障体系和法规与标准规范体系等组成。

应急平台包括先进的通信工具、完备的网络基础平台、计算机网络、视频会议等。应急平台要遵循相应的法规与规范标准建立安全的保障体系，首先要建立应急指挥场所和基础支撑系统，在此基础上建立各级应急资源数据库系统、业务应用系统和信息发布系统，最后才能形成一个完整的、快速实用的应急平台系统。

应急平台主要功能构成如图 9－3 所示：

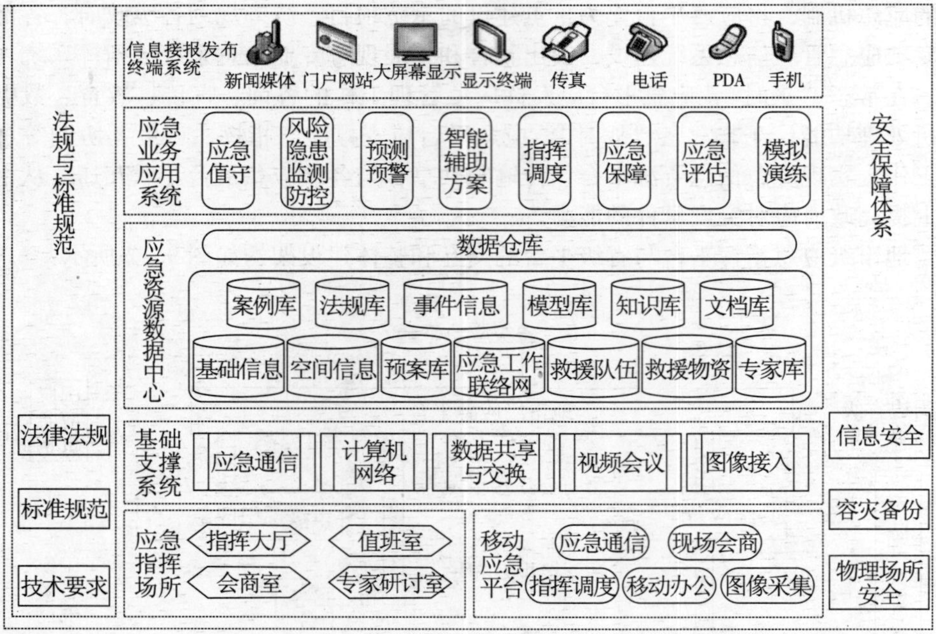

图 9－3 应急管理信息平台主要功能构成图

第二节 业务应用系统

应急管理业务应用系统以应急流程为主线，强调业务应用系统内各子系统之间的集成应用。业务应用系统包含综合业务管理、风险隐患监测防控、综合预测预警、智能辅助方案、指挥调度、应急保障、应急评估和模拟演练等系统。应急管理业务应用系统功能模块如图 9－4 所示：

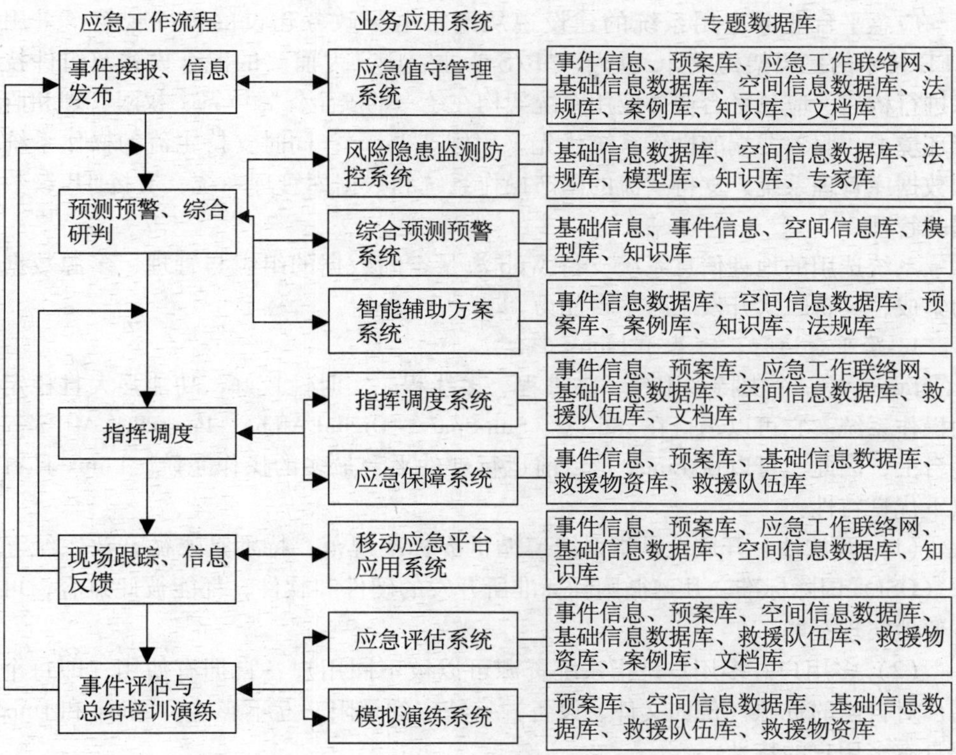

图 9－4 应急管理业务应用系统功能模块图

一、技术架构设计

综合考虑应急管理业务本身的不断发展和变化，系统采用“业务基础平台＋应用系统”的设计理念。

业务基础平台是一种以业务为导向，可快速构建应用软件的平台。它构筑于基础构件之上，面向的是广义的业务系统，为应急管理业务的构筑提供一个可高度复用的软件开发平台。具体的业务构成可参考本书第十章“校园应急管理业务系统建设”的详细介绍。

跨平台、J2EE 架构、XML 总线技术、面向服务（SOA）体系结构、面向构件的可视化开发界面、支持工作流等技术是业务基础平台的主要发展方向，“业务基础平台+应用系统”是与技术潮流吻合的一种业务应用软件平台。

二、关键技术路线

应急平台业务应用系统的建设遵从国家电子政务建设的标准规范，采用J2EE技术的三层架构设计，基于“B/S为主，C/S为辅”的混合模式及组件技术进行构建。应急平台业务应用系统架构在统一的安全保障体系、权限管理和监管环境上；服务器端的操作系统优先采用国产Linux；同时支持主流的操作系统和数据库管理系统，支持主流的国产操作系统和数据库管理系统，支持TB级数据的管理。

系统选用的地理信息系统支持Web海量空间数据的组织与管理、多源数据的集成，具备二次开发、跨平台能力。

1. 跨平台运行，可基于Linux平台

Linux是一个支持多用户、多进程、多线程，实时性较好、功能强大且稳定的操作系统。它可以运行在x86 PC、Sun Sparc、Digital Alpha、PowerPC、MIPS等平台上，因此，可以说Linux是目前运行硬件平台最多的操作系统。Linux具有以下优良特性：

（1）开放性。开放性是指系统遵循世界标准规范，特别是遵循开放系统互联（OSI）国际标准。凡遵循国际标准所开发的硬件和软件，都能彼此兼容，可方便地实现互联。

（2）多用户。多用户是指系统资源可以被不同用户各自拥有使用，即每个用户对自己的资源（例如文件、设备）有特定的权限，互不影响。Linux和Unix都具有多用户的特性。

（3）多任务。多任务是现代计算机的最主要的一个特点，它是指计算机同时执行多个程序，而且各个程序的运行互相独立。Linux系统调度每一个进程平等地访问微处理器。由于CPU的处理速度非常快，其结果是，启动的应用程序看起来好像在并行运行。事实上，从处理器执行一个应用程序中的一组指令到Linux调度微处理器再次运行这个程序之间只有很短的时间延迟，用户是感觉不出来的。

（4）良好的用户界面。Linux向用户提供了两种界面：用户界面和系统调用。Linux的传统用户界面是基于文本的命令行界面，即shell，它既可以联机使用，又可存在文件上脱机使用。shell有很强的程序设计能力，用户可方便地用它编制程序，从而为用户扩充系统功能提供了更高级的手段。可编程shell是指将多条命令组合在一起，形成一个shell程序，这个程序可以单独运行，也可以与其他程序同时运行。

(5) 设备独立性。设备独立性，是指操作系统把所有外部设备统一当作文件来看待，只要安装它们的驱动程序，任何用户都可以像使用文件一样，操纵、使用这些设备，而不必知道它们的具体存在形式。Linux 是具有设备独立性的操作系统，它的内核具有高度适应能力，随着更多的程序员加入 Linux 编程，会有更多硬件设备加入到各种 Linux 内核和发行版本中。另外，由于用户可以免费得到 Linux 的内核源代码，因此，用户可以修改内核源代码，以便适应新增加的外部设备。

(6) 提供了丰富的网络功能。完善的内置网络是 Linux 的一大特点。Linux 在通信和网络功能方面优于其他操作系统。Linux 为用户提供了完善的、强大的网络功能，包括支持 Internet、文件传输和远程访问；而其他操作系统不包含如此紧密地和内核结合在一起的连接网络的能力，也没有内置这些联网特性的灵活性。

(7) 可靠的系统安全。Linux 采取了许多安全技术措施，包括对读、写进行权限控制，带保护的子系统，审计跟踪，核心授权等，这为网络多用户环境中的用户提供了必要的安全保障。

(8) 良好的可移植性。可移植性，是指将操作系统从一个平台转移到另一个平台仍然能按其自身的方式运行的能力。

2. J2EE 技术

Java 2 Platform Enterprise Edition（J2EE）是 Sun Microsystems 提出的一个基于组件的方法来设计、开发、装配和部署企业级应用程序的应用框架。J2EE 平台提供了一个多层结构的分布式的应用程序模型，该模型具有重用组件、统一的安全模式和灵活的事务控制的能力。J2EE 已成为一个工业标准。

J2EE 平台使用了一个多层的分布式的应用程序模型。应用程序的逻辑根据其实现的不同功能被封装到组件中，组成 J2EE 应用程序的大量应用程序组件根据在其所属的多层的 J2EE 的环境中所处的层被安装到不同的机器中。

J2EE 典型的四层结构图包括：

①运行在客户端机器上的客户层组件；

②运行在 J2EE 服务器上的 Web 层组件；

③运行在 J2EE 服务器上的业务逻辑层组件；

④运行在 EIS 服务器上的企业信息系统（Enterprise Information System）层软件。

J2EE 拥有广泛的业界支持和一些重要的“企业级计算”领域供应商的参与，为搭建具有可伸缩性、灵活性、易维护的业务系统提供了良好的机制。

(1) 保护现存 IT 资产。为了保护现有信息化建设的投资和信息资源，利用已有的信息系统方面的投资，这就需要一个以渐进的（而不是激进的，全盘否定的）方式建立在已有系统之上的服务器端平台机制。J2EE 架构恰恰可以充分利用用户原有的投资，基于 J2EE 平台的产品几乎能够在任何操作系统和硬件配置上运行，现有的操作系统和硬件也能被保留使用。

（2）高效开发。J2EE 的规范中，一些通用的、很烦琐的服务端任务由 EJB 容器完成，开发人员可以集中精力在如何创建业务逻辑上，这就相应地缩短了开发时间。EJB 容器提供以下的功能：①状态管理服务：让开发人员写更少的代码，不用关心如何管理状态，这样能够更快地完成程序开发。②数据持久性服务（存储）：让开发人员不用对数据访问逻辑进行编码就能编写应用程序，能生成更轻巧、与数据库无关的应用程序，这种应用程序更易于开发与维护。③分布式共享数据对象 CACHE 服务：让开发人员编制高性能的系统，极大地提高了整体部署的伸缩性。

（3）支持异构环境。J2EE 能够开发部署在异构环境中的可移植程序。基于 J2EE 的应用程序不依赖任何特定操作系统、数据库、硬件。设计合理的基于 J2EE 的程序只需开发一次就可部署到各种平台，这在典型的异构企业计算环境中是十分关键的。J2EE 标准也允许客户订购与 J2EE 兼容的第三方的现成的组件，把它们部署到异构环境中，节省了由自己制订整个方案所需的费用。

（4）可伸缩性。基于 J2EE 平台的应用程序可被部署到各种操作系统上。例如可被部署到高端 Unix 与大型机系统，这种系统单机可支持 64～256 个处理器。J2EE 领域的供应商提供了更为广泛的负载平衡策略，能消除系统中的瓶颈，允许多台服务器集成部署。这种部署可达数千个处理器，实现可高度伸缩的系统，满足未来业务应用的需要。

J2EE 是一种利用 Java 2 平台简化企业解决方案的开发、部署和管理相关复杂问题的体系结构，其技术的基础就是核心 Java 平台或 Java 2 平台的标准版。J2EE 不仅巩固了标准版中的许多优点，例如“编写一次、随处运行”的特性，方便存取数据库的 JDBC API、CORBA 技术以及能够在 Internet 应用中保护数据的安全模式，等等；同时还提供了对 EJB（Enterprise JavaBeans）、Java Servlets API、JSP（Java Server Pages）以及 XML 技术的全面支持。其最终目的就是成为一个能够使企业开发者大幅缩短投放市场时间的体系结构。

3. 采用 XML 技术

在应用集成处理过程中，不仅需要在同构体系之间完成数据交换和业务自动处理，而且要求能够在异构平台和在不同的网络中实现相同的业务，这些必然涉及数据、公文和文档格式的标准化、统一化，需要建立一个能够描述企业部门内部、企业部门间、企业与公众间数据交换和业务处理流程的规范标准，以减少数据在处理过程中因标准不统一而引起的诸多问题。

XML 语言是由 W3C 这样一个非营利性质的组织发布的，是得到了整个业界最广泛支持开放的数据交换标准。在系统开发过程中，采用 XML 进行数据标准的定义并将此定义开放。这样，不论是哪家公司开发的软件系统，只要符合数据定义标准，就可以在授权范围内在系统中无缝地进行数据交换。

XML（EXtensible Markup Language）可扩展的标记语言，是 W3C 定义的数据描述语言。XML 用严格的嵌套标记表示数据信息，特别适合在 Internet 环境中的多点数据交换环境下使用。在 G2G 或 B2B 应用环境中，XML 是一种非常优秀且极为适合的政务信息定义和交换技术。G2G 解决方案的软件提供商制定了用于 G2G 应用之间交换商务信息的 XML 格式，用 XML 来描述交换信息使得各种 G2G 应用在数据层上具有开放集成的能力。

XML 是用于高度整合的通用数据格式，具有以下特点：

（1）自我解释的数据。和传统数据库比较，XML 数据不需要诸如关系纲要、文件描述列表、外部数据定义等附加信息，数据本身就包含这些信息。与更为广泛使用的 Web 格式 HTML 相比较，XML 不但提供了 HTML 正确显示数据的功能，还确保了数据的可用性。这对于不仅仅需要显示数据的应用来说，是极其关键的。

（2）对所有传统数据库和格式的完全整合。XML 文档能够包容可以想象的所有数据类型——从文本和数字这样的典型数据到如音频一样的多媒体对象，再到 Java Applet 格式或是 Activex 组件。

（3）国际化。XML 支持多语言文档和标准 Unicode。

（4）面向未来的技术。XML 为 World Wide Web Consortium（W3C）和其他一些主要的软件供应商所支持，而且 XML 已经成为越来越多领域的标准。

总之，用 XML 作为数据定义和交换的中介，会给系统的实现带来极大的灵活性。系统可以屏蔽掉后台的多种数据源，用统一的 XML 数据呈现给用户。接收数据一方根据 XML 数据的“Schema”可以对数据进行任意的处理，如分解出其中需处理的数据或是以不同的样式来呈现。通过 XML，我们可以实现不同系统间的数据交换、处理自动化，为数据定义与交换平台奠定基础。

4. 采用 Web Service 技术

系统对外接口统一采用 Web Service 服务的方式定义，为系统的公共和业务系统提供用户、权限、流程等接口服务。

Web 服务同样是 W3C 发布的标准，这项标准也获得了整个业界最广泛的支持。对 Web 服务的支持使得在对远程调用支持的同时确保了系统模型完好的封装性和松散耦合。只要符合定义的调用标准，在授权的范围内就可以远程调用系统功能模块。同时，如果系统功能模块发生升级，只要调用的接口不变，第三方的软件就不需要发生变化。

（1）Web 服务的特性。

Web 服务是为了让地理上分布在不同区域的计算机和设备一起工作，以便为用户提供各种各样的服务。用户可以控制要获取信息的内容、时间、方式，而不必像现在这样在无数个信息孤岛中浏览、寻找自己所需要的信息。利用 Web 服务，公司和个人能够迅速且廉价地通过互联网向全球用户提供服务，建立全球范围的联系，在广泛的范围内寻找可能的合作伙伴。随着 Web 服务技术的发展和运用，我们目前所进行的开发和使用应用程序的信息处理活动将过渡到开发和使用 Web 服务。将来，Web 服务将取代应用程序成为 Web 上的基本开发和应用实体。

从外部使用者的角度而言，Web 服务是一种部署在 Web 上的对象/组件，它具备以下特征：

①完好的封装性。Web 服务既然是一种部署在 Web 上的对象，自然具备对象的良好封装性。对于使用者而言，他能且仅能看到该对象提供的功能列表。

②松散耦合。这一特征也是源于对象/组件技术，当一个 Web 服务的实现发生变更的时候，调用者是不会感到这一点的。对于调用者，只要 Web 服务的调用界面不变，Web 服务任何变更对他们来说都是透明的；甚至是当 Web 服务的实现平台从 J2EE 迁移到了 .NET 或者是相反的迁移流程，用户都对此一无所知。对于松散耦合而言，尤其是在 Internet 环境下的 Web 服务而言，需要有一种适合 Internet 环境的消息交换协议，而 XML/SOAP 正是目前最为适合的消息交换协议。

③使用协约的规范性。这一特征从对象而言，相比一般对象其界面规范更加规范化和易于机器理解。首先，作为 Web 服务，对象界面所提供的功能应当使用标准的描述语言来描述（比如 WSDL）。其次，由标准描述语言描述的服务界面应当是能够被发现的，因此这一描述文档需要被存储在私有的或公共的注册库里面；同时，使用标准描述语言描述的使用协约将不仅仅是服务界面，它将被延伸到 Web 服务的聚合、跨 Web 服务的事务、工作流等，而这些又都需要服务质量（QoS）的保障。再次，我们知道安全机制对于松散耦合的对象环境的重要性，因此我们需要对诸如授权认证、数据完整性（比如签名机制）、消息源认证以及事务的不可否认性等运用规范的方法来描述、传输和交换。最后，在所有层次的处理都应当是可管理的，因此需要对管理协约运用同样的机制。

④使用标准协议规范。作为 Web 服务，其所有公共的协约完全需要使用开放的标准协议进行描述、传输和交换。这些标准协议具有完全免费的规范，以便由任意方进行实现。一般而言，绝大多数规范将最终有 W3C 或 OASIS 作为最终版本的发布方和维护方。

⑤高度可集成能力。Web 服务采取简单的、易理解的标准 Web 协议作为组件界面描述和协同描述规范，完全屏蔽了不同软件平台的差异。因此，无论是 CORBA、DCOM 还是 EJB 都可以通过这一种标准的协议进行互操作，实现在当前环境下最高的可集成性。

⑥互操作性。Web 服务通过 SOAP 实现相互间的访问，任何 Web 服务都可以与其他 Web 服务进行交互，避免了不同协议之间的相互转换。Web 服务可以用任何语言编写，因此开发者不需要更改开发环境就能开发新的 Web 服务；同时还可以在新的 Web 服务中使用已有的 Web 服务，而不必考虑 Web 服务的实现语言、运行环境等具体实现细节。例如，用 Delphi 编写的 Web 服务可以使用由 Visual C 编写的 Web 服务，反之亦然。

（2）Web 服务的组成。

Web 服务是在现有的 Web 技术和设施之上，通过制定新的协议和标准提出新的技术来实现的。新提出的与 Web 服务相关的主要协议和技术包括 SOAP（Simple Object Access Protocol，简单对象访问协议）、WSDL（Web Services Description Language，Web 服务描述语言）、UDDI（Universal Description, Discovery and Integration，统一描述、发现和集成）。SOAP 用来定义数据描述和远程访问的标准；WSDL 是发布和请求 Web 服务的描述语言；UDDI 则把 Web 服务与用户联系起来，起中介作用。Web 服务的具体实现并不局限在这几种协议和技术上，任何支持 Web 标准的系统都能支持 Web 服务。

Web 服务有两层含义：其一是指封装成单个实体并发布到网络上的功能集合体；其二是指功能集合体被调用后所提供的服务。简单地讲，Web 服务是一个 URL 资源，客户端可以通过编程方式请求得到它的服务，而不需要知道所请求的服务是怎样实现的，这一点与传统的分布式组件对象模型不同。

（3）Web 服务的体系结构。

Web 服务的体系结构是基于 Web 服务提供者、Web 服务请求者、Web 服务中介者三个角色和发布、发现、绑定三个动作构建的。简单地说，Web 服务提供者就是 Web 服务的拥有者，它耐心等待为其他服务和用户提供自己已有的功能；Web 服务请求者就是 Web 服务功能的使用者，它利用 SOAP 消息向 Web 服务提供者发送请求以获得服务；Web 服务中介者的作用是把一个 Web 服务请求者与合适的 Web 服务提供者联系在一起，它充当管理者的角色，一般是 UDDI。这三个角色是根据逻辑关系划分的，在实际应用中，角色之间很可能有交叉。

5. 工作流技术

（1）采用工作流引擎。

建设办综合业务系统的一个重要工作就是挖掘用户工作流程，对业务过程进行建模、仿真分析、过程优化、过程管理与监控，并支持业务过程的自动化以及经营过程重组。

工作流（Work Flow）就是自动运作的业务过程，表现为参与者对文件、信息或任务按照规程采取行动，并令其在参与者之间传递。简单地说，工作流就是一系列相互衔接、自动进行的业务活动或任务。我们可以将整个业务过程看作是一条河，其中流过的就是工作流。工作流系统由流程定义工具、工作流引擎、任务列表、流程监控工具、组织机构接口和应用接口组成。WfMC 定义的工作系统的系统组成图如图 9－5 所示：

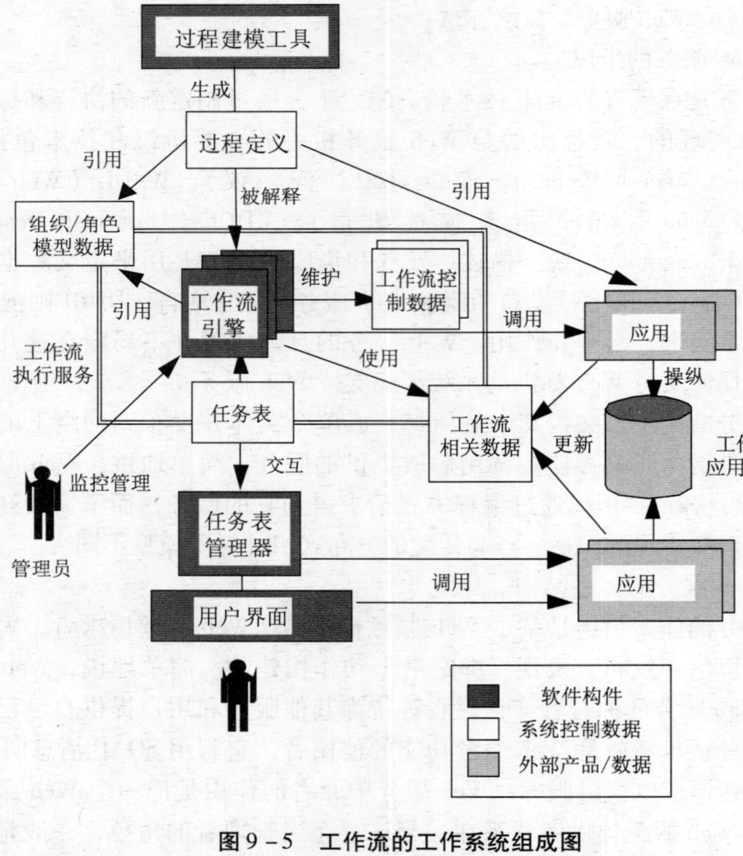

图 9－5　工作流的工作系统组成图

工作流引擎作为一个中间件产品，应基于目前最流行的 J2EE 平台，以 WfMC 为标准开发；具备图形化的交互式用户界面，跨平台应用的能力，良好的稳定性、扩展性、安全性，分布式事务管理，灵活的业务流程变动功能；可方便地集成现有系统以简化应用开发的步骤，降低应用开发的难度，提高应用开发的效率及灵活性，节约应用开发的成本，为系统的业务流程自动化以及流程再造提供坚实的基础平台。要求具备以下基本功能：

①工作流引擎要符合国际标准 WfMC 规范的工作流引擎，支持直流、分流、并流、子流、辅流；提供流程的催办、撤回、跳转、退回等功能。

②为用户提供图形化的流程自定义功能，不用更改程序就可以实现业务处理过程的更改，所见即所得。

③工作流引擎与具体应用分离，用户可以通过调用工作流引擎中的接口来挂接各种业务应用。

④实时流程监控，让管理者对业务的运转了如指掌。

（2）工作流描述。

工作流平台核心是工作流管理。工作流的概念起源于生产流程管理和办公自动化领域，它是针对日常工作中具有固定程序的活动而提出的一个概念。其通过将工作分解成定义良好的任务、角色，按照一定的规则和过程来执行这些任务并对它们进行监控，达到提高办事效率、降低生产成本、提高企业生产经营管理水平和企业竞争力的目标。

业务过程（business process）是活动的集合，这些活动均与特定的托付事项（commitment）相关联，为过程的产出增值。相对于工作流而言，业务过程是一个更一般化的统称。工作流这个词，不能仅从字面含义或原理上去理解，它已经被赋予了更深一层的特定含义——专指基于信息技术规划、运作、管理的业务过程。

工作流技术是实现企业业务过程建模、业务过程优化、业务过程管理与集成，最终实现业务过程自动化的核心技术。

工作流管理是人与电脑共同工作的自动化协调、控制和通信，在电脑化的业务过程上，通过在网络上运行软件，使所有命令的执行都处于受控状态。在工作流管理下，工作量可以被监督，分派工作到不同的用户达成平衡。

工作流管理技术作为一种过程建模和过程管理的核心技术，可以与其他应用系统有效地结合，生成符合企业需求的各种业务管理系统。以工作流技术为核心是开发业务管理系统的最大特点，同时也是这些系统与普通的应用软件系统的最大差别。它们具有高度的灵活性，可以按照企业的具体需求，快速灵活地生成应用软件系统，并且在客户业务过程发生变化时，迅速地进行重组来满足客户的需求。

通常，工作流管理系统指运行在一个或多个称为工作流机的软件上，用于定义、实现和管理工作流运行的一套软件系统，它和工作流执行者（人、应用）交互，推进工作流实例的执行，并监控工作流的运行状态。在这里需要强调指出的是工作流管理系统不是企业的业务系统。在很大程度上，工作流管理系统为企业的业务系统运行提供一个软件支撑环境，非常类似于在单个计算机上的操作系统。只不过工作流管理系统支撑的范围比较大、环境比较复杂而已，所以也有人称工作流管理系统是业务操作系统（Business Operating System，BOS）。在工作流管理系统的支撑下，通过集成具体的业务应用软件和操作人员的界面操作，能够良好地完成对企业经营过程运行的支持。所以，工作流管理系统在一个企业或部门的经营过程中的应用过程是一个业务应用软件系统的集成与实施过程。

工作流管理系统可以用来定义与执行不同覆盖范围（单个工作者、部门、全企业、企业间）、不同时间跨度（分钟、小时、天、月）的经营过程。这完全取决于实际应用背景的需求。按照经营过程以及组成活动的复杂程度的不同，工作流管理系统可以采取许多种实施方式，在不同的实施方式中，所应用的信息技术、通信技术和支撑系统结构会有很大的差别。工作流管理系统的实际运行环境可以是在一个工作组内部或者在全企业的所有业务部门。

（3）工作流组件。

工作流组件为系统提供了一个灵活的业务过程配置平台，要求能提供以下基本功能：

①流程可方便地修改。

写在程序中的流程是不能轻易改变的，尤其是对最终用户或管理员而言。因此，流程可方便地修改就要求工作流技术能采用配置或图形化建模的方式来使流程更容易地被修改。

流程的可读性是可方便修改流程的前提。因此，流程应以用户比较习惯的（如流程图等）方式表现，并能以层次的方式组织流程来保证流程的可读性及可理解程度，提高流程的重用程度。

修改流程的另一个问题是可以允许不同的流程由不同的人进行维护，这是由于某些流程中牵涉到的子流程是由不同的人员进行维护的。比如，人员调动流程中关于财务部分可能是由财务人员进行维护的，而其他部分可能是由另外的人进行维护。

②使用流程能提高效率。

这要求工作流技术对现有流程的运行情况进行监控及分析。对流程的监控可以实现自动催办等功能，如可设定流程中某一步骤的限时处理等。对流程的分析，可对大量的流程运行情况进行分析，如通过分析流程中各个步骤占用时间及资源的百分比找出流程的瓶颈；也可分析某一路径的使用情况从而有助于找出关键路径。

提高流程的并行程度，可以提高流程的运行效率，因此要求流程能方便地支持并行、子流、条件等。

通过在工作流程中传递信息，提高部门间信息的共享程度，从而可以达到提高效率的目的。

（4）工作流技术介绍。

工作流组件由工作流建模工具、工作流引擎、工作流运行环境及工作流分析监控工具四部分组成。

①工作流建模工具将业务流程以图形化的方式建模成为计算机可以理解的格式。现在流行的工作流建模工具一般都是采用类似流程图画图工具的方式来对工作流程进行建模。

②工作流引擎负责按已建好的流程模型对流程的实际流转及使用进行控制。工作流引擎解读在工作流建模工具中建立的工作流模型，并按照模型定义的流程对实际流程进行控制，同时对流转中涉及的数据进行管理。

③工作流运行环境负责与外部的交互（包括与使用者及外部系统）。如负责产生表单、调用外部应用、处理数据库数据、调用外部业务组件，从而对工作流中的数据及流程进行处理等。

④工作流分析监控工具负责对流程进行监控、模拟、测试及分析以达到改进流程的目的。

6. 数据交换技术和标准

（1）基于中间件的数据交换平台。

考虑到将来系统可能由不同的软件厂商提供，采用的开发平台也可能不一致，因此，数据交换平台必须具有跨平台性。同时，数据交换平台的安全性、可靠性、稳定性及可管理性也是要重点关注的。另外，数据交换平台的技术体系结构应该有非常好的可扩展能力。因为平台刚刚搭建，运行在其上的应用有限，但根据数据交换平台的定位，将来的应用肯定会不断地增加，管理的信息将非常复杂。基于中间件的数据交换平台，其结构如图 9－6 所示：

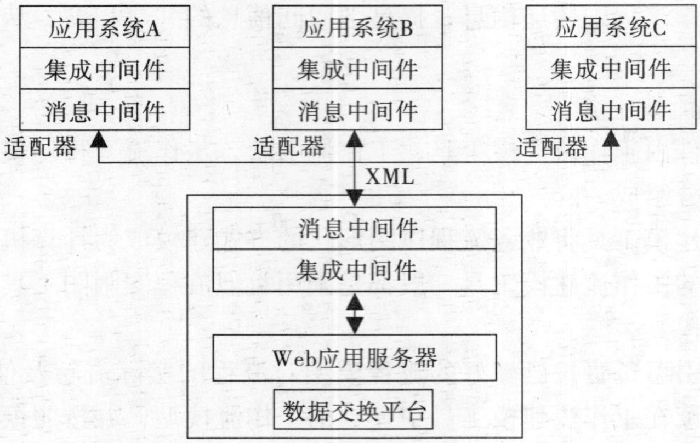

图9-6 数据交换平台及其工作原理

数据交换平台中的应用集成中间件提供针对不同业务应用系统的数据交换适配器，这些数据交换适配器将成为应用系统连接到数据交换平台的纽带。数据交换适配器技术的运用使得我们充分利用原有的应用系统的功能和数据成为现实。

消息中间件需要提供两种通信方式：实时通信传输和可靠通信传输。在分布式的联机事务处理环境中，它担当通信资源管理器（Communication Resource Manager）的角色，为分布式应用提供实时的、高效的、可靠的，跨越不同操作系统、不同网络的消息传送服务；在要求可靠传输的系统中，可以利用它作为一个通信平台，用可靠传输功能来传递消息和文件。

数据交换平台不但能够为用户提供大量灵活有效的适配器（包括数据库适配器、中间件适配器、应用系统整合适配器、文件适配器等多种适配器类型），还充分利用消息中间件队列、可靠的消息服务，以及在数据传输、事务支持等方面的优势，进一步确保了数据交换的安全性、可靠性和高效性。

（2）基于XML语言的交换格式。

XML语言是由W3C这样一个非营利性质的组织发布的，是业界最广泛支持开放的数据交换标准。考虑到大量数据表格及数据格式各异，因此建议采用XML描述数据。

①企业应用集成的建立以信息技术作为基础。从企业信息发布、企业网上服务到企业部门间及企业部门内的信息共享和网络办公，都需要以不断发展的信息技术作为保障。与企业应用集成相关的信息技术包括Web应用技术、数据库技术、全文信息检索技术、数据仓库和数据挖掘分析技术、网络连接技术、数据通信技术、安全技术等。在这些技术中，对数据和信息进行灵活、有效、多元化的管理显得尤为重要。在企业应用集成处理过程中，不仅需要在同构体系之间完成

数据交换和业务自动处理，而且要求能够在异构平台、在不同的网络中实现相同的业务，这些必然涉及数据、公文和文档格式的标准化、统一化，需要建立一个能够描述企业部门内部、企业部门间、企业与公众间数据交换和业务处理流程的规范标准，以减少数据在处理过程中因标准不统一而引起的诸多问题。所以需要尽快制定统一的行业标准，致力于规划和建设中国企业应用集成的规范与标准。目前企业信息化建设正在由网络建设转型为应用开发建设，它要求所有应用系统能够使用统一的应用标准，全面实现个性化管理。

②XML 目前正在成为各种数据特别是文档的首选格式。由于它具有标记不同字段（field）的能力，搜索变得简单化、动态化，从而使机构准备扔进废纸篓的文件变成了进行数据挖掘的宝藏。对于需要把不兼容的系统融合在一起的机构，XML 可以充当公共传输工具，以中性格式进行数据传输。此外，XML 还可以处理各种数据，包括文本、图像和声音，并且可以由用户进行扩展以处理任何特殊类型的数据。

③数据交换的精髓在于集中和标准。建立基于 XML 技术的数据交换体系，对所有复杂的数据都可以在 Web 应用程序间相互交换，进而构建所谓的“Web 有限公司网络”。在数据传输方面，广泛支持基于原文数据传输的协议，如 HTTP、SMTP、POP、FTP，等等。数据交换体系能够用来解决在 Web 应用间传输关键数据，最终发展成为一种跨语言的框架结构。在基于 XML 的数据交换体系中，可以为每一种语言提供一个接口模块，自动地将这些内在数据结构加以序列化或者翻译成一种精炼的基于 XML 的描述；反之亦然。通过将所有的 XML 处理和交互过程转移至数据交换体系的相应模块中，不必再对 XML 文档本身进行编程和处理，从而使得这种语言之间的转换过程是相对透明的。

在数据交换领域中，没有统一标准交换的代价是巨大的。因此，需要对企业应用集成所有子系统之间的有效对接提供具有可扩展性的、统一的接口标准。

7. 采用中间件技术

（1）中间件的概念。

随着计算机技术的飞速发展，各种各样的应用软件需要在各种平台之间进行移植，或者一个平台需要支持多种应用软件和管理多种应用系统，软、硬件平台和应用系统之间需要可靠和高效的数据传递或转换，使系统的协同性得以保证。

这些都需要一种构筑于软、硬件平台之上，同时对更上层的应用软件提供支持的软件系统，而中间件正是在这个环境下应运而生的。

比较流行的关于中间件的定义是：中间件是一种独立的系统软件或服务程序，分布式应用软件借助于这种软件在不同的技术之间共享资源。中间件位于客户机/服务器的操作系统之上，管理计算资源和网络通信。

从中间件的定义可以看出，中间件是一类软件，而非一种软件；中间件不仅要实现互联，还要实现应用之间的互操作；中间件是基于分布式处理的软件，定义中特别强调了其网络通信功能。

（2）中间件特点及优势。

中间件的优势主要体现在：满足大量应用的需要；运行于多种硬件和 OS 平台支持分布式计算，提供跨网络、硬件和 OS 平台的透明性的应用或服务的交互功能支持标准的协议和支持标准的接口。

程序员通过调用中间件提供的大量 API，实现异构环境的通信，从而屏蔽异构系统中复杂的操作系统和网络协议。中间件提供客户机与服务器之间的连接服务，这些服务具有标准的程序接口和协议。针对不同的操作系统和硬件平台，它们可以有符合接口和协议规范的多种实现。由于标准接口对于可移植性和标准协议对于互操作性的重要性，中间件已成为许多标准化工作的主要部分。对于应用软件开发，中间件远比操作系统和网络服务更为重要，中间件提供的程序接口定义了一个相对稳定的高层应用环境，不管底层的计算机硬件和系统软件怎样更新换代，只要将中间件升级更新，并保持中间件对外的接口定义不变，应用软件几乎不需任何修改，从而保护了企业在应用软件开发和维护中的重大投资。

中间件是一种独立的系统软件或服务程序，分布式应用软件借助这种软件在不同的技术之间共享资源。中间件软件管理着客户端程序和数据库或者早期应用软件之间的通信。

中间件在分布式的客户和服务之间扮演着承上启下的角色，如事务管理、负载均衡以及基于 Web 的计算等。

利用这些技术有助于减轻应用软件开发者的负担，使他们利用现有的硬件设备、操作系统、网络、数据库管理系统以及对象模型创建分布式应用软件时更加得心应手。由于中间件能够保护企业的投资，保证应用软件的相对稳定，实现应用软件的功能扩展；同时中间件产品在很大程度上简化了一个由不同硬件构成的分布式处理环境的复杂性，所以它的出现正日益引起用户的关注。

（3）中间件的分类。

随着计算机软件技术的发展，中间件技术也已日渐成熟，并且出现了不同层次、不同类型的中间件产品。按照 IDC 的分类方法，中间件可分为六类，分别是：①仿真/屏幕转换中间件；②数据访问中间件；③远程过程调用中间件；④消息中间件；⑤交易中间件；⑥对象中间件。

（4）中间件技术在应用集成中的问题。

传统的消息中间件技术为企业和政府的应用集成作出了不可磨灭的贡献，它目前仍然在企业和政府的应用集成中扮演着重要的角色。但是它也存在着以下一些问题：①中间件技术只解决了应用集成应用中应用系统之间的信息传递功能；②中间件主要采用非开放式的系统结构（例如 Tuxedo、IBM MQ、MS MQ）；③利用中间件容易使企业信息集成应用被锁到一家中间件供应商；④中间件产生是伴随着局域网（LAN）的出现，它不适合在 WAN 环境下的 G2G 应用；⑤中间件不提供服务质量（quality of service）保证；⑥中间件不提供信息安全传递保护功能；⑦中间件不包含业务流程设计功能；⑧中间件不提供对不同的应用系统的接口；⑨中间件解决不了端到端的实时信息传递；⑩中间件技术不能支持业务流程管理；⑪中间件不能实现业务流程的整合。

综上所述，中间件的作用只是解决两个不同应用系统之间的信息传输问题，它是实现应用集成的一个基本工具，单独的中间件技术不能实现政府的应用集成和数据交换。

8. *应用集成技术*

（1）应用集成的概念。

随着信息化建设的不断深入，信息系统之间的信息共享已越来越受到重视。在如何达到信息交换与共享，提高政府部门协同能力的问题上，应用集成技术成为当今信息化建设的一种重要手段与技术基础。

不同部门之间的信息共享和交换传统方法是“点—点”的连接方法，开发特定的连接程序将不同的系统连接起来。连接程序开发的多少与连接系统的种类和接入的点数有关。当有新的系统加入，新的连接程序需要开发，随着连接的增加，连接越来越复杂，这就使连接成为信息流的瓶颈，也给信息系统的维护带来极大的压力。传统的应用系统集成模式如图 9－7 所示：

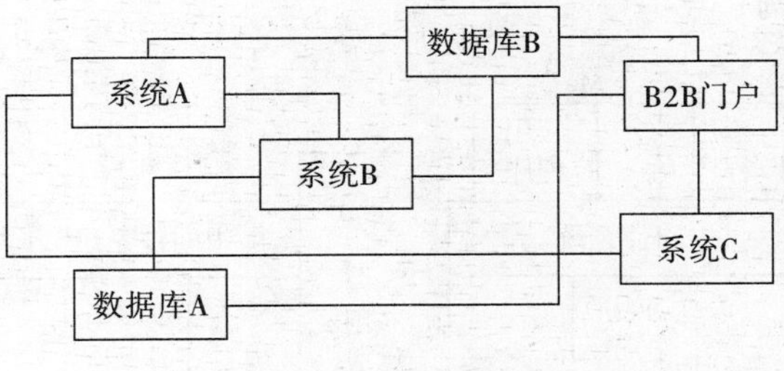

图 9－7 传统的应用系统集成模式

为解决传统的集成问题，企业或政府部门利用中间件作为信息的中介来连接不同的应用系统。中间件大大地减低了系统体系结构的复杂性，因为每个新的信息系统提供商只要按照相同的中心接口编写程序，该系统即可通过网络与其他系统建立连接。因此，随着新应用系统的引进，只要根据中间件定义的接口编写连接程序，中间件即可将不同的系统连接起来，使新系统可与其他系统之间进行信息交换。中间件系统改善了集成的环境，提高了集成的效率。基于中间件的应用系统集成模式如图 9 -8 所示：

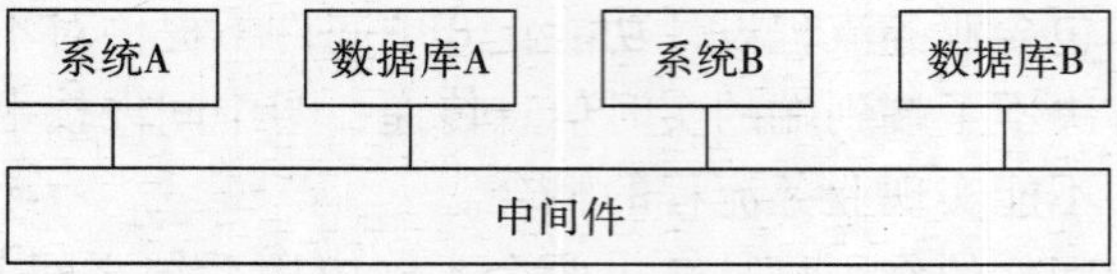

图 9 -8　基于中间件的应用系统集成模式

基于传统的中间件的解决方案也有其局限性，虽然提供了有效的通信方式，但它不能自动地适应接口的变化；而且，每种中间件都有各自的适应范围，并非包治百病。因此，需要应用集成的技术将现有应用系统和各种数据资源作为基础部件，通过工具生成应用程序到应用程序、应用程序到系统部件、系统部件到中间件的连接组件。

应用集成的核心是一组开发工具，它可以生成用于连接不同应用系统的组件，通过这些组件对应用系统进行再构造，从而形成一个更强大的系统。

应用集成的一个作用是可以将不同的系统连接起来。在实际应用中，由于开发阶段的不同形成了不同的应用系统，它们具有各自的体系结构和时代特征，还可能使用了不同的中间件，应用集成技术可以将这些系统通过连接组件连接起来，形成更加完整的系统。使用应用集成技术以后形成的应用系统一般具有如图 9 -9 所示的架构：

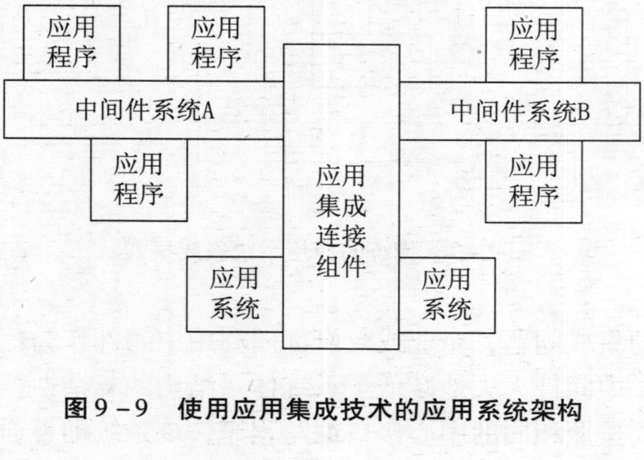

图 9 -9　使用应用集成技术的应用系统架构

（2）应用集成组件的结构。

应用集成系统由以下几部分组成：开发套件、运行平台和应用集成连接组件。

应用集成系统的开发套件有两个功能：开发应用集成连接组件和部署应用集成连接组件。开发套件通过其中的工具分别对连接组件的输入、输出端、对应关系和处理要求进行描述，开发组件根据这些描述，运用已有的基本模板，生成专用的应用集成连接组件，并通过部署工具将应用连接组件部署到运行平台。

运行平台是应用连接组件的基础，对组件的运行进行协调和监控，包括对运行框架进行解释，运行情况的记录和显示、异常情况处理等。

应用集成连接组件是整个应用集成系统的关键部分，它的作用是连接系统中已有的部件，构成一个新的整体，强化整个应用系统的特性。其结构如图 9－10 所示：

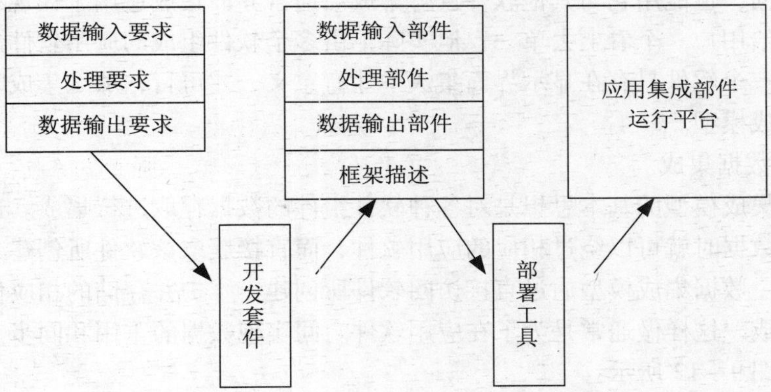

图 9－10 应用集成组件的结构

（3）界面集成。

界面集成模型是集成最简单的方式之一。在这种模型中，一般使用软件用户界面来实现对多种软件的集成。典型情况下，集成的结果是形成一个新的、统一的显示界面。新的界面看起来好像是单一应用程序，但实际上可能调用几个遗留应用程序。集成逻辑将现有的显示界面作为集成点来指导用户进行互动操作，并在操作与相应软件之间进行通信，然后再把不同的软件部件产生的结果综合起来。界面集成模型如图 9－11 所示：

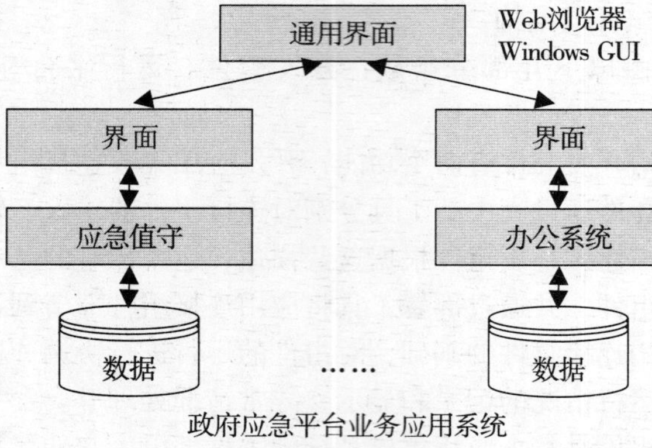

图 9－11　界面集成模型

界面集成模型通过遗留软件的现有表示层来集成新的软件。通常用来创建一个新的用户界面，也能用它与其他软件进行集成。通常界面集成适用于在现有的基础上，提供给用户一个看上去单一，但实际上由多个软件组成的应用软件。

如果一个软件只有在显示界面集成中才有意义、才可行，那么集成时就应使用界面集成模型。

（4）数据集成。

数据集成模型的基本思想是对各种软件组件的数据存取进行集成。这样，用户在存取数据时就可以绕过相应的应用软件，而直接获取该软件所创建并存储的相应信息。数据集成模型通过直接访问软件所创建、维护并存储的相应信息来实现软件集成，这样做通常是为了在应用软件之间实现数据的重用和同步。数据集成模型如图 9－12 所示：

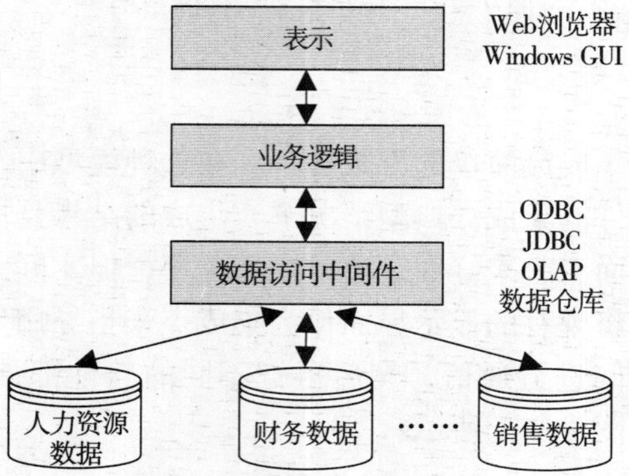

图 9－12　数据集成模型

数据集成一般适用于以下几种情形：①从多信息源综合数据来进行分析和决策。②向多个应用软件提供某公共信息源的只读访问权限。例如，创建一个有完整用户信息的数据库，如营销数据中心，并运行多个数据挖掘或统计软件访问该数据库的情况。③从一个数据源提取信息并转换为合适的格式，以此来更新另一数据源的信息。

（5）功能集成。

功能集成模型在代码级上实现软件集成，这可以在对象或过程级别上实现。如果软件使用应用编程接口（API），那么也可以用API来实现集成。用功能集成模型来实现软件集成的目的在于从其他新的或现有的软件中调用现有功能，这种集成可以通过软件接口来实现。功能集成模型如图9－13所示：

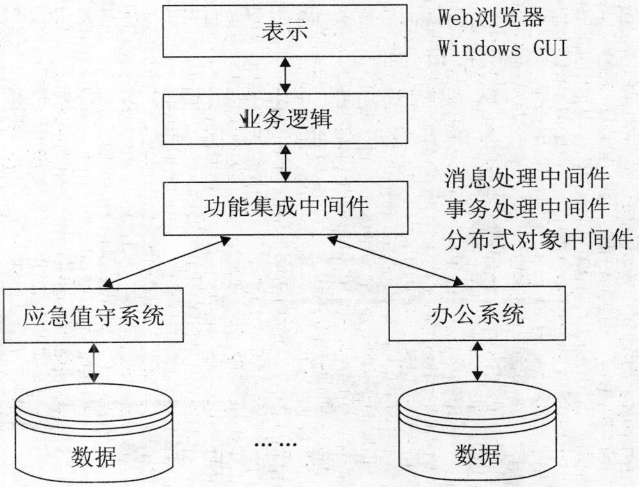

图9－13 功能集成模型

功能集成适用于：①要求新软件执行由其一个或一组程序管理的某种功能，这就要求在现有软件执行该功能的代码处进行集成；②在集成中暗含工作流的情况；③确保应用间的事务完整性；④软件功能的复用。

9. SOA设计架构

SOA（Service Oriented Architecture，面向服务的架构），是一种设计和实现企业应用程序的方法，这些应用程序处理那些通过定义良好的、与平台无关的接口约定来访问松散耦合的、粗粒度的（商业水平）、可重用部件（服务）的互通问题。

SOA 的最大优点是可以实现不同应用程序之间的业务逻辑调用和数据共享。

目前的企业应用系统多种多样，并且在不断地添加新的应用系统或升级原有的系统，在这个过程中，企业关注的是原来的投资能否受到保护，即原来的系统能否与新的系统实现数据共享，能否在保持原来系统的同时扩展其功能等。在以前，这个问题的回答往往是“否”，因为旧有的系统往往是由其他的软件开发商提供。由于技术封锁、数据加密、技术实现等原因，除非是同一家软件开发商，否则原有系统上百万条记录、上 G 容量的数据库对于新的系统来说都是一堆垃圾。

但是 SOA 可以改变这一现状，因为 SOA 技术就是为解决这类问题而诞生的，它使不同软件之间进行逻辑模块调用和数据交换成为可能。比如我们可以用 JavaEE 开发一套企业应用系统，将某些方法和业务逻辑开放出来，然后通过 VB、Delphi 或者 C#写一个应用程序直接调用开放的方法，从而可以扩展 JavaEE 功能或者为第三方系统提供接口。

就目前而言，实现 SOA 架构最好的，也是用得最多的技术是 Web Service。一般来说，Web Service 技术的开发过程如图 9－14 所示：

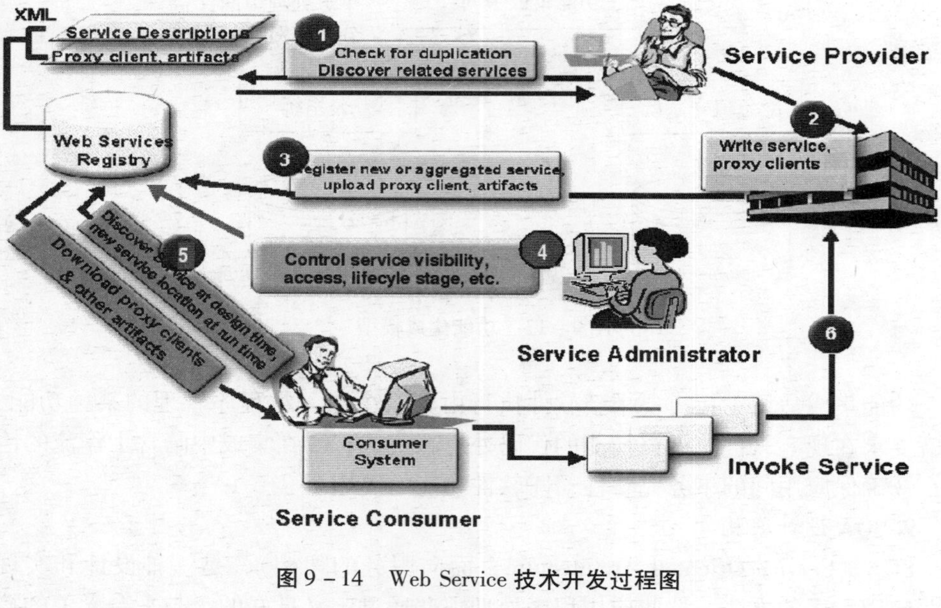

图 9－14　Web Service 技术开发过程图

图 9－14 描述了实现的 6 个步骤：①服务提供者检查现有的服务描述信息，看是否存在需要开发的服务；②如果没有，服务提供者开发新的服务；③服务提

供者注册服务，即向外部发布自己编写的服务；④第三方服务管理员（相当于中介机构）对发布的服务进行公开；⑤客户（接受服务者）检索自己需要的服务，并取得相应的接口描述信息（WSDL）；⑥客户调用服务。

上述过程可以如图 9－15 所示作更精简的描述：

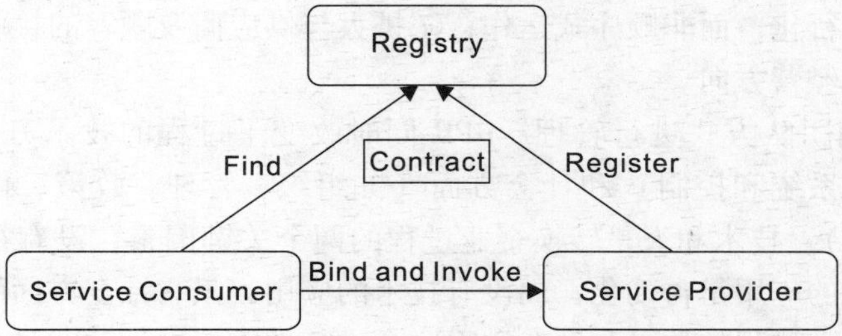

图 9－15　Web Service 技术开发过程简图

在综合业务系统中，已经将许多业务模块通过 Java Axis 组件以 Web Service 的形式公开，它们不仅是综合业务系统扩展工具的接口，也为第三方软件继承和发展综合业务系统与综合业务系统进行数据交换提供了途径。

系统体现了 SOA 设计架构，具有很高的扩展性和可重用性，能够方便利用 SOA 实现模块化调用，与其他系统整合集成，增加了服务的灵活性、重用性和集成性。

10. 业务流程重组（BPR）

BPR 的基本内涵就是以作业过程为中心，摆脱传统组织分工理论的束缚，提倡顾客导向、组织变通、员工授权及正确地运用信息技术，达到适应快速变动的环境的目的。该理论的核心是“过程”观点和“再造”观点。

（1）“过程（Process）”观点，即集成从订单到交货或提供服务的一连串作业活动，使其建立在“超职能”基础上，跨越不同职能与部门分界线，实现管理体制和作业过程重建。组成企业活动的要素是一件件业务、一项项作业，而非一个个部门。重新检查每一项作业活动，识别不具有价值增值的作业活动，将其剔除，并将所有具有价值增值的作业活动重新组合，优化作业过程，缩短交货周期。

（2）“再造（Reengineering）”观点，即打破旧有管理规范，再造新的管理程序，以回归原点和从头做起等零基新观念和思考方式，获取管理理论的重大突破和管理方式的革命性变化。“再造”要求摆脱现行系统，从零开始，展开功能分析，将企业系统所欲达到的理论功能逐一列出，再经过综合评价和统筹考虑筛选出最基本的、关键的功能并将其优化组合，形成企业新的运行系统。

(3) BPR 还具有以下原则要点：①企业组织应以作业过程而非职能部门为中心；②组织扁平化，适当授权，决策点置于工作进行之处；③控制机制建立在作业过程中，而非单独检验完成品；④所需信息完整地一次性获取，建立集约信息系统；⑤创造性地使用信息，革新过程，而非单独“改善”原有过程；⑥将各部门活动并行化，而非顺序式运作；⑦扩大与供应商及顾客的接触，以顾客需求来引导企业经营方向。

(4) 使用团队方式进行管理。BPR 同时改变了过程的技术方面（如技术、标准、程序、系统和控制）和社会方面（如组织、管理、政策、作业、职业途径和激励方式）。技术和人是转换企业过程的两个关键因素，没有社会方面的再造，只有技术的应用是自动化；而没有技术的应用，只有社会方面的再造，则是组织重整。只有过程的技术和社会方面联合进行的重新设计，才是 BPR。

11. 负载均衡

通过 Application Server 提供的功能，完成故障恢复保障，具有抗崩溃能力。

(1) 支持故障恢复。标准的 Application Server 完全保证用户的程序在一个高可靠的环境内运行。所有的 Application Server（应用服务器）将由一个 Adminisration Server（管理服务器）来监视管理，一旦由于一个特殊的原因（例如进程被杀掉）导致应用服务器停止，管理服务器将自动重新启动该应用服务器；同样，Administration Server（管理服务器）由一个“Nanny（保姆）”进程管理，该“保姆”进程一旦检测到管理服务器停止也将自动重新启动它。这样 WebSphere 从体系结构上就最大限度地保证服务器程序的可靠稳定运行。如图 9－16 所示为其容错机制示意图：

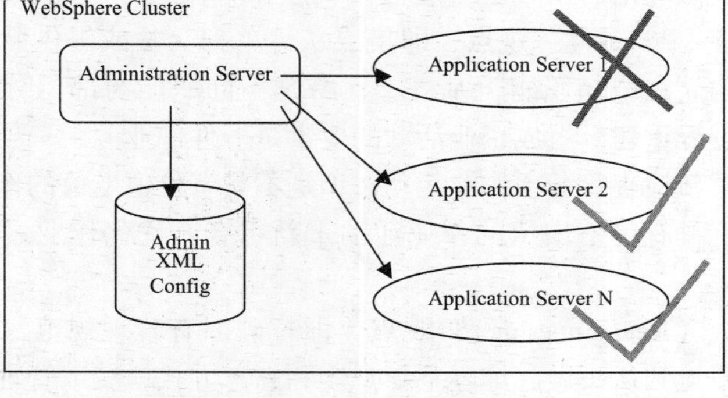

图 9－16 Application Server 的容错机制

（2）自动监测系统负载，自动对系统可用资源进行调整和分配。通过内置负载平衡组件、高速缓存和，提供可以确保不会出现宕机的机制。具体方式如图9－17所示。这些组件使用开放的标准，能够使其服务的应用程序、服务器和主机运行在同一或不同的能够支持TCP/IP的平台上。

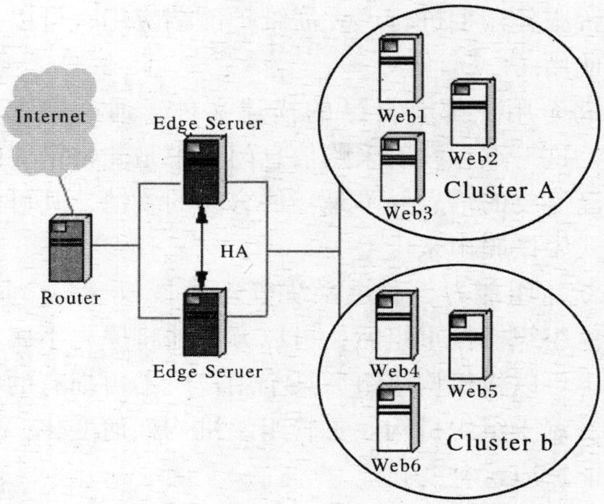

图9－17　负载均衡的资源自动调整示意图

（3）双机容错。两台主机在各自独立工作的同时，不断向对方发出监测信息，随时检查对方主机CPU、内存及其他硬件等各部分的工作状态。一旦发现对方主机出现诸如死机等故障，则按预定的处理方式（系统缺省方式或管理员设定方式）将对方的任务切换过来。因此可保证数据的完整性及可靠性，并保证业务的正常和不间断进行。工作机制如图9－18所示：

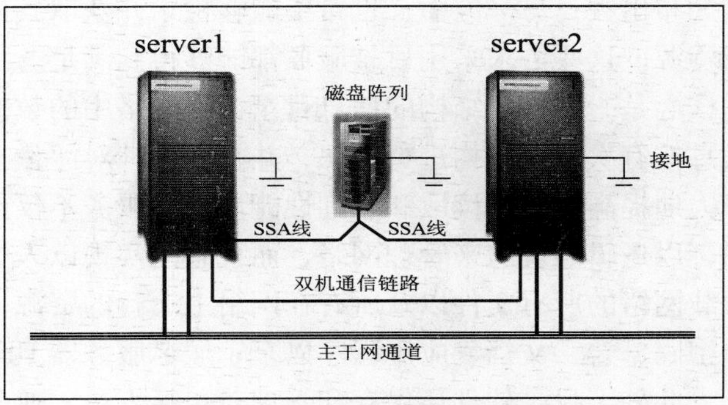

图9－18　双机容错拓扑图

12. 采用界面容器技术

系统采用先进的界面容器（portal）技术，使得整个系统的界面扩展方便、快捷，同时也规范了系统的界面规则，使得界面更加贴近用户。

具体而言，界面容器技术使系统具有如下优点：

(1) 单点登录。所有的用户通过单一的入口即网站访问他们需要的信息。系统维护只需在后台服务器上进行，无需维护前端应用，可以快速升级，降低维护费用，方便用户使用。

(2) 个性化。每个用户都有自己的描述文件，通过它来定义自己的角色，过滤出需要的信息。这一点在政府采购信息门户中是非常重要的，因为在浩如烟海的数据中寻找自己需要的信息并不是一件容易的事情，其可以帮助用户从信息系统分块建设的方式中摆脱出来。

(3) 灵活的系统重组能力。通过系统管理员授权，一个用户可以获得他应该具有的系统权限。组织机构重组后，可以方便地将原先不属于某个用户的权限分配给这个用户，也可以将机构重组后某个用户所不再拥有的权限收回。也就是说，信息系统不再受制于组织机构。不管组织机构如何变化，只要业务过程没有变化，信息系统就能适应这种变化。

(4) 系统更加安全。用户对系统的操作权限受到限制，管理员可以根据组织机构的变化及时授予某用户的操作权限或回收权限。

(5) 在不同地点直接访问。用户可以通过 Internet 访问 Web 网站，登录进入相应的 Web 页面，完成业务处理。这为经常出差的员工带来了极大的便利。

13. 采用目录技术

目录服务是在分布式计算机环境中，定位和标识用户以及可用的各网络元素和网络资源，并提供搜索功能和权限管理功能的服务机制。政府部门为了实现各个分立的“信息孤岛”走向联通和融合，一方面，政务系统需要将自身的职能和业务协作要求公布出去；另一方面，也希望能够检索并获取其他政务系统的信息和公共的信息资源。这些需求采用目录服务都能够得到满足。

目录服务的核心是一个树状结构的信息目录，将网络中的数据资源、数据处理资源和用户信息按有次序的结构进行组织，并且专门针对海量查询的使用情况进行了优化，极大地提高了数据读取和查询性能。目录服务不仅可以提供分布式计算网络的视图，以逻辑的观念来管理网络，而且它能实现以人为本的网络管理方式。它可以记载网络的所有文件以及所有在网络上运行的资源，以及使用者账号、身份口令、密码、卷、文档、应用程序以至于域名服务器 DHCP、IP 地址以及认证的公钥等。此外，目录软件还保存和管理对包括人员、业务过程和供内部使用的资源等有关公司和政府机构详细信息的访问。目录服务树中的一个目录对象可以通过它的名字检索，或者通过使用一组搜索标准（表示目录对象的名字和属性）检索。

14. 采用报表引擎技术

系统采用报表引擎技术，不仅使整个系统的报表同时支持 B/S 和 C/S 结构，也给系统提供全面、直观的报表，同时可以加快报表的开发速度。

三、应急值守业务管理

政府的应急管理业务系统，是围绕政府应急办的应急值守业务，以及信息汇总和综合协调职责来搭建的，旨在整合现有信息化系统、固化相关管理制度、加强部门间信息共享、信息流转网络化、信息采集职能下放、降低劳动强度、提高工作效率。建设政府应急管理业务系统，主要包括：应急值守管理子系统、应急资源管理子系统、指挥调度子系统、模拟演练等子系统。功能模块如图 9 – 19 所示：

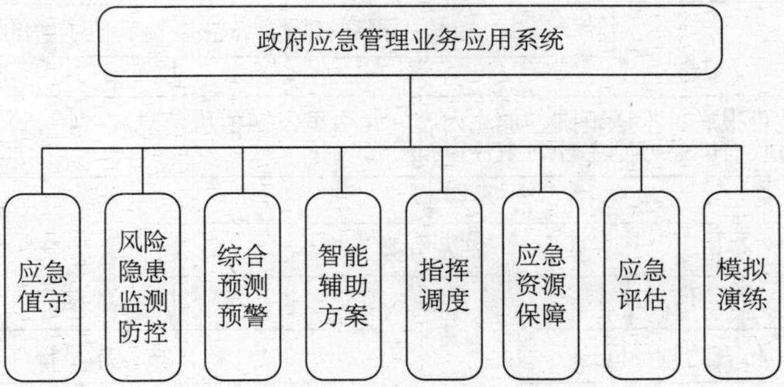

图 9 – 19　政府应急管理业务应用系统功能模块图

应急值守是目前政府应急管理的基本职能，实现突发公共事件信息的接报处理、跟踪反馈和情况综合等。根据政府关于突发事件的处置要求，在事发 2 小时内，通过地市级应急平台向省应急平台报送特别重大、重大突发公共事件信息，及时报送特别重大突发公共事件现场音视频数据，并向省有关单位汇报。特别重大突发公共事件信息和现场音视频数据也可直接向国务院应急平台报送。

目前，开展面向公众的城市紧急信息报送平台整合工作，建立“信息统一接报、分类分级处理”的工作机制，确保各职能单位之间快速反应、协同应对，是政府应急管理工作的当务之急。政府突发事件信息处理流程如图 9 – 20 所示：

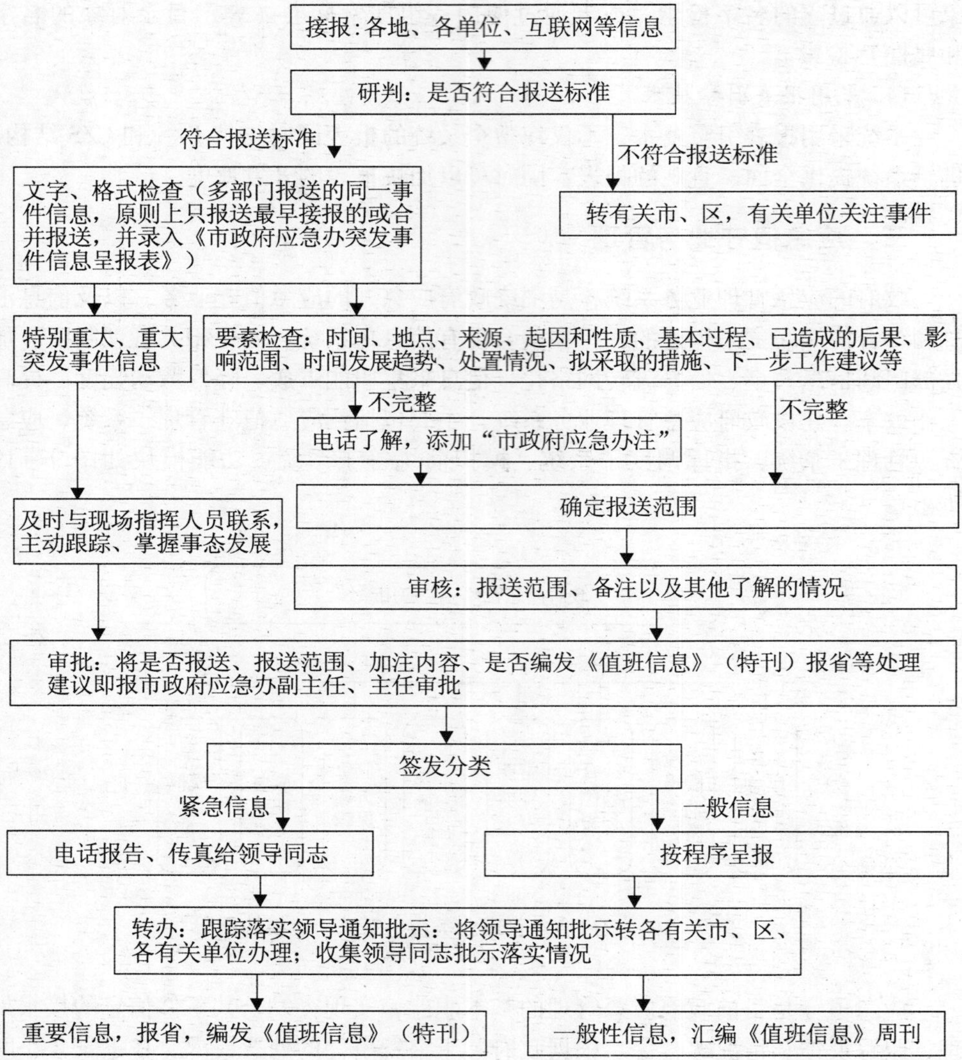

图 9－20 政府突发事件信息处置流程

应急值守的主要功能包括：信息接收、汇总审核、接收续报、响应指示、协调调度、灾后汇总等。具体功能要求：

（1）值班业务管理包括值班管理、通信录管理、文电公文管理、电话录音管理和传真管理等。

（2）信息接报包括信息接收、汇总审核、接收续报、响应指示、协调调度、灾后汇总等。

（3）与GIS系统的集成，可在GIS系统标绘事件发生的相关区域位置和相关信息。

（4）事件管理包括对应急事件进行分类、分级管理，实现查询、汇总统计等功能。

（5）预案管理包括对各级各类预案进行分类、分级管理，实现调用、预览、查询等功能。

（6）报表管理包括生成和管理各类报表。

（7）信息发布包括向应急相关机构和人员以及社会公众发布比对审批的突发公共事件预警信息、事件信息、处置信息、公众防范信息、公众培训信息等。

（8）数据管理与维护，系统监控与运行管理。

为确保响应的及时性，在系统的性能上也有要求，包括：

（1）值班系统实现与电话调度系统连接并协同工作。

（2）事件接报处理速度不低于1 000条/秒。

（3）至少可实现5个事件的并行置。

（4）信息接报系统适用于四市三区各级应用平台。

（5）完成分析后，报表生成速度不低于300条/秒。

四、风险隐患监测防控

负责全市范围内的防护、重大危险源、关键基础设施等监控目标的动态监控，掌握监控目标的空间颁布和运行状况信息，实现政府监测数据的接入和上报以及隐患分析和风险评估。具体的功能要求实现有关市、有关单位监测信息和风险分析信息的汇集，接入防护目标、危险源、关键基础设施等监控数据，并可对相关信息进行查询或筛选，对其中一些数据进行特征识别，研判信息内涵或其标志的状态进行风险评估分析。

在系统性能上还要求能实现数据图像在GIS地图上的叠加显示，有关单位风险隐患监测数据接入时间少于1分钟，能自动生成风险评估分析报告。

五、预测预警

在相关单位预测预警的基础上，进行突发公共事件的综合预警和衍生灾害后果分析，实现突发公共事件的早期预警、趋势预测。结合事件进展情况，对事件影响范围、影响方式、持续时间和危害程度等后果进行综合研判。系统功能要求具备信息获取和汇总、模拟预测和综合研判、预警分级核定等能力。预警结果输出、模型管理、预警信息管理、预警分析指标管理功能，具体包括：

（1）获取事件的预测预警信息，并进行汇总分析。

（2）在对事件信息进行分析的基础上，调用有关突发公共事件预测预警模型，进行模拟预测和综合研判，并将结果进行二、三维可视化。

（3）根据事件信息汇总分析、模拟预测和综合研判结果，比对分级指标，确定事件目前预警级别，必要时可对分级进行调整。

（4）对预警分级指标（标准）进行管理维护。

除了功能上的保障，性能上也有专门的响应指标要求，要求有关单位预警信息报送至地市级应急平台后，在 20 分钟内实现预警信息的综合预测预警；综合研判来自至少两个部门应急平台的预警信息，以模拟仿真技术实现预警信息的多维可视化展现。

六、智能辅助方案

根据有关应急预案，利用对突发公共事件的研判结果，结合应急组织体系、工作流程和应急保障力量，通过对有关法律法规、政策、安全技术要求以及处理类似事件的案例等进行智能检索和分析，并咨询专家意见，提供应对突发公共事件的指导流程和辅助决策方案。根据应急过程不同阶段处置效果的反馈，实现对辅助决策方案的动态调整和优化。智能辅助方案系统包括应急预案数字化过程、方案生成、方案调整和方案查询与方案要素配置。具体的系统功能要求：

（1）预案数字化。完成应急预案数字化，包括数字预案内容以及预案涉及的救援机构、救援队伍、装备设施、医疗急救、现场警戒等应急资源等信息的智能检索。

（2）方案生成。根据事件接报和周边信息、专业单位的预测分析和综合预测分析的结果，与事件相关的应急预案、类似案例以及处置经验和知识，可供利用的应急处理力量和资源等信息，生成实施方案。

（3）方案调整。根据事件现场反馈的信息、新的预测分析结果等，对已经生成的方案进行实时动态调整。

（4）方案查询与方案要素配置。包括对已生成的智能辅助方案的查询、分析、统计以及对方案生成和调整中所用到的方案内容要素、方案比对分析要素的管理和维护功能。

此外，在性能方面对系统的响应也有要求，在突发公共事件过程的前、中、后期等阶段能自动生成多种智能辅助方案。预案匹配调用时间小于 10 分钟，预案流程提取时间小于 10 秒，决策模型运行时间小于 10 分钟，辅助方案生成时间小于 5 分钟。

七、指挥调度

指挥调度系统辅助应急指挥人员有效部署可调度应急队伍、应急物资、应急装备等资源，实时或及时将突发公共事件发生发展情况和应急处置传递给相关人员，实现协调指挥、有序调度和有效监督，提高应急效率。具体的功能包括：

（1）实现情况接收、处理、综合展示，信息发布。

（2）部署高度应急队伍、物资、装备等应急资源。

（3）实现任务分布，计划跟踪，方案推演，命令生成，执行反馈，过程监督，效果评估。

性能方面，则要求可实现5个以上单位并行调度无明显延迟感；实现指挥调度方案的网络发布接收方不少于50个单位；单个事件指挥调度记录可支持10万条。

八、应急保障

应急保障系统要求实现对人力、物力、财力、医疗卫生、交通运输、通信保障等资源的管理，包括资源监控（应急资源跟踪反馈、应急资源颁布、应急资源状态等）以及资源储备、配置、调度和编码管理等。其中，应急物资或资源的信息编码、目录汇编应按国家统一的标准和要求进行。

性能上要求支持下属各区、市、街道等各级政府以及政府各专业部门的应急资源数据更新，更新时间间隔最小可设置为每10秒更新一次。

九、应急评估

自动记录事件的应对过程，根据有关评价指标，对应急过程和应急能力进行综合评估。应急评估系统包括应急过程再现、事件评估、应急能力评估、评估指标管理、评估模型管理。实现对应急过程的环节再现，对整个应急过程综合评估、对比分析，对评估结果进行统计分析，对应急队伍、应急物资、应急装备和应急技术进行综合评估并生成应急能力评估报告。

性能方面，要求对应急管理的每个阶段生成评估报告，评估时间一般不多于1分钟，评估的精度满足应急管理需要。

十、模拟演练

可以进行应急处置模拟推演，对各类突发公共事件场景进行仿真模拟，进行网络模拟演练。具体功能要求包括：

（1）进行人员分组、人员分配、流程配置、环境配置，制订模拟演练计划。

（2）将演练方案分发到各个所辖机构，并将参演机构制订好的计划汇总形成模拟演练报告。

（3）根据模拟计划准备事件信息、演练场景等数据，根据各类信息快速构建二、三维模拟场景。

（4）监控整个模拟演练过程，调整演练流程，记录整个模拟演练过程，可在演练结束后进行回放。

（5）评估演练效果，形成演练评估报告。性能上，要求对各类突发公共事件进行模拟演练，实现基于虚拟现实技术的模拟演练软件系统，三维场景初始化时间服务器端不大于5分钟；客户端初始化时间不大于30秒；三维场景画面不低于25帧/秒。

第三节 应急资源数据中心

在遵循国家、省应急平台信息化标准体系的基础上，在尊重知识产权的前提下，从应急宣传教育、风险分析、信息报告、监测监控、预测预警、综合研判、辅助决策、综合协调与总结评估等角度出发，对现有信息资源深入分析、有效整合，构建“1”个覆盖全市的统一的应急平台数据中心，包括基础信息数据库、人口信息库、空间信息数据库、预案库、应急工作联络网、救援队伍库、救援物资库、专家库、法规库、事件信息数据库、模型库、知识库、案例库和文档库等主题库。

应急资源数据中心的建设，不能与政府常规的数据交换中心的建设相脱离，两者应该实现数据的互联互通，在遵循国家统一的电子政务信息资源交换和共享标准体系下，在网络基础和信息来源方面实现共享，在具体的数据应用方面则根据各自业务应用的不同各自分别设立。重复建设既会造成资源浪费，又会给基层工作人员带来双倍的工作负担，从而直接影响工作的实际成效。

一、功能要求

应急资源数据中心，是通过抽取和整合政府各个职能部门的业务系统的基础数据，在此基础上构建政府统一的应急指挥平台的资源库，为应急管理、应急响应和指挥决策提供全面而及时的数据支撑。

应急资源数据中心是依托政府已有的基础数据库进行建设，主要包括人口数据库、法人数据库、基础地理数据库、宏观经济数据库等专题数据库，集中存储了包括公安、民政、国土资源、水利、卫生、环保、林业、安全监管、地震、气象等单位的有关基础数据。专题数据库与国务院、省应急平台的数据库保持一致，数据内容完整，确保应急业务应用系统的正常运行。

政府应急平台通过数据共享与交换系统和省应急平台、兄弟地市级应急平台进行数据交换，根据权限获取共享数据。通过数据共享与交换系统与下辖各区市县和各专业部门的应急平台进行数据交换，下辖各区市县和专业部门应急平台根据权限获取共享数据。同时，通过文件交换等方式获取建立应急平台的有关单位数据，下辖各区市县和专业部门及时对提供的共享数据进行更新与维护。

具体功能要求如下：

（1）电子政务数据交换中心的信息资源：除了有数据中心的那些信息资源外，考虑到各职能部门之间的信息连接与交换，必须严格定义电子政务元数据库并向全网开放，否则将造成机构间的数据交换无法实现。此外，数据分类、代码和指标体系表在数据交换和共享中尤其重要。

（2）数据采集、比对和整合：通过数据中心采集各部门的资源数据，然后对这些数据进行比对，在各部门的数据之间建立起关联，同时整合到资源库中以供各应急指挥信息系统和各部门使用。

（3）资源检索与查看：包括信息资源检索、信息资源浏览、信息资源下载、在线观看等功能。

（4）资源分析：为应急处置工作提供资源分析支持。

（5）信息资源审核发布：包括信息资源的详细审核、批量审核、多次延期审核等功能；对于审核通过的资源，系统实现各种媒体类型的非结构数据动态网上发布，并可以进行实时动态更新。

（6）数据备份：具备资源数据备份功能，对各资源数据进行统一/独立、定期/不定期的备份。

（7）数据导入导出：提供资源数据导入、导出功能，便于数据交互。

（8）日志管理：可追踪记录用户的每一个操作，日志数据保存在日志数据库中，日志具有不可抵赖性。

二、表结构设计标准

1. 表说明

表说明用于描述该表的用途和主要内容等。

2. 表名

表名即每个表的名称，具有唯一性。表名按＊＊＊_ TABLEDEF 格式，其中前半部分“＊＊＊”为固定长度的 3 个字母，代表每个表所对应的数据库；后半部分“TABLEDEF”的字符长度不等，表示每个表的含义简称；中间“_”

符合连接。表名的前半部分3个字母的含义如下：①BAS：基础信息数据库；②GIS：地理信息数据库；③PLA：预案库；④WOR：工作网络数据库；⑤TEA：救援队伍数据库；⑥MAT：应急物资数据库；⑦EXP：专家数据库；⑧RUL：法规库；⑨CAS：案例库；⑩KNO：知识库；⑪EVN：事件信息数据库；⑫MOD：模型库；⑬DOC：文档库。

地理信息数据库的图层单独命名。

3. 字段描述

本规范中数据表的字段描述信息包括：序号、字段名称、字段类型、字段长度、可否空、主键和说明等。

（1）“序号”表示各字段的顺序号；

（2）“字段名称”用于说明本字段的中文名称；

（3）“字段类型”用于说明本字段的数据类型；

（4）“字段长度”用于说明本字段存储所占用的空间位置长度。如果字段是浮点数值类型，则说明小数位数；

（5）“可否空”用于说明本字段是否可为空，不能为空填“否”；

（6）“主键”说明本字段是否是主键；

（7）“说明”用于补充说明本字段的其他信息。

4. 数据类型和要求

本规范中使用了字符型、数值型、日期型、日期时间型、二进制型5种数据类型：

（1）字符型。字符型用于描述字符在数据库中的存储，由字母、数字、空格、符号、汉字和标点等组成，它所描述的数据不能进行一般意义上的数学计算，只有描述意义。

（2）数值型。数值型用于描述整数和浮点数，用M（〔，N〕）标识，其中M为所有数字的长度，N为小数点后数字的长度，〔，N〕为可选项。

（3）日期型。日期型用于描述与日期有关的数据字段，如专家的生日等。

（4）日期时间型。日期时间型用于描述与时间有关的数据字段，如突发事件的发生时间等。

（5）二进制型。二进制型用于描述二进制数据在数据库中的存储，包括文本、图片、视频等。

5. 基本数据和扩展数据

重点防护目标、重大危险源、避护场所、应急装备等各自有不同的类型，基本数据指不同类型的公共数据，扩展数据指不同类型的特有数据。如重点防护目标包括学校、银行、标志性建筑物、地质公园等类型，基本数据指学校、银行、标志性建筑物、地质公园等不同类型重点防护目标公共的数据，包括名称、地址、负责人、联系人等，其中学校的扩展数据包括学生人数、教职工人数、学校操场面积、校舍建筑面积、抗震设防烈度等。

6. 专题信息

对于公安、民政、国土资源、水利、卫生、统计、地震、气象等专题信息，如水利的河流、湖泊、水利工程出险情况等，分别定义了各类专题信息的内容要求。

三、数据库管理性能要求

支持 ANSI/ISO SQL99 标准，多语言数据库，中文及 Unicode 编码；支持集群系统。

具有与主流 GIS 平台的良好接口，支持企业级的 JAVA 处理引擎，支持 ODBC、JDBC 等应用程序访问接口。

达到 C2 或以上级别安全标准、多级安全控制，提供在线备份及恢复功能。

四、基础信息数据库

应急平台常用的基础性数据包括应急资源信息、危险源信息、防护目标信息及专题信息四大类：应急资源信息，包括应急指挥管理机构、应急人力资源、应急财力资源、应急物资设备、应急通信资源、应急运输资源、应急医疗资源、应急避难场所等；危险源信息，包括危险源名称、危险源描述、危险品类别、危险等级、所在位置、所属单位、安全责任人、联系电话、影响范围、可能灾害形式等；防护目标，包括政府重要部门、骨干管网、核设施、战略物资储备基地、港口等；专题信息，包括人口统计信息、经济统计信息、安全分区信息、地震地质信息、气象水文信息、土地信息、主要森林信息等。与地理位置紧密相关的基础信息数据，应采用与省应急平台统一的地理编码、坐标系统、分类编码等，与地理信息进行整合。

1. 空间信息数据库

由于应急指挥与地理条件密切相关，市应急指挥信息系统需采用 GIS 作为系统的支撑平台，这样对系统的多项应用有着事半功倍的作用，使事件分析、资源规划、决策支持、资源调度、监控和预警服务直观可视。

通常都是由政府的国土局、规划局进行本地区地理信息系统的建设，但由于坐标系、精度不同，不能实现资源共享；此外，交通局、水利局、公安局、供电局、供水公司、林业局、人防办、三防办等部门都有建设 GIS 地理信息系统的需求。为此，建议由政府统一规划建设，既可以提高整体的 GIS 系统精度和质量，同时又能节省经费，实现资源共享。

空间信息数据存储基础地理信息，是其他各种信息的载体和定位框架。包括地理信息中的地貌、水系、植被，社会地理信息中的居民地、道路、境界、特殊地物、地名等，以及相关的描述性元数据。充分利用政府基础地理数据库，实现业务信息的共享和服务。

基础地理信息的种类有数据线划图（DLG）、数字正射影像数据（DOM）、数据高程模型数据（DEM）、地名数据以及主要路网管网、避难场所分布图和风险图等内容。其中：

（1）DLG 数据：全市 1∶25 万，1∶5 万，1∶1 万，1∶2 000 比例尺，重点城区 1∶1 000 或 1∶500 比例尺；

（2）DEM 数据：本地区 1∶5 万以及 1∶1 万比例尺；

（3）航空航天影像数据：可存储高分辨率（如 10m/2.5m/1m/0.61m 等）的航空航天影像；

（4）地名数据库：1∶5 万比例尺。

主要引用标准包括：

（1）《数字地形图系列和基本要求》（GB/T 18315—2001）；

（2）《地形数据库与地名数据库接口技术规程》（GB/T 17797—1999）；

（3）《基础地理信息要素分类与代码》（GB/T 13923—1992）；

（4）《地理信息元数据》（GB/T 19710—2005）。

2. 预案库

预案库主要存储政府总体应急预案、专项应急预案、部门应急预案、下辖区县级以上单位的总体应急预案、大型活动应急预案、市直单位应急预案、大型企业应急预案等。预案库设计与省相一致，与各级应急平台预案库相对接，形成一个完整的系统。

预案库采用知识库管理技术实现预案的数字化，能够实现共享。同时数字预案综合集成与预案有关的地理信息、应急相关信息、模拟预测模型、应急业务流程等，根据不同突发公共事件的特点和对应的文本预案，进行预案的结构化存储和管理，生成数字预案。

政府应急预案体系构成如图 9－21 所示：

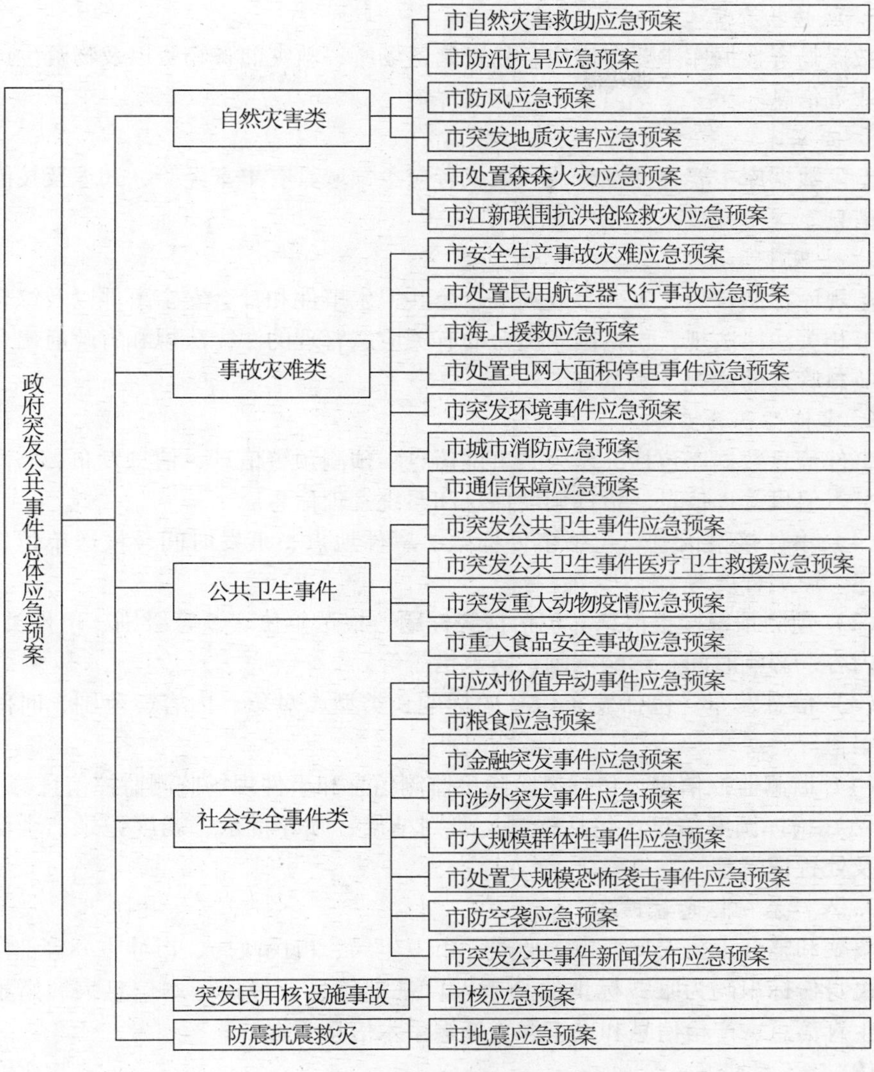

图 9－21　政府应急预案体系构成图

3. 应急工作联络网

应急工作联络网主要存储政府、下辖区市、县级以上应急管理领导机构、办事机构、工作机构等的相关信息。

4. 救援队伍库

救援队伍数据库主要存储各级、各专业领域的救援队伍，企业救援队伍，社会志愿者以及应急时可以动用的武警等的信息。

5. 救援物资库

救援物资数据库主要存储应急物资储备场所、救灾储备物资以及物资生产供应企业等信息。

6. 专家库

专家数据库主要存储在专业领域或者应急领域具有丰富经验、知识及技能的专家信息。

7. 法规库

法规库存储自然灾害、事故灾难、公共卫生事件和社会安全事件以及综合管理类等相关法律法规，包括国家出台的有关应急管理的法律法规和省政府出台的相关应急管理的法规、规章等。

8. 事件信息数据库

事件信息数据库包括突发公共事件信息、预测预警信息、信息发布、监测监控信息、值班管理信息、指挥调度信息和系统管理信息。

（1）事件接报信息。包括事件标题、事件地点、事发时间、报送单位、事件描述、影响程度等。

（2）预测预警接报信息。包括预警标题、报送单位、预警级别、事件类型、预警内容、影响时间、影响范围、防范措施等。

（3）信息发布。包括发布信息的标题、类型、对象、内容、范围、时间和发布渠道等。

（4）监测监控信息。包括风险隐患监测信息和事件现场监测监控信息等。

（5）指挥调度信息。包括标题、研判结果、领导批示、调度记录、会商记录以及处置记录等。

9. 人口基础信息数据库

集聚和整合市公安局、市工商局、市卫生局、市民政局、市计生办等部门的以居民身份标识码为唯一标识的全市人口基础信息，包括基本信息表、婚姻信息、生育信息、产检信息和人工终止妊娠手术信息等。

10. 法人数据库

集聚和整合各部门管理系统中涉及法人的基础信息（如机构代码、机构名称、机构类型、经济行业、业务/经营范围、机构地址、法定代表人等字段以及机构变更、注销的相关信息），以机构代码为唯一标识，建成标识统一、结构科学、查询快捷、动态管理的法人基础信息数据库，实现各部门对法人基础信息的采集生成、利用。

11. 宏观经济信息库

宏观经济信息库是以经济社会指标的应用数据为管理基础、以国民经济和社会发展主要指标为内容的统计数据库，涵盖了国民经济、社会发展、科技教育、环境资源等方面的宏观情况。

其主要内容和功能，一是包括统计系统各专业每月、每季、每年定期的综合性统计资料，如全市历年国民经济和社会发展主要指标；二是包括分地区、分经济类型、分行业和分时期等多种分组的统计资料，如各类普查（经济普查、农业普查、人口普查）等重大国情国力调查的统计数据和各类抽样调查数据等；三是经过合理专业化加工处理，使指标结构贴近于分析应用，数据表格与多种图像相结合，为用户有效利用数据进行深加工提供便利。

数据库具备更新、维护功能，适时更新统计资料。

12. 模型库

模型库存储专业模型，包括各类突发公共事件信息识别模型、综合预测预警模型（衍生次生灾害预警模型、人群疏散避难模型）、智能研判模型、评估模型等。模型库包括模型实体和模型目录、模型元数据以及模型参数。

模型实体须按照统一的技术标准进行开发，可以运行或者以 Web Service 接口封装，独立运行的模型应具备标准的输入输出数据格式定义。

模型目录用于模型的管理，模型元数据包含描述模型的使用范围、限制条件和使用说明等主要属性，模型参数用于描述各种模型的接口方式和输入输出参数要求。

13. 知识库

知识库存储与应急有关的常识类信息、累积知识和策略知识等。常识类信息应包括应急相关的技术规范、常识和经验等；累积知识应包括工作中积淀、总结、提高形成的知识信息等；策略知识应包括应急知识分析、总结的手段方式的归纳等。

知识库应满足智能研判等要求；同时根据权限管理，向各级应急平台提供相关的知识库共享服务。

14. 案例库

案例库存储突发公共事件典型案例，包括案例基本信息和案例扩展信息以及与案例相关的图片、音视频等多媒体信息。案例库要根据权限管理，向各级应急平台提供相关的案例库共享服务。

15. 文档库

文档库主要存储现有的相关文件和应急平台中所产生的正式文档、公文，包括多媒体格式的文件等信息，与现有的电子公文格式保持一致和兼容。其文档资料的格式应与省应急平台文档库保持一致。

五、数据仓库

应急平台的事务处理数据存储在专题数据库中，数据仓库通过数据挖掘从应急平台专题数据库中抽取相关数据，实现辅助决策信息的海量存储和管理。

根据应急业务主题划分，整合政府各部门、县级应急平台专题数据库中的数据资源，在统一的模式下，对不同数据源的历史数据进行集成和集中存储，支持各级应急平台应急业务的联机分析、决策支持和综合业务信息的共享等。

1. 功能要求

数据仓库以多维数据模型组织数据，与省、地市、部门应急平台数据库的数据操作规范兼容。

根据分析和辅助决策所关心的主题，从市、县和部门应急平台数据源中有目标地选择和抽取，经过数据清洗、集成、转换，按多维数据模型组织数据的形式，加载到数据仓库中。

建立数据集市，从数据仓库中独立出区域级的数据视图和专题数据视图，以有效地支持区域性特定应用范围内的联机分析和决策支持。

数据仓库的前端用户操作界面，需要支持用户进行复杂的联机分析和即时查询；定量和定性分析的支持工具，需要针对具体业务应用进行定制和开发。

2. 运行环境

数据仓库的运行环境与应急平台数据库相分隔，具有独立的运行服务器和数据加工、存储的物理区域。

3. 性能要求

数据仓库满足 TB 级的数据存储容量；百万级数据记录的查询访问期间，支持以百位计量的用户联机分析，支持数据定量和定性分析；数据分析和查询具有高灵活性；达到 C^2 或以上安全标准、多级安全控制。

六、数据共享和交换系统

数据共享与交换系统是管理应急平台资源目录、支撑应急信息资源共享交换的基础系统，与省级政府以及政府各专业部门、县级应急平台共享交换节点共同组成政府统一的应急信息资源共享交换系统。

应急平台数据交换中心的建设一定要依托政府已经建成的“政府政务数据交换中心”。“政府政务数据交换中心”一般都实现了政府多个部门之间的数据共享和交换，通过数据比对整合建立了企业基础信息库、人口信息库、空间地理信息库、宏观经济信息库等专题数据库。应急平台的业务数据库，例如预案数据库、物资动态数据库、应急专家数据库、抢险救灾队伍库等资源库，完全可利用

"政府政务数据交换中心"作为市应急平台的信息交换平台和数据共享平台，这样不仅可以在网络硬件等基础设施上避免重复建设，节约投资，同时也可以加快应急资源库的建设。

政府与省应急平台数据共享与交换示意图如图 9－22 所示：

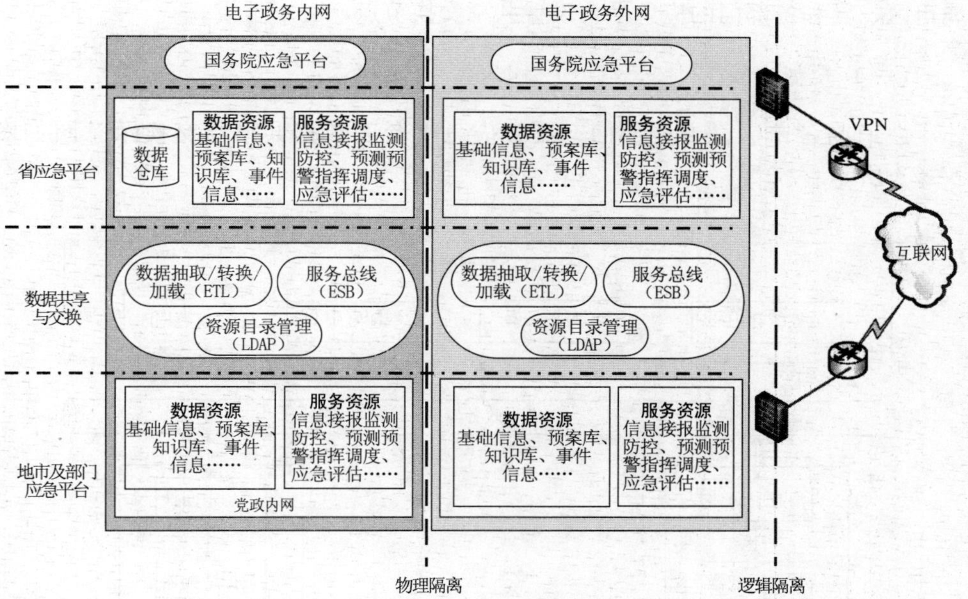

图 9－22　政府与省应急平台数据共享与交换系统示意图

与省应急平台的数据共享与交换，政府应急平台仅作为省应急平台的一个共享交换节点。通过党政内网部署共享与交换保密的数据资源和服务资源，通过应急管理信息系统外网部署共享与交换非保密的数据资源和服务资源。

各级应急平台遵循统一的数据交换与共享标准，共享和交换的数据应及时更新，保证数据的完整性和一致性。交换数据统一封装、统一表示，实现不同系统之间的数据共享与交换。数据共享与交换模式包括实时交换、定时交换、数据资源共享与服务资源共享。

实时交换：实时交换信息包括突发公共事件信息、监测监控信息、预测预警信息、指挥调度信息等。其特点为数据量小、交换频繁且要求实时交换。

定时交换：对于市各专业部门、县级应急平台中重大危险源、重要保护目标、应急保障和应急专题等数据资源，需要定时集中存储到地市级应急平台中。其特点是数据量大、更新周期较长，数据由各地、各有关单位提供更新维护。

数据资源共享：采用资源目录和应急服务总线实现各级应急平台以文件或数据库形式提供的资源共享。

服务资源共享：采用资源目录和应急服务总线实现各级应急平台以服务形式提供的资源共享。

政府数据共享与交换系统和应急数据资源目录由政府应急平台负责管理，下属市区、县和各部门的应急平台设置共享交换节点。

（一）数据交换

政府与各市区、专业部门、县级应急平台的数据共享与交换示意图如图 9－23 所示：

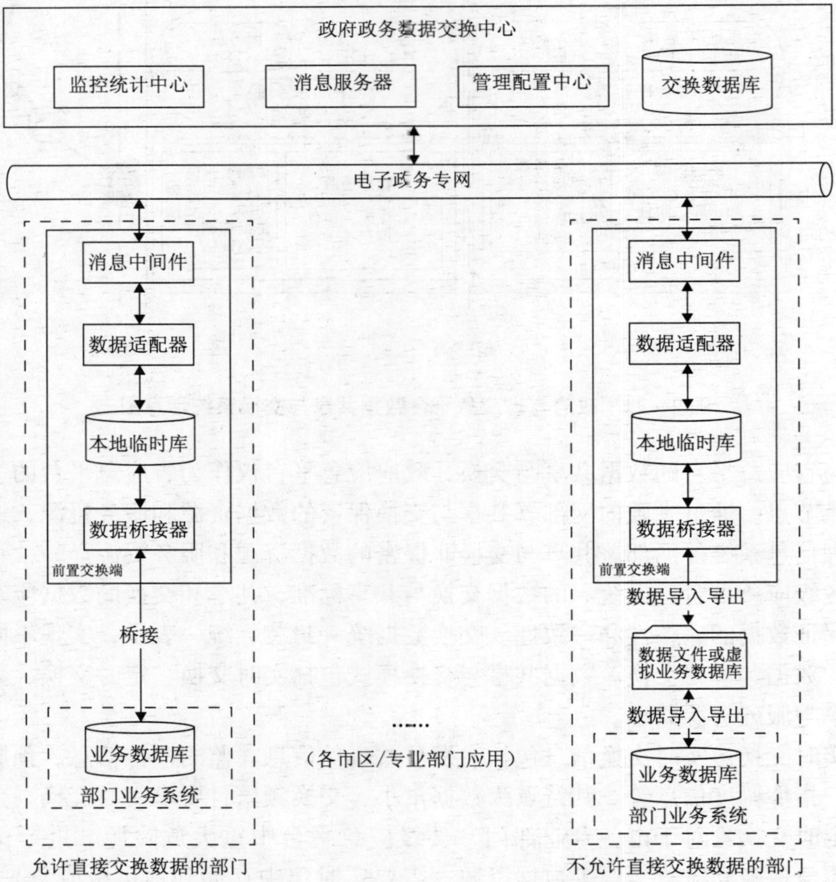

图 9－23　数据交换系统结构示意图

信息交换平台由数据交换中心及若干前置交换端组成。在传输信息时，数据交换中心及前置交换端都会使用安全授权系统提供的安全服务。

1. 数据交换中心

数据交换中心是信息交换平台的交换中枢。除硬件支撑平台、操作系统和数据库管理系统之外，数据交换中心软件主要包含消息服务器、管理配置中心、监控统计中心三个部分。其相应的功能有：

（1）消息服务器。交换系统的核心，系统在消息服务器上建立若干个消息队列作为数据传输的通道，实现信息的发布、订阅以及点对点的信息传递。

（2）管理配置中心。该模块是连接数据适配器和数据交换中心的纽带，实现信息的安全配置、信息目录的维护和消息的路由管理等功能。

（3）监控统计中心。该模块为用户提供系统的运行状况信息，包括访问系统的应用信息、数据传递的时间统计，系统的流量统计、日志等信息。

2. 前置交换端

前置交换系统是数据交换平台的重要协同部分，提供交换平台与各市区县和各部门业务系统之间的桥接功能。根据网络、安全、业务系统等情况的差异，配合数据交换中心，可以实现集中交换、分布交换和混合交换三种交换模式。前置交换端包含的组成部分包括：

（1）数据库管理系统。实现在前置交换端进行临时数据存储及管理（如 Oracle、IBM DB2、MS SQL Server、MySQL 等）。

（2）数据桥接器。用于连接前置交换端及其所在市区、专业部门的业务系统的软件，通过其可以接收到各市区、专业部门的相关数据，或者向该市区、专业部门发布数据。

（3）数据库适配器。数据适配器是将要交换数据的本地临时数据库挂接到数据交换平台上的连接软件。

前置交换端的主要功能包括：

（1）配置数据源。支持各种类型的数据库管理系统，并能实现与要挂接的数据透明连接，定义要交换的数据库对象。针对有的部门的业务数据库不允许与外部进行直接的数据交换，数据库适配器还可将 TXT、XML、EXCEL 等文件配置成数据源，实现数据的导入、导出。

（2）数据提取。从指定的数据库表中提取、组织数据自动生成 XML 文档数据或其他形式的标准数据格式。

（3）数据更新。将接收到的数据更新至临时数据库。

（4）消息中间件。用于与数据交换中心及其他前置交换端进行可靠数据传递的软件。

（5）数据传输。支持数据的异步、实时传输，将接受的消息发送到数据交换中心及从数据交换中心接收消息，并能保证数据的传送和接收的可靠性。

（6）数据校验。对发送和接收到的数据信息进行校验。

3. 数据交换软件的功能要求

数据交换软件具有数据加载、数据适配、数据传输、数据转换和路由、交换过程监控、平台配置管理、日志管理等功能。具体包括：

（1）数据加载。采用多种数据加载方式，推荐 XML 文件格式和数据库加载方式。

（2）数据适配。提供针对不同数据源数据的数据适配功能，包括文本、音频、视频等独立文件数据和异构数据库数据源等。

（3）数据传输。提供数据传输的通道，并为数据传输的完整性、安全性提供保证，提供对大数据传输的支持。

（4）数据转换与数据路由。提供配置数据转换规则及路由规则功能，可以根据用户的需求进行相应的定义。

（5）交换过程监控。支持对整个数据交换软件中的交换过程进行监控，以保证交换的完整执行同时在出现异常的情况下进行异常处理，保证数据交换的正确性。

（6）平台配置管理。为数据交换软件提供配置管理功能，包括交换通道的建立、交换策略的选择等。

4. 性能要求

（1）至少支持 50 个并发交换请求，超过 100 个在线交换请求/秒无故障运行；高处理速度，每个交换请求在系统内的平均响应时间少于 0.1 秒；

（2）具有良好的跨平台特性，具备高可靠性传输，自动错误处理和恢复机制，完善的日志和审计功能；

（3）数据交换简便快捷，支持多种数据库管理系统数据源交换，系统应易于扩展支持其他各种应用系统的变化。

5. 技术要求

（1）支持 XML 格式的数据交换，与国家应急管理信息系统数据交换的规范化标准相一致，采用 unicode 编码；

（2）支持基于 SOA 技术框架的耦合的信息交换体系，提供 Web Service 接口；

（3）支持点对点、发布/订阅、请求/应答等多种通信模式；支持同步/异步多种通信方式；提供数据加密功能，保证传输的安全性；支持 TCP、UDP 协议；

（4）空间数据交换应采用 GML 格式，遵守 OCC 规范与标准，主要采用

WMS、WFS。

（二）数据共享

应急数据共享通过应急信息资源和服务总线等技术实现，资源目录采用轻量级目录访问协议（LDAP）。政府应急平台体系按照统一的标准和规范，建设应急信息资源目录体系。根据应急平台的业务需求，对相关应急信息资源进行编目，生成应急信息资源目录；对共享信息资源的目录信息进行统一管理，提供应急信息资源的发布、发现和定位服务，以及应急信息资源目录的访问控制。应急平台体系资源目录框架如图 9－24 所示：

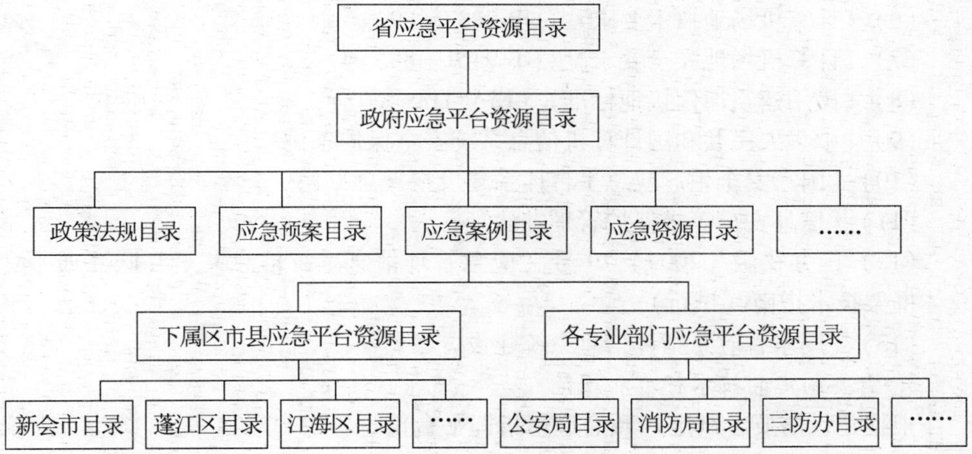

图 9－24 应急资源目录示意图

数据资源提供单位根据共享系统确定的应急信息资源目录体系结构及注册机制，在数据共享交换系统上进行目录内容注册，并负责以后的维护与更新工作。数据资源使用单位调用数据共享交换系统提供的目录服务，查找应急信息资源目录，定位目录内容相关联的应急信息资源，从相关系统中获得信息，从而实现信息共享。

1. 功能要求

地市级应急平台管理部门负责本单位应急信息资源的编目，按照业务需求对目录信息及功能进行扩充并满足管理需求；负责应急信息资源目录的注册、发布与维护，提供和更新有关应急信息资源；对获取的目录内容在授权范围内使用。

为有效建设政府应急指挥平台，应充分整合和利用现有的网络资源、专项应急指挥资源、应急管理信息系统和部门业务系统，实现资源共享。根据应急指挥平台建设的目标，充分利用国家、省和政府现有的技术标准和规范，制定和完善应急指挥平台相关的技术标准和规范，保证信息资源的共享与交换，以及未来应急指挥平台的不断完善。

2. 参考的技术标准和规范

(1)《民用建筑线缆标准》(EIA/TIA—568A)；

(2)《建筑设计防火规范》(GBJ 16—87)；

(3)《低压配电设计规范》(GB 50054—95)；

(4)《大楼通信综合布线系统》[YD/T926.1 (2) —1997]；

(5)《电子计算机机房设计规范》(GB 50174—93)；

(6)《计算机场地技术要求》(GB 2887—89)；

(7)《计算机场地安全要求》(GB 9361—88)；

(8)《民用建筑通信接地标准》(EIA/TIA—607)；

(9)《中华人民共和国计算机信息系统安全保护条例》；

(10)《国家安全生产应急平台体系建设指导意见》；

(11)《信息安全等级保护管理办法》；

(12) 国办秘函〔2004〕79 号《应急管理信息系统信息共享互联互通平台总体框架技术指南（试行)》；

(13)《广东省应急指挥信息系统建设方案》。

3. 需要制定的技术标准和规范

根据建设需要，制定《政府应急指挥平台信息资源目录体系》。该标准定义了政府应急指挥平台可以利用的信息资源，包括分类方法、元数据、编码规则、标识语言、数据格式。元数据是资源信息的最小单元。

信息资源目录是信息组织的一种方式。信息组织是对所采集的信息资源实施次序化的过程。它根据语法、语义和语用等规则对信息进行组织，以方便信息的检索。

信息资源目录可以借鉴图书目录的概念。目录是按次序编排以供查询的图书或篇章的名目，所谓图书目录，是揭示、识别和检索馆藏文献的工具。图书馆目录体系是指图书馆所确立的目录种类及其相互补充、相互联系的有机整体。

元数据是数据的数据（Metadata)，它从信息内容、载体形态、信息资源集合及其组织体系、管理与服务机制以及过程与系统等方面去描述信息资源的特征和属性。借助元数据，人们可以采集、组织、识别、定位、发现、评估和选择信息资源，简单高效地检索、交换、管理海量数字化信息资源。运用 XML 标识语言，通过元数据与分类表、主题词表的结合，可以方便地按应用需要组织信息资源分类目录、主题目录和其他目录，实现对数字资源的导航、检索、定位和交换服务。

信息资源目录体系也是管理信息资源，实现共享和服务的一种工具。通过规范的元数据与政务分类表和主题词表，运用 XML 标识语言以及资源描述框架 RDF，将信息资源进行嵌套组织，可以方便地根据应用需要按行业、部门、地域、应用主题和其他使用目的变换出信息资源的各种目录。借助目录系统，可以对信息资源进行识别、导航和定位，以支持公众方便、快捷地检索、获取和使用公开信息资源。

需要完善的技术标准和规范包括《政府政务数据共享与互联互通实施规范》(增加应急平台部分)、《政府政务数据共享规范与接口标准》(增加应急平台部分)。

4. 技术要求

资源目录接口用于应急信息资源目录的建立、查询和管理，目录查询服务提供对外统一的服务接口。资源目录接口支持 HTTP 实现方式。

5. 共享机制

根据政府、各专业部门、县应急平台的不同应用进行资源分类整合，制定并印发共享机制和管理办法。

（三）应急平台共享与交换节点

应急平台根据统一的数据交换与共享标准，将本地区交换或共享的业务数据转换并放置到前置机指定位置，实现应急平台间的数据共享与交换。政府应急交换平台向省应急平台提供以下数据：

（1）综合业务管理。提供事件接/续报信息，包括事件名称、事件地点、发生时间、报送单位，以及报送人姓名、联系电话、事件类型、事件等级、报送时间、事故起因、事件详细内容、前期处置、协调需求、请求支援、事件状态、附件等。

（2）风险隐患监测防控。提供本单位风险隐患监测的专业数据，包括收集到的实时监测数据和经统计分析汇总的监测数据。

（3）预测预警。提供本单位针对事件的预测预警分析结果等信息。

（4）指挥调度。提供本单位特别重大突发公共事件专业救援力量到位情况、方案执行效果和请求支援信息等。

（5）应急保障。提供本单位所负责的应急资源的分布和应急资源状态等信息。

（6）应急评估。提供本单位的专业评估结果。

（7）模拟演练。提供演练计划、演练方案、演练过程记录、演练评估结果。

第四节 应急指挥场所

应急指挥场所包括应急指挥厅、值班室、会商室、专家研讨室、领导休息区、候会区、设备间和机房，其应满足日常管理和同时处置两起以上突发公共事件应急的需要，提供7×24小时值守应急和指挥会商的基本条件。应急指挥场所应包括显示系统、供电系统、综合布线系统、灯光照明系统、音响系统、智能控制系统、安全保障系统等。

一、显示系统

1. 功能要求

应急指挥场所显示系统应能满足同时处理两起以上突发公共事件的显示要求。在应急指挥厅、值班室等应急指挥场所设置显示系统，应能接入和显示计算机、图像、视频会议、电视、录像设备等多种来源的信号，支持H.264等IP视频流的接入和显示，满足日常值班、指挥会商时的图像显示要求。

2. 性能要求

应急指挥厅显示系统应能满足同时显示32路视频会议信号，显示至少32路来源的计算面、图像和电视等多种信号。所有信号能以任意模式、位置和尺寸显示，并能独立控制和选择显示信号。

值班室显示系统应能满足同时显示8路视频会议信号，显示至少8路来源的计算面、图像和电视等多种信号，显示应急指挥厅的音视频信号，并能独立控制和显示信号。

会商室显示系统应能满足同时显示2路视频会议信号，显示至少2路来源的计算面、图像和电视等多种信号，显示应急指挥厅的音视频信号，并能独立控制和显示信号。

二、供电系统

1. 功能要求

供电系统包括供配电、UPS、备用发电机、接地、防雷措施等，满足以下要求：

供配电系统为一级负荷，采用双路供电；UPS备用电池供电时间不少于2小时，并要求根据各地实际情况，做好长时间断电的应急工作准备；大屏幕电源可不接入UPS；配电符合《低压配电设计规范》（GB 50054—1995）要求，实现三级防雷；接地满足要求。

2. 引用标准

(1)《建筑物防雷设计规范》(GB 50057—1994)；

(2)《电子计算机机房设计规范》(GB 50174—1993)；

(3)《电子计算机场地通用规范》(GB/T 2887—2000)。

三、综合布线

1. 功能要求

综合布线包括数据线路、语音线路、音视频线、控制线接等多种线缆，应符合《建筑与建筑群综合布线系统工程设计规范》要求。内网布线按照国家保密局《涉及国家秘密的计算机信息系统保密技术要求》执行。语音线路采用与数据网络相同的六类综合线。内外网系统单向输出的大屏幕和音箱等音视频设备共享使用。

2. 引用标准

(1)《建筑与建筑群综合布线系统工程设计规范》(GB/T 50311—2000)；

(2)《建筑与建筑群综合布线系统工程施工及验收规范》(GB/T 50312—2000)；

(3)《涉及国家秘密的计算机信息系统保密技术要求》(BMZI—2000)。

四、其他要求

1. 照明系统

照明系统设计应遵守《建筑照明设计标准》。其建设需实现不少于 4 组的分组控制，满足电视会议、会商、值班等不同场合的照明要求。

2. 音响系统

应满足召开视频会议的要求，系统设计满足《厅室扩声系统声学特性指标》要求。

3. 智能控制

实现图像接入、计算机显示、视频会议等音视频信号的切换，灯光分组开关，音响等环境控制。在指挥厅、值班室、会商室有单独的智能控制系统，值班室的智能控制系统应同时作为应急指挥厅的备份系统，应满足同时处置两起不同事件的要求。

4. 可靠性要求

应充分考虑指挥场所的设备及系统的可靠性，制定相应的保障措施及应急预案。

5. 引用标准

(1)《计算站场地安全要求》(GB 9361—1988);

(2)《计算站场地技术条件》(GB 9361—1989);

(3)《电子计算机机房设计规范》(GB 50174—1993);

(4)《电子计算机场地通用规范》(GB/T 2887—2000);

(5)《建筑内部装修设计防火规范》(GB 50222—1995);

(6)《建筑照明设计标准》(GB 50034—2004);

(7)《智能建筑设计标准》(GB/T 50034—2000);

(8)《厅室扩声系统声学特性指标》(GYI 25—1986)。

第五节 移动应急平台

移动应急平台满足移动现场音视频采集、现场通信和指挥调度等应急处置需要,能够与国务院、省、地市、部门等相关应急平台互联互通。移动应急平台分为大、中、小三种类型,大、中型移动应急平台可采用车载形式,小型移动应急平台可采用便携形式。各级应急平台可根据实际需要建设。

大、中型移动应急平台能实现卫星通信系统的互通,实现 IP 网络互联。

大型移动应急平台通常采用车辆改装或方舱技术实现。其中车载数据库主要包含以下几个数据库:案例库、知识库、预案库、基础信息数据库、事件信息数据库、空间信息数据库。具备对外的网络接口、复合视频接口、音频接口和 V. 35 数据接口。平台之间通过无线链路互通,互通设备有线需具备以太网接口。

中型移动应急平台采用车辆改装或方舱技术实现。其中车载数据库主要包含以下几个数据库:案例库、知识库、预案库、基础信息数据库、事件信息数据库、空间信息数据库。具备对外的网络接口、复合视频接口、音频接口和 V. 35 数据接口。平台之间通过无线链路互通,互通设备有线需具备以太网接口。

小型移动应急平台采用便携式设计。支持便携式电脑和 PDA 等多种移动设备;具备 GPS 定位功能;具有信息加密的能力;具备对外的网络接口、复合视频接口、音频接口和 V. 35 数据接口。平台之间通过无线链路互通,互通设备有线需具备以太网接口。

一、系统总体概述

（一）建设目标

通过集成移动通信、数字集群、卫星通信、微波传输、计算机网络、信息系统等多种资源，实现事件发生区域内指挥中心的快速部署，进行现场应急指挥，随时随地与市应急指挥中心（大厅）保持语音、图像、数据的通信，使前后方各级领导能全面、实时地掌握信息，迅速制定决策。

现场通信网络支撑系统的具体目标为：

（1）在目前的移动通信网（GSM/GPRS/EDGE、CDMA/CDMA 1X 和 3G 网络）或卫星通信网络（必要时）上进行网络连接管理，架设对用户透明的对外无线通信链路层；

（2）以应急指挥中心（大厅）为中心点，建立近距离的微波无线图像传输系统；

（3）以应急指挥中心（大厅）为核心，建立指挥中心内部的计算机有线或无线宽带局域网，连接至无线通信网网关；

（4）在建立了完整的现场通信网络的基础上，将市应急指挥中心（大厅）的信息支持系统通过裁减、二次开发，形成现场指挥信息系统，与后方的市应急指挥信息系统实现无缝对接；

（5）通过应急管理信息系统网建立内部、外部通行，规划统一的 IP 地址；通过 SNMP 协议接口管理网络，配备网络管理软件。

（二）系统功能

1. 现场指挥中心与应急指挥中心的无线联络

在突发公共安全事件现场，建立现场指挥中心与市应急指挥中心（大厅）的临时无线通信联络，现场指挥信息系统与市应急指挥信息系统实现无缝对接，进行资源共享、信息互通。

2. 信息资源库数据调阅

通过信息支持系统的综合门户，可以实时检索与浏览信息资源库的数据，支持按性质、按主题的信息查询。现场指挥中心可视为市应急指挥信息系统的“远程终端”，在市应急指挥中心（大厅）形成的各类决策辅助信息通过无线通信平台均可以发送到现场指挥中心。

3. 实时动态数据调阅

突发事件现场的多方位动态图像可以实时传至前线指挥中心，由前线指挥中心通过信息支持系统交换到市应急指挥中心（大厅），供市应急指挥中心（大厅）的领导和指挥人员调阅。

通过建立这种实时的“现场通信网络支撑系统”，将改变传统的现场与指挥中心之间以语音通信为主的指挥调度模式，主要表现在：

（1）提供了及时获取灾情的新手段，获得全方位的信息，市应急指挥中心（大厅）可以优化和调整应急管理方案，取得较优的管理效果。

（2）建立了前后方一体的信息通道，市应急指挥中心（大厅）的事态数据和救灾处置，以及前方动态图像和灾情报告等全方位的实时信息，可以经无线网络在整个应急指挥信息系统中传递。只要连接上市应急指挥信息系统，处于任何地理位置的领导均可如临其境看到各类信息（由安全权限控制），该信息通道为各级领导迅速决策给予最有效的信息支撑手段。

二、系统结构

现场通信支撑系统是市应急平台的延伸，是前线指挥、控制、通信、数据收集、数据分析和资源调度的综合性的信息支持平台。现场通信网络支撑系统架构如图 9－25 所示：

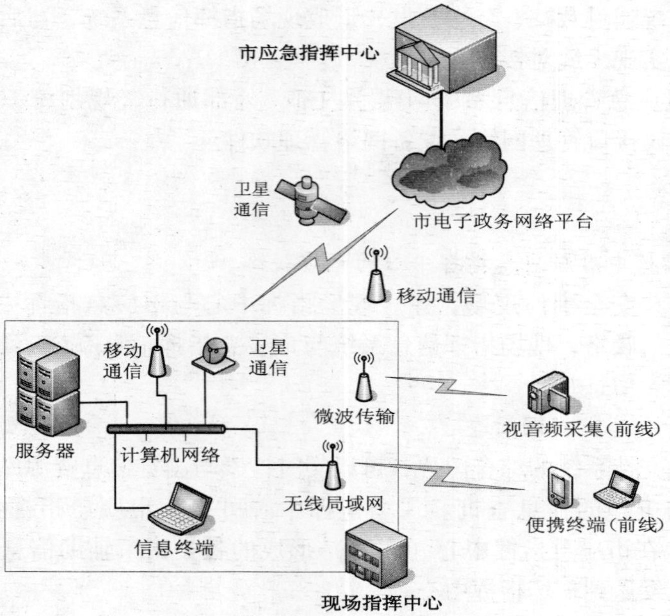

图 9－25 现场通信网络支撑系统架构图

系统主要由以下几部分构成：

（一）数字集群子系统

数字集群通信系统集先进的数字技术、数字信令方式、语音数字编码技术、调制解调技术及数字集群系统多功能于一体，在技术上和系统容量上满足大型公网的建设要求，能实现指挥调度、电话互联、数据传输、短消息收发等多种功能。

系统建设遵循信息产业部2000年12月28日正式发布的我国《数字集群移动通信系统体制》的行业标准：A：TETRA B：iDEN。其主要由四部分构成：

1. 基站

由若干基本无线收发信机、天线共用器、天馈线系统和电源等设备组成。

2. 移动台

用于运行中或停留在某未定地点进行通信的用户台，包括车载台、便携台的手持台。

3. 调度台

是能对移动台进行指挥、调度和管理的设备，分有线和无线调度台两种，其中无线调度台由收发机、控制单元、天馈线（或双工台）、电源和操作台组成。

4. 控制中心

包括系统控制器、系统管理终端和电源等设备，主要控制和管理整个集群通信系统的运行、交换和接续。系统主要为应急联动系统提供通信保障，由一系列功能单元构成。

系统特点主要有：①半双工通信方式。②呼叫建立速度快。③主叫按下PTT键，即可建立通信链路。④被叫无须任何操作，即可接听。⑤松开PTT键，系统即可释放链路。⑥呼叫模式为一对一的私密呼叫和一对多的群组呼叫；同一小区下的同一群组内用户使用信道方式；前向业务信道为共享方式；反向业务信道为竞争方式。

（二）车载卫星图像移动通信系统

车载卫星图像移动通信系统采用卫星通信方式在执行任务时，将通信车开至现场附近，通过卫星链路，可迅速实现现场与远端指挥中心的图像通信，在远端指挥中心可以实时观察到现场传回的动态图像和声音，使领导能异地“面对面”实施指挥；且覆盖面广，不受地域及气象条件的限制。

系统通常由两部分构成：

1. 卫星通信车载站（通常为远端站）

卫星通信车载站由卫星射频子系统、卫星终端子系统、综合业务接入子系统、音视频终端子系统、天线及伺服跟踪子系统、供电配电子系统、车内空调子系统、车辆支撑及调度子系统、无线摄像子系统等组成。

2. 信息接收中心

负责信息接收处理。系统特点主要有：①数字卫星通信波段：Ku 波段；②高速调制解调方式：BPSK QPSK；③图像编码方式：MPEG－1、MPEG－2、MPEG－4；④车载天线系统：自动寻星；⑤可配载多种图像、音频、数据通信设备。

（三）移动指挥接入信息子系统

移动指挥接入信息子系统能够保障政府及其他应急力量在紧急事件的处理过程中，能够快速、及时、准确地收集现场信息，为领导决策提供帮助，其具有语音通信、图像传输、数据通信（移动查询）等功能，供领导远程指挥决策。移动指挥接入信息子系统由以下几个部分构成：

1. 视音频采集子系统

视音频采集子系统由车载固定摄像设备、移动摄像设备（可选）和多路视频服务器组成。

采集的视音频信息送入视频服务器后，采用 H. 264 或 MPEG4 视频压缩算法和采用 G. 723. 1 或 G. 711 等音频压缩算法，获得清晰流畅的高质量音视频效果，具有良好的带宽适应性和音视频压缩率；采用 QoS 策略技术的码流控制机制和带宽自适应机制，保证在网络状况较差时系统仍能提供较理想的音视频效果。

2. 无线数据传输子系统

通过无线数据传输设备，现场指挥人员可以建立与应急指挥中心（大厅）的无线通信链路，进行信息查询、信息上报、视频图像传输等。

3. GPS 子系统

通过便携式 GPS 系统，现场人员、车辆可以准确定位所处位置；通过集成 GPS 与 GIS 系统，可以直观地标注各类资源的地理位置，便于指挥调度和指挥决策。

4. 无线通信子系统

该子系统的功能是为上层应用系统提供透明的对外网络出入口，使用了 GSM 网络、CDMA 1X 网络、卫星通信技术。

5. 微波传输子系统

微波传输子系统主要用于将现场近距离的单人移动摄像的图像无限传回通信

指挥车，优点是价格低，缺点是只有在视距范围内才可通信，不可视就不可通信。选用1.2G/2.4G无线图像传输系统，一收一发成对使用，可支持200～300米无阻挡距离内的图像传输，支持人员在步行速度下正常传输。设备支持任何具备AV输出的摄像机，体积极小，属于口袋型。

6. 计算机局域网络子系统

计算机网络用于包括卫星通信设备、其他数字通信设备、数据库服务器、视频服务器、图形工作站、强固型计算机和笔记本等。VOIP网关、视频会议中断，以及便携式信息终端等设备的联网，也是远端地面固定网络的延伸。

以现场指挥中心或通信指挥车上的网络交换机为核心，架设内部计算机局域网，视网络设备的性能决定是10M/100M/1000M的以太网；同时配置无线AP，方便将局域网延伸到附近区域。

7. VOIP电话子系统

系统支持只要计算机网络通到哪里，电话就可以通到哪里。其主被叫双方均只需使用普通电话机或VOIP电话机。应急通信指挥网络内部可以直接拨号通话，通过增设网关设备，与已有的市内电话网络连接。

8. 现场指挥中心

现场通信支撑系统的设备可以长期安置在专用的通信指挥车上，指挥车作为现场指挥中心的延伸；也可以运送到现场的指挥中心进行临时搭建、设置。如果要配备卫星通信设备，因其周边设备多，部分设备体积大，建议同时配置专用通信指挥车，方便将电源、网络设备、服务器、必需的办公设备固定。

三、建设标准

选择的技术和产品是具有国际先进水平的主流技术和产品，因此整个系统的生命周期将有比较长的时间，可以在信息技术不断发展的今天，在系统建成以后相当长的一段时间内不落后而且能持续满足用户需求的增长。

在核心系统、关键设备上采用热备份手段以及关键部件的冗余设计。系统具有容错性和抗灾难性，保证系统全年7×24小时不间断运行，并在系统出现问题时能够自动报警并迅速作出反应。对系统用户采用数字认证方式，保证用户进入系统的合法性和唯一性。

系统可以从一台独立的单机扩展到覆盖整个区域甚至整个国家。系统对硬件的依赖性小，减少了后期因功能变化带来的硬件的新投资，只需在软件上加以改造，即可实现新的功能。

第六节 安全保障体系

一、总体要求

（一）遵循原则

遵守国家保密规定和信息安全有关规定，依托应急管理信息系统外网信息安全保障体系，采用专用加密设备等技术手段，严格控制用户权限，确保涉密信息传输、交换、存储和处理等安全。加强应急平台的供配电、空调、防火、防雷、防灾等安全防护，网络、机房等的安全检测，以及关键系统和数据的容灾备份，逐步完善应急平台安全管理机制。

政府应急平台的安全保障设施按照省应急平台体系的统一规划进行建设，并充分利用已有的设备和技术。

针对机密、秘密以及非涉密信息和系统的安全保障，政府应急平台应在安全保密主管部门的指导下，遵循我国信息安全等级保护制度要求，根据《涉及国家秘密的信息系统分级保护技术要求》（BMB17—2006）、《涉及国家秘密的信息系统分级保护管理规范》（BMB20—2007）和《信息系统安全等级保护基本要求》，参照国家信息化领导小组办公室制定的《重要信息系统灾难恢复指南》，分级分域建立安全保障体系，在应急平台配置相应等级的安全加密、容灾备份、安全管理等设施。机密级及以下涉密信息的应急平台系统采用普通密码保障。

政府及各专业部门应急平台采用的安全保密技术和产品应通过国家相关部门的鉴定或认证，并根据密码管理要求等国家规定，建设相关安全和管理设施。

（二）分级分域保障机制

信息安全是市应急指挥平台建设的生命线，建设内容包括网络安全、应用安全和安全管理措施。要充分利用政府现有的资源，在应急管理信息系统安全平台上根据应急指挥平台的特定需求，增加配置必要的安全防护设施和机制。

政府是全国首个《应急管理信息系统信息安全等级保护》的试点机构，目前已经建立了完善的应急管理信息系统信息安全保障体系，为政府应急指挥平台的建设提供了良好的基础和有利条件。

政府应急平台通过应急管理信息系统外网向省传输应急平台的非涉密信息，通过党政内网向省传输应急平台的涉密信息。应急平台按照《信息系统安全等级保护基本要求》进行安全域的划分，市及下辖县级应急平台按照第三级的要求实施保护。政府应急平台安全保护等级示意图如图 9－26 所示：

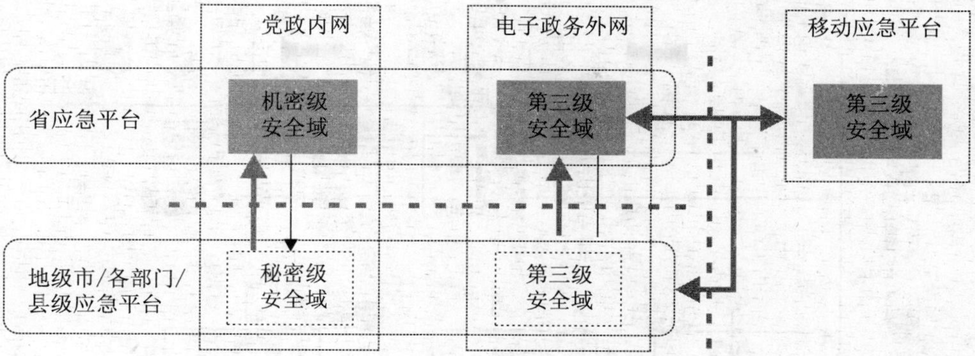

图 9－26　政府应急平台安全保护等级示意图

进行信息交换的安全域边界要有明确的划分，并采用有效的边界防护措施和明确的访问控制策略与机制，防止高等级的信息流向低等级的信息系统，如上图安全域之间的虚线所示。安全域边界保护要综合应用局域网边界防护产品和应用安全产品，如防火墙、入侵检测、防病毒网关、授权和访问控制等，制定符合本安全域信息安全等级的策略和机制，并在本安全域中严格执行。

移动应急业务安全域位于政务外网上，综合采用通信系统密码设备和信息系统安全设备进行安全保障。

二、安全保障

（一）网络安全

政府应急平台的安全防护可以基于现有应急管理业务系统专网的安全防护体系。

政府应急管理业务系统网络基础设施采用了逻辑隔离的原则，即应急管理业务系统专网平台和政府公众网络平台物理连接在一起，通过访问控制等安全措施逻辑分开，达到既能最大限度发挥现有网络基础设施的作用，又能充分对各种应急管理信息系统应用进行安全保护的目的。政府应急管理业务系统网络中心拓扑图如图 9－27 所示：

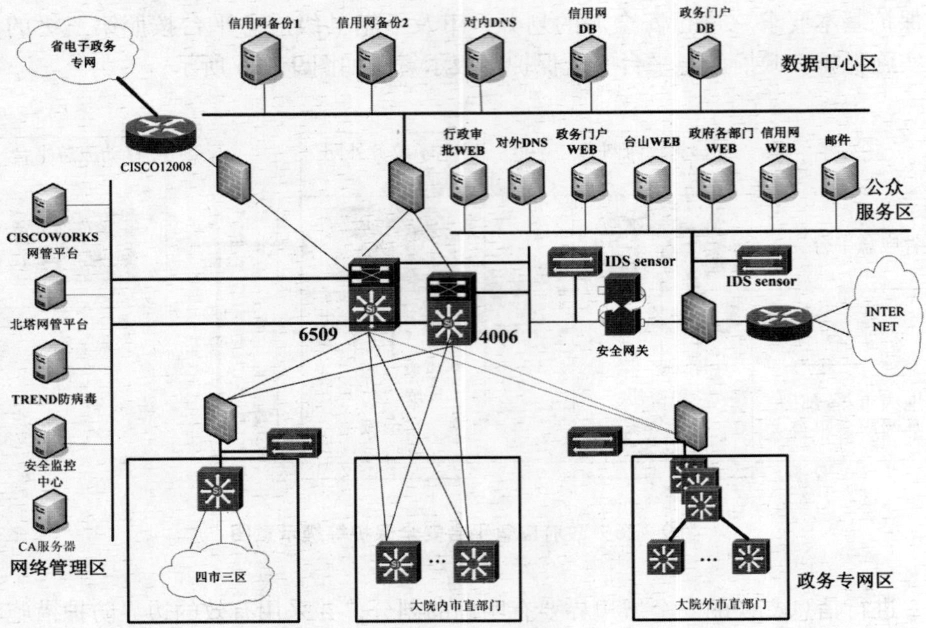

图 9－27　政府应急管理业务系统网络中心拓扑图

目前，在网络中的安全措施主要包括使用防火墙实施访问控制，将数据中心区、核心交换区、对外服务的 DMZ 区、Internet 区隔离；使用安全网关部署在 Internet 出口，提供对各种恶意代码、垃圾邮件的防护；部署网络防病毒系统，对整个接入网络中心的服务器和工作站提供病毒防护措施。这些安全措施针对网络层和系统平台层部署，可以对整个应急管理信息系统提供基本的安全保护。政府应急平台网络拓扑图如图 9－28 所示：

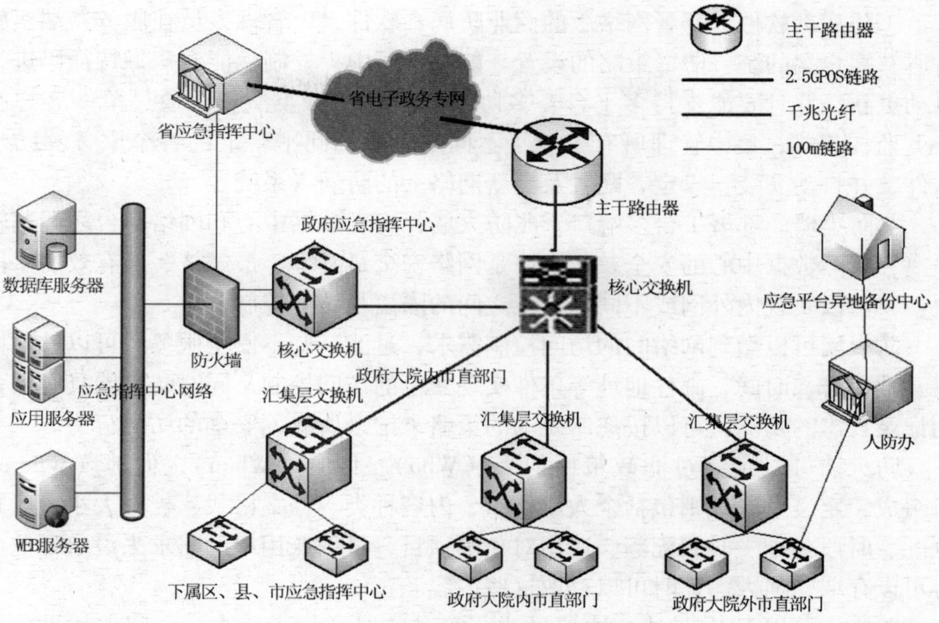

图 9－28 政府应急平台网络拓扑图

（二）应用层安全

1. 政务外网应用层安全

根据国家应急管理信息系统外网的统一规划，依托省、市应急管理信息系统外网安全认证体系，进行电子数字证书的发放和管理，实现应用系统的身份认证、授权访问控制、责任认定，保证应用层安全。

（1）服务器主机安全。

①操作系统安全。遵照《可信计算机系统评估准则》（TCSEC）、《信息技术系统评估准则》（ITSEC）、《计算机信息系统安全保护等级划分准则》（GB 17985—1999）要求，选择操作系统。原则上应急指挥中心的服务器都应选用符合 LBS 3.0 标准的 Linux 操作系统，客户端不作明确限制。

②应用系统安全。对安装在操作系统中的各种通用应用系统及数据库，如 IIS、Apache、Mail Server、DNS Server、SQL Server、Oracle 等，要在不影响业务处理能力的前提下进行安全化和优化处理。

（2）病毒与恶意代码防范。

针对政府应急指挥平台网络病毒与恶意代码防范安全建议如下：

①防病毒软件。部署网络版的商业防病毒软件，由管理人员在服务器端实施对所有客户端的统一防毒策略的设置。能够进行中央控制，能对病毒特征码进行自动更新，并且要能支持多平台、多协议和多种文件类型。可通过单一客户端Web监控程式，集中管理所有安装于不同地点、不同平台上的各个服务器防毒软件，并自动安装、设定、配置及更新网络上的防病毒系统。

②防火墙。部署1台多端口千兆防火墙，实现数据中心和网络平台之间逻辑隔离，保障数据中心的安全。防火墙是网络安全最基本、最经济、最有效的手段之一，可以实现内外网或不同信任域之间的隔离与访问控制。

防火墙可以做到网络间的访问控制需求，过滤一些不安全服务，可以针对协议、端口号、时间、邮件地址等条件实现安全的访问控制；同时防火墙具有很强的记录日志的功能，可以按您所要求的策略来记录所有不安全的访问行为。

防火墙可以定义过滤政策由何人（Who）、何时（When）、何地（Where）所组成。定义过滤规则包括个人或群组、内容种类、档案格式、档案大小、频宽分配、时段分配、时间配额、适用对象等项目，可依照用户的需求来设定哪些内容可以存取，何人、何时可以存取这些内容。

防火墙可以URL过滤、协议过滤、实时监控（病毒、木马、间谍软件、恶意代码）。

（3）身份识别与认证。

根据国家应急管理信息系统安全标准的相关要求，应急指挥信息系统应使用以PKI为基础的CA认证体系，为系统安全提供足够的支撑。在政府应急指挥信息系统应用中，可以利用现有的政府应急管理信息系统平台中的RA系统，主要是包括数字证书（包括自然人、机构、服务器）、密码机、安全服务器、密码服务系统等。要求遵循：

①用户每次登录政府应急指挥信息系统时利用用户名/口令进行身份鉴别，并对此过程进行记录；

②在政府应急指挥信息系统的访问中定义鉴别尝试允许次数，通过延长鉴别失败超出允许次数后再次允许鉴别的时间间隔来限制重复尝试，并对此过程进行记录；

③存储口令时采用不可逆的加密方式；

④对用户名/口令在信道中的传输进行加密；

⑤采用边界访问控制措施（主要为防火墙）对用户的来源进行控制和监控。

2. 应用系统软件安全

业务应用系统和资源整合系统等的软件安全应符合国家软件体系相关安全标准，可以在地市级应急平台上安全运行。

3. 系统与应用安全审计

（1）建立系统与应用安全审计的规范，保护用户审计的日志和程序，只有负责安全的工作人员才能访问；

（2）对系统中服务器系统及网络安全设备保存完整的审计日志，确保其数据的可用性；

（3）提供日志记录的功能，将指定事件的信息保存到文件、数据库或日志服务器中；

（4）保证审计事件定义的完善（包括审计功能的启动、关闭，用户操作，管理员操作等）；

（5）在日常运行维护中，定义应用审计数据查阅的方式和视图，对审计数据进行分析，包括分类、排序和趋势分析等；

（6）在日常运行维护中，定期对应用服务器、数据库服务器等主机系统的日志、网络安全设备（防火墙）进行分类、审计分析；对应用中特定异常事件进行审计分析，获取实时监控信息。

（三）数据备份与恢复

数据备份的主要目的是为了避免数据丢失风险和由此引起的业务中断风险。引起数据丢失的威胁有物理环境威胁和软硬件故障；除此之外，误操作也会引发数据丢失。数据存储和备份并非用于抵抗上述威胁，但可以有效降低上述威胁引发后果的严重性。数据备份的需求程度主要取决于数据的价值或业务中断造成的后果的严重性，当某些因素引起数据不完整、不连续、不可靠或丧失连续生产的可能性或数据库需要重建就应该进行业务数据的恢复。

对应急指挥平台，其数据备份及恢复安全建议如下：

1. 建立数据库服务器数据备份机制

选择合适的备份设备（如硬盘、磁带等），人工对专题数据库进行离线备份。

2. 双机热备份

对应急指挥信息系统数据库服务器实现双机热备份机制。

3. 日常备份机制

包括所有的数据库、业务数据、关键系统信息、重要主机，采用全备份、增量备份以及差量备份相结合的备份措施。日常备份需要通过制度来保证每天的正常执行，包括备份设备的使用、备份时间等。

（四）数据库安全

数据库管理系统必须具备用户认证权限管理（标签与识别）、对象定义、存取控制、访问控制、视图控制、完整性控制、数据审计等功能。

应急平台的一些重要业务系统需要存储涉密信息，可以通过库文件分离部署、特殊关系部署等方式，加强数据库信息安全，增加数据库操作的安全性。

（五）移动应急平台安全

大、中型移动应急平台应采取必要的安全措施接入国务院应急平台、省应急平台、地市级应急平台、各部门应急平台和县级应急平台。

小型移动应急平台依托国家现有的保密通信网络和终端加密手段，为应急现场与国务院应急平台、省应急平台、地市级应急平台、各部门应急平台和县级应急平台的通信提供安全保障。

应用现场的无线局域网采用安全措施，保障移动终端安全接入移动应急平台中的现场指挥系统。移动应急平台的计算机局域网入口，应配置防火墙等安全防护设施，对移动应急平台中的计算机终端行为进行安全监控，对移动存储介质进行安全管理。

移动应急平台安全保障体系如图 9－29 所示：

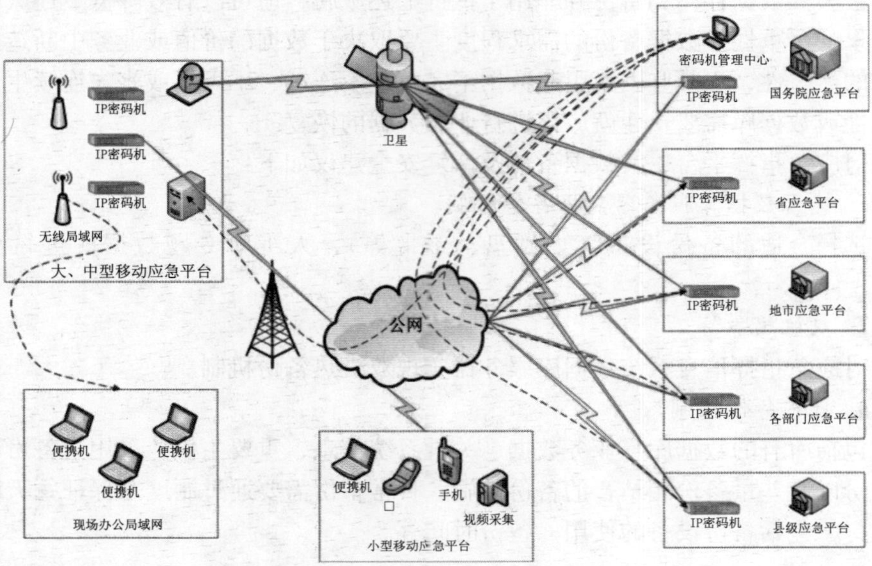

图 9－29　移动应急平台安全保障体系示意图

三、容灾备份

（一）本地备份

本地备份应在应急平台各个环节进行分析和排查，排除和防止单点故障，确实保障系统安全稳定运行。

1. 功能要求

电源系统采用 2 台或 2 台以上在线式 UPS 热备、2 路或 2 路以上市电供应、1 路或 1 路以上自备发电机组，保证供电需求；配置应急照明和备用空调系统。

网络连接采用不同的光纤线路进行备份；主要网络设备采用双机冗余备份；主机系统采用集群或者双机热备；SAN 存储区域区网络采用冗余光纤链路；提供自动机制实现数据实时本地备份；提供数据恢复功能；提供对专题数据库和邮件系统的备份；实现灾难发生时自动业务切换和恢复。

2. 性能要求

市电供应中断时，在线式 UPS 为应急平台提供电力；自备发电机组能在 15 分钟内启动并进入供电状态。应急照明切换时间小于或等于 15 秒，持续时间大于 120 分钟。

（二）异地备份

政府应急指挥中心通过接入专线相连，可以实现相互异地容灾备份。通过实现服务、管理、存储三位一体的容灾备份和灾难恢复服务，保护系统和数据的可用性，保障在灾难发生的情况下应急系统工作的连续性，确保应急指挥平台能够 7×24 小时无故障不间断运行。三位一体的容灾备份结构图如图 9－30 所示：

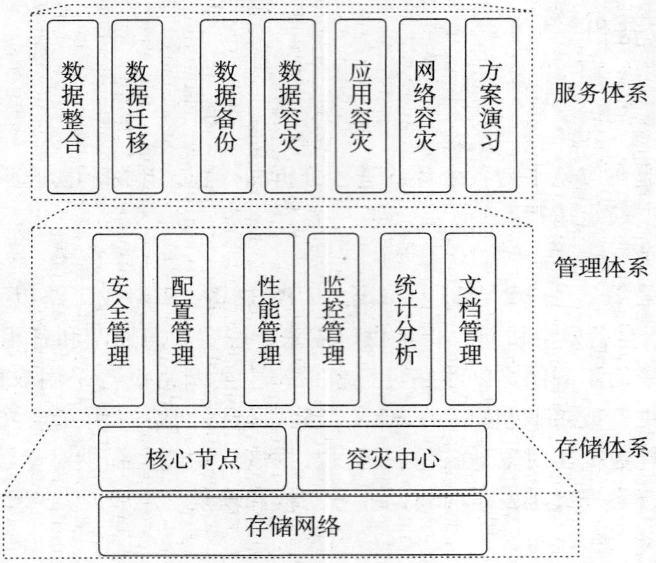

图 9-30 三位一体的容灾备份结构图

四、安全管理措施

（一）安全组织体系建设

为了保证各项安全技术的实施与管理，市信息产业局负责实行以下三种职能：

1. 密钥管理职能

维护所有数字证书，统一管理用于各种网络设备和核心服务器的密码。对电话、传真、GSM 东 CDMA 移动电话、卫星网管信道、PDA 等密码设备的密钥进行统一管理，对密码设备进行监控。

2. 网络安全管理与安全监控职能

负责对地市级应急平台中防火墙、入侵检测系统、防病毒系统、终端行为监控和移动存储设备等系统的安全策略统一规划，为各级应急平台提供安全保障。

管理各种安全服务和安全机制的有效性，如防火墙访问控制策略维护、密钥的定期更新等，配置各种系统和网络设备，保障网络的安全可靠运行；实时监视网络上的各种活动，发现和弥补安全隐患，检测、终止和跟踪入侵行为和犯罪行为，增强网络的安全性。

3. 应用系统安全管理职能

负责应用系统的安全可靠运行，并负责用户的授权和维护工作；按照国家保密管理有关要求实现应急平台的数据交换。

（二）安全管理制度建设

在制定安全管理制度、实施安全管理时应遵循以下原则：

（1）多人负责原则。每项与安全有关的活动都必须有两人或多人在场。这些人应是系统主管领导指派的，应忠诚可靠，能胜任此项工作。

（2）任期有限原则。一般来讲，任何人最好不要长期担任与安全有关的职务。

（3）职责分离原则。除非系统主管领导批准，在信息处理系统工作的人员不要打听、了解或参与职责以外、与安全有关的任何事情。

根据应急指挥信息系统的安全等级要求及自身安全风险，建议对系统采取以下具体安全管理措施：

（1）制定应急指挥信息系统人员安全管理制度。制定安全审查制度、安全组织及岗位职责安全考核制度、安全培训制度、安全保密契约管理制度、离岗人员安全管理制度等。在网络管理人员的绩效考核中应包含安全方面的内容，明确网络安全的管理工作由特定的专人负责。

（2）制定文档管理制度。各种文档（包括书面的和电子的等各种形式）必须有清晰的密级划分，要妥善管理好它们。

（3）制定应急管理信息系统运营安全管理制度。制定应急指挥信息系统的操作安全管理、操作权限管理、操作规范管理、操作责任管理、操作监督管理、操作恢复管理等规章；建立系统启用安全审查管理、应用软件审查管理、应用软件版本安全管理、应用软件更改安全管理、应用系统备份管理、应用软件维护安全管理制度或指南。

（4）制定应急指挥信息系统开发安全管理制度。规范应急指挥信息系统的开发平台安全管理、开发环境安全管理、开发人员安全管理、开发系统安全规范管理、开发系统安全检测、开发系统安全移交管理。

（5）制定安全事件应急预案。制定应急指挥信息系统的应急管理制度和应急实施计划、应急备用管理、应急恢复管理、应急后果评估管理和责任追查程序。

（三）用户教育与培训

管理员和普通用户的安全意识及所掌握的技术是整个网络与信息系统安全保障体系运行维护的前提。为了保证系统稳定运行，提高系统使用效率，需要对两类用户（管理员和普通用户）提供全方位的培训。通过培训，使用户对该系统和网络有充分的了解，熟悉系统的设计原理和工作方式，掌握系统的工作流程和操作方法，树立安全意识，协助用户建立一支技术过硬、精通业务应用及维护的队伍。

（四）制定培训管理制度

培训管理制度中应包括以下五个方面的措施：

（1）明确培训的组织机构和培训讲师（或机构）的名单及资质要求；

（2）明确对应急指挥信息系统管理员的素质和专业技能要求；

（3）制定培训课程和培训教材；

（4）制订培训计划，明确培训流程，定期集中普通用户进行应急指挥信息系统的安全意识培训和安全知识的普及培训，定期组织系统管理员学习国家、省、市信息安全方面的法规和要求，并贯彻落实。

（5）规定各软、硬件的设备供应商提交产品的安全操作规程或使用指南。

（五）培训考核

培训是加快用户掌握安全知识的快速方法，是一种强制灌输给用户接受的措施。针对用户的计算机水平不同和接受能力存在差异，还应该提供相应的保证手段，提高用户在接受培训后对该知识的掌握程度。培训考核包括以下四个方面的内容：

（1）提供标准的考试题库，考核用户掌握程度；

（2）重点考核系统管理员，为平滑过渡、交接打基础；

（3）根据考核结果，将针对性的答疑文件发布在应急指挥信息系统中，提供下载、学习；

（4）到具体的部门，对人员进行督办、指导使用，现场解答用户疑问。

第十章　校园应急管理业务系统建设

学校突发事件直接关系到学校师生的生命安全以及社会的和谐稳定。近年来，地震、火灾、传染病及学校暴力等自然灾害、事故灾难以及公共卫生和社会安全事件频繁出现，近期一系列以“弑童”案为代表的学校公共安全事件又一再发生，其危害和对校园造成的损失，让人触目惊心！校园作为一个群体聚集的地方，突发事件一旦发生，很容易造成混乱，使情况变得更加复杂，它是应急管理的重点对象。如何遏制灾害扩大、如何实现统一指挥等一系列的问题已摆在我们的面前，为此，就要求我们必须从校园应急管理的机制、预案和信息化支撑手段等方面加以研究，加强校园应急管理，提高应急处理能力，以有效应对各种突发事件。

第一节　问题的提出

目前校园的应急处理只采用单方面的技术，比如有的强调了事件的预测预警、有的强调了事件的演练，缺少对事件的主动预防、物质保障有效性的研究，更缺少集事前预防、主动预警、物质保障、应急演练、应急指挥、应急评估于一体的应急指挥高效联动平台。所以，建立一个科学的、规范的校园突发事件应急管理信息系统就变得非常必要了。

通过国内外研究现状的分析和梳理可以看出，在整个中国应急管理研究飞速发展的情形下，对于校园突发事件应急管理的研究却是一个被大家忽视的薄弱点；而在对校园突发事件应急管理的研究中，除高校之外的其他类型校园的研究又成为薄弱点。这种情形与目前中小学、幼儿园、职业校园等突发事件频发，影响更为广泛的现实极不相称。因此，全面系统地推进我国校园突发事件的应急管理研究刻不容缓。

相比而言，国外的研究处于系统后期评价阶段，侧重于完善成型的应急救援系统及优化配置现有的救援资源；国内的研究仍处于前期论证阶段，侧重于应急救援的机制、组织以及工作流程等，少数专家进入实证研究阶段。基础建设和管理体制的差异决定了我国校园应急管理信息平台和应用系统不能完全照搬国外模式。目前校园突发事件应急管理平台和业务系统的研究普遍存在以下问题：

(1) 缺乏专门针对校园特性的应急响应体系研究。

(2) 应急管理信息平台的建设面覆盖较广，涉及基础架构如 GIS、存储备份、图像接入、电话调度、视频会议、信息发布等，综合应用如信息接报、预测预警、指挥调度、应急保障、应急评估、模拟演练等多个异构的系统。各级机构层次复杂，技术路线差异化大，信息壁垒明显，集成难度高。

(3) 基于传统的建设模式，建设周期长，集成流程复杂，快速部署难度高，系统本身对突发状况的“应急响应”能力不够。

(4) 应急管理信息平台子系统数量多且复杂，自下向上的建设难度大，成本高，在预算少的单位推广难度大。

(5) 应急管理信息平台技术实现复杂，整体运维要求高，对分散的维护升级和功能扩展提出了挑战。

第二节 设计思想

为了及时有效地预防和处置各种校园突发事件，最大限度地减少损失，尽快恢复社会生产、生活秩序和教学科研秩序的有序性，需建立“统一指挥，反应灵敏，协调有序，运转高效”的联合预警和应急机制，建立适用于多级联动，协调指挥的校园突发事件应急救援管理系统显得尤为重要。而校园应急管理信息平台的建设，是校园信息化建设的一部分，一方面要考虑在系统计算运行能力和数据存储资源方面能实现与其他学校业务系统共享和统一，避免投资浪费；另一方面要深入分析具体的应急管理业务系统的应用需求，根据应急管理的准备、响应、恢复和重建四个阶段，科学分类，做好事前、事中和事后的统一协调工作。

整个校园应急管理信息平台的建设将包括两个方面：

(1) 在信息平台的计算能力和应急资源存储共享层面，搭建面向校园的统一云计算服务平台。

为了提高校园应急管理信息平台的运用效率，应急平台的建设势必要与校园的信息化建设统一考虑并统筹投资。为了更加充分地利用学校的信息化资源，在搭建应急管理信息系统的运行平台时，考虑采用云计算的方式建立基础架构，通过建设综合 SaaS（软件即服务）、PaaS（平台即服务）、IaaS（基础架构即服务）和 DsaaS（数据存储即服务）等云计算服务模型，建立多层面的多租户软件平台架构，与校园其他的信息化系统共用同一的计算和存储资源，可以很好地增强校园应急管理的科技水平，同时又极大避免了信息化建设的重复投资。

（2）在应急管理信息平台的业务应用层面，建设应对突发事件的及时响应和管理平台。

针对校园突发事件的特点，校园应急管理信息平台要能实现“战时”快速有效地应对突发事件，“平时”应用于演练和培训，能够为校园开展突发事件培训以及应对突发事件提供强大的科技支持。从目前校园应急管理的现状来看，一个主要问题是现代信息科学技术利用水平不够，导致对突发事件的发现、跟踪、指挥、上报、协调、评估等仍然停留在较为粗浅的水平，直接影响突发事件的处理效果。为此，在应急管理业务应用层面的建设，又包括两个方面：

①应急数据服务支撑平台。通过 GPS 系统、存储备份系统、图像接入系统、地理信息系统、电话调度系统、视频会议系统、大屏显示系统、信息发布系统等构建统一的数据交换中心和公共服务平台。

②应急管理业务系统。根据学校应急管理的具体业务应用建设各个具体的应用系统，如突发事件信息接报、应急预案管理、应急保障系统等。

第三节 搭建校园统一的应急管理云服务平台

鉴于应急管理信息系统本身的特点，使用云计算的方式建立基础架构，综合 SaaS（软件即服务）、PaaS（平台即服务）、IaaS（基础架构即服务）和 DsaaS（数据存储即服务）等云计算服务模型，建立多层面的多租户软件平台架构，构建应用云、平台云、操作系统云、元数据云和存储云，助力多级联动应急管理和应急响应的快速便捷的建立。

一、统一的校园云计算服务模式

校园应急管理信息平台建设不会作为一个新项目重新投资，而是要充分利用学校已有的硬件和软件等信息化资源，在计算和存储层面共同“分享”，其服务模型的多层次如图 10－1 所示。

利用云计算技术，面向校园所有的信息化运用，即学校其他各个业务系统，搭建一个统一的云计算服务平台，提供统一的底层计算和数据存储，以及业务的虚拟化应用。具体包括：

1. 建立底层的存储虚拟化、操作系统虚拟化和中间件虚拟化

这样一方面有利于极大化利用资源，能够更合理地分配资源，同时还能集中化运维，支撑多级联动的应急响应；另一方面解耦合软件基础架构与网络硬件，实现快速部署、动态迁移、自动扩容等，从而使得应急平台更加健壮，应对突发状况的能力更强。

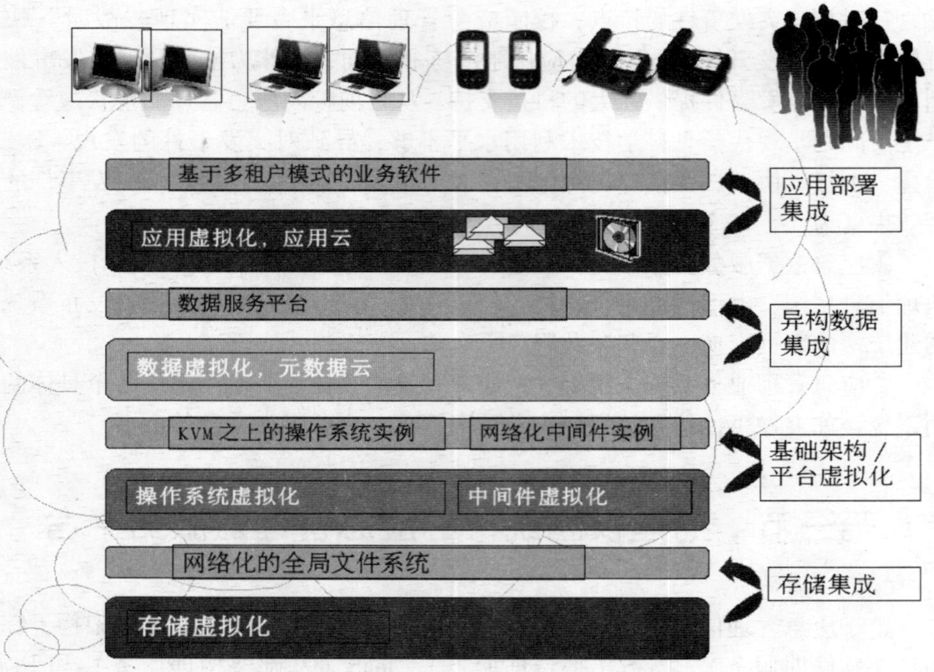

图 10-1 校园信息化统一云计算服务模型多层次图

2. 实现数据虚拟化和存储数据虚拟化

在不同层面上有效突破信息壁垒，使得多级多系统之间的数据可形成统一的元数据管理，建立灵活的、多维度的全局数据视图。“数据云”的方式使得紧急条件下对数据的快速关联需求能够得到实现。

3. 应用虚拟化

多个同类型应急应用系统的实例集中部署、集中维护、集中升级和集中集成，不仅使软件的安全性、健壮性、易维护性得到更好保证，更是切实地以租用经济模式降低了应用成本和部署门槛，使得多点实施在成本上成为可能。

二、基于统一云计算服务模式的校园应急平台架构设计

云计算实际上是利用“虚拟化”+“自动化”来实现的。自动化的特性使得应急平台的部署速度、计算能力相较传统建设方式有指数级的提高。传统应急平台的建立是一个系统集成工程，新应用实例的上线常常需要数周到数月的时

间，而多租户软件、基础架构模板的使用使得这个时间可能缩短到几小时。软件的计算能力可根据流量、压力等因素自动分配。基于云计算服务模式的校园应急管理信息平台架构设计如图 10－2 所示：

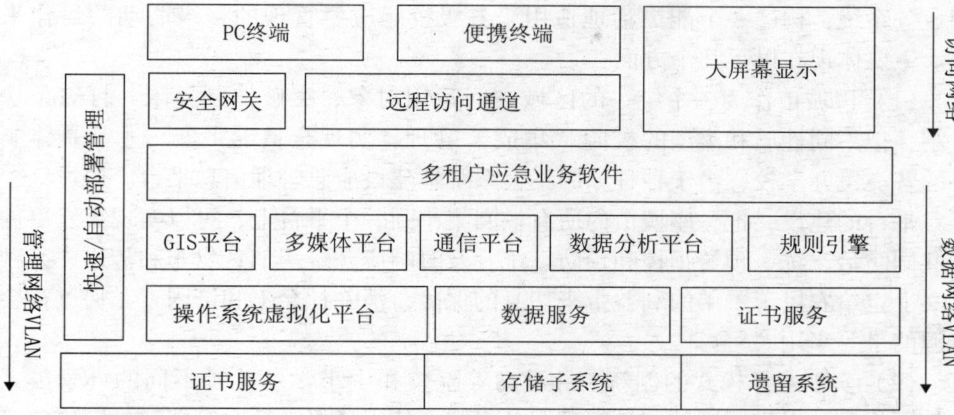

图 10－2　基于云计算服务模式的校园应急管理信息平台架构设计图

云计算理念指导下的应急管理信息平台的架构与传统架构的区别主要是基础架构支撑模式和软件部署模式的不同，主要特点如下：

（1）在操作系统和中间件层面，广泛采用与云计算模式更为匹配的开源组件化系统和中间件，建立操作系统虚拟化、中间件平台虚拟化和自助部署的管理网络。将硬件和虚拟存储子系统（如网络全局文件系统，独立于硬件存储单位的存储系统）作池化处理。

（2）应急管理业务系统的多个业务平台，如 GIS 平台、多媒体平台（视频、图像）、通信平台（和电信网络的业务接口）、数据分析平台（快速分析模型建模，数据挖掘，报表生成）、规则引擎等等，都是建立在虚拟化的操作系统、文件系统、数据源之上的。部署敏捷性和处理能力皆强于传统建设方式。

（3）多租户应急管理业务应用系统基于 SaaS 业务模型，部署方式集中化、自动化、共享化。这样可以对各个学校用户采用租用方式收费，降低接入成本。

（4）各级用户可以用多种方式包括传统 PC、手持编写终端（手机/PDA）、大屏幕等，通过安全通道访问应急管理业务软件和各种平台功能。

（5）出于安全和合理的流量分配考虑，系统网络部分分为访问网络、数据网络、管理网络等。以 VLAN 方式划分为不同网段，或物理隔离，管理非常灵活，能及时响应到各种类型的突发事件。

三、云计算技术运用的优势

运用先进的云计算和统一通信等技术在技术和实践上实现新的突破，对应于校园应急管理的独特性其意义尤为重要，可以快速便捷地建立多级联动的应急管理业务系统，构建一个能灵活地适用于各级校园应急管理的多级联动的运作平台。主要体现在以下几个方面：

（1）以城市作为一个统一的区域空间运用对象，突破体制界限，打破条块分割，把不同性质和类型的校园“集成”管理，实现全员的平安。尤其是体制外的各类民办学校，由于种种原因不会系统地建设应急管理信息平台。通过这个统一平台的建设，把一座城市内所有校园集中到一个平台上，可以实现突发事件的共同防治、统一预警预控和预防、统一及时响应、统一消息发布和传递。某种意义上也给农民工子弟的利益带来切身的保障，消除社会不和谐因素，促进社会资源的平等享用。

（2）实现服务模式的创新。针对高等院校和中小学幼儿园不同的办学模式与校园规模，提供不同的应急管理服务模式，使得各级教育主管能对校园应急管理有个全面的掌控之余，各个校园应急管理的数据和经验可以积累和传播，提高整个城市的校园应急管理能力；同时还能保障各级校园的应急管理工作可以真正落到实处。

（3）服务机制的创新。利用云计算服务平台，建立所有校园的“应急租赁服务”，避免重复投资。平台的使用采用投资和使用分离的“运营”模式，即在平台建设上，可以是政府和社会或企业投资，而所有的校园以每年“租赁服务”的形式来享受服务和信息资源。在合理的“轻量级”投入的情形下，给各个校园提供“重量级”的安全保障服务。

（4）云计算采用虚拟化技术。可以实现真正的绿色信息化、节约能源，并使得 IT 系统规模动态可调，实现资源的最大化利用；可以避免在系统建设之初为了保证应急管理业务的持续增长而产生巨大投资；可以根据业务的应用需求而动态增加。同时，如果运行在云计算平台上的业务发生调整或变化，云计算系统中的 IT 资源也可以动态地实现减少和挪作他用，而不是像传统方式那样造成资源的控制和浪费。

基于以上的优势考虑，笔者也在尝试依托现有的广州高校教育主干网，以暨南大学为基础，构建广州市内高校统一联动的应急信息管理和应急响应平台，将本研究成果通过实践进一步完善。

第四节 校园应急管理信息平台设计

校园应急管理信息平台要与学校已有的信息管理平台紧密对接，在数据上统一交换共享，确保应急信息的及时准确性；在业务操作上作为学校信息化整体建设的一部分。因此在实际应用当中也是运用门户技术统一集成到学校的信息化平台或信息门户上，实现单点登录和统一用户权限管理，其系统与登录其他的学校管理系统没有区别。暨南大学信息管理平台统一登录的设计原型如图 10 - 3 所示：

图 10 - 3 暨南大学应急管理信息平台学校统一登录界面（原型）

一、建设校园应急数据服务支撑平台

校园应急管理信息主要是以接入的方式，将各相关领域的信息采集、汇总到一个统一的信息平台上，便于集中展示和管理，以达到及时响应和统一指挥的目的。平台的整体架构设计如图 10 - 4 所示：

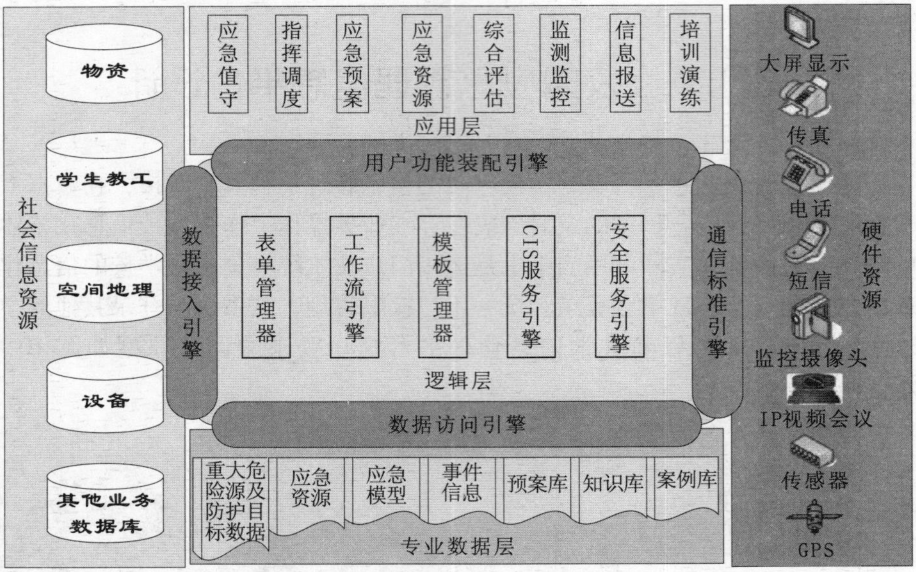

图 10－4 校园应急管理信息平台数据服务支撑平台

（1）GPS 系统。

GPS 系统主要用于及时、准确地掌握被控车辆和船舶等移动目标的实时情况和准确位置，它是在现有 3G、GSM、GPRS 通信系统的基础上开发出的一套社会综合防范和远程监控、通信、管理、调度系统。利用该系统，可以远程无线监控、调度所有在通信网络覆盖范围内的警用车辆、急救车辆、应急车辆、出租车辆、租赁车辆、民用车辆等移动目标。移动目标 GPS 数据、其他指令及各类报警数据均由无线通信的信令信道传送到数据处理中心，并可根据需要自动接通预先设置的号码进行语音通话。

（2）存储备份系统。

为了支撑应急管理业务系统的正常运行，除"一网五库"的数据内容外，还应包括基础信息、空间信息、预案、事件信息、模型、知识和文档等数据。常用的基础数据和系统的部分关键数据集中存储，其他数据分布存储，并对数据进行定期备份。

（3）图像接入系统。

图像接入系统需要将应急事件现场的事实第一手图像、视频资料传送到应急指挥大厅。通过图像接入系统，领导将更有效地掌握现场实时动态，为应急指挥决策带来最直接的帮助。同时，图像接入系统将联合各地方的视频图像系统，实现图像资源按级传送和调度，对接入图像信息进行存储并提供查询回访。

（4）地理信息系统。

地理信息系统软件平台承担着空间基础数据管理、数据更新和技术服务等方面的工作，软件平台提供足够的数据管理、更新和服务能力，是城市或校园网格化管理信息系统应用成功的重要保证。

（5）电话调度系统。

电话调度系统主要是为校园的使用者提供紧急救援及路况服务，还能实现传统的程控交换机的全部语音通话功能。系统以有线电话通信为主，并配备了无线移动通信中转和手持式对讲机。应急通信系统软件实现了和有线电话、无线通信中转等互联，保障了指挥系统的通信畅通，并满足语音、视频、数据等实时业务的传输。有线电话调度系统支持语音电话自动群发呼叫系统，通过语音电话自动群发呼叫，实现了指令统一下发和管理，确保了指令下发的成功，并支持电话同时录音。校园使用者可以通过语音、WEB 访问或短信等方式获取所需救援及路况信息。

（6）视频会议系统。

系统通过互联网可组建成视频会议，实现了与突发事件相关的政府、主管单位的主管领导或专家之间的异地会商和协同工作，提高了反应速度和工作效率。

（7）大屏显示系统。

大屏显示系统主要进行应急地理信息显示、应急车辆状态显示、气象显示、应急实力信息显示、灾情受理地点显示和部分重点保卫目标监控显示。指挥中心实现了对指挥系统控制区的各种情况进行动态监管。

（8）信息发布系统。

通过外部学校门户、互联网信息发布网站等多种手段向公众提供及时准确的信息，并通过数据交换平台在相关联的应急管理系统、内部门户间交换信息。

二、建设校园应急管理业务系统

（一）设计思想：业务基础平台 + 业务应用系统

考虑到应急管理各项业务本身在不断地发展，业务的内涵和管理方式都会随着应急管理机制和体制的调整而不断调整，一般都采用“业务基础平台 + 业务应用系统”的设计理念。

业务基础平台软件是一种以业务为导向，可快速构建业务应用软件的平台。它构筑于基础构件之上，面向的是广义的业务系统，为业务的构筑提供一个可高度复用的软件开发平台。业务基础平台软件可以应用于多种业务环境，主要用于解决管理软件的业务处理以及与操作系统、软件基础构架平台之间的交互管理问题；同时它高度抽象具有共性和共同变化规律的业务需求，并封装成一个一个的构件或相对独立的服务，使开发人员能够集中全力关注产品研发中的业务与管理问题，摆脱应用系统底层技术细节的困扰，从而大大提高了产品研发效率；可以按照用户的意愿，较为快速地规划和构造用户的信息化系统，满足用户的个性化需求，帮助决策者与管理者实现独特的业务模式；此外，平台的可集成、开放性、高性能、易维护等特性，也让基于业务基础平台构造的信息化系统具有较长的应用生命周期。

业务应用系统是基于基础平台构件的模块化功能组件，采用插件式设计，通过模拟具体的业务过程，实现业务管理功能。

“业务基础平台 + 业务应用系统”集成了跨平台、J2EE 架构、XML 总线技术、面向服务（SOA）体系结构、面向构件的可视化开发界面、支持工作流等技术，是业务基础平台的主要发展方向，技术潮流吻合的一种业务应用软件平台。

业务基础平台可以作为整个校园应急管理信息平台的信息交互平台，通过多类业务应用系统彼此作用，相互链接以实现学校各个业务系统的信息表示、存贮、传输和显示。业务基础平台体系主要由以下几部分构成：

（1）系统网络、服务器、存储平台：包括校园应急管理业务系统运行的硬件环境。

（2）系统软件平台：包括操作系统、数据库、目录服务等必不可少的系统软件，也包括对网络、服务器和存储平台进行管理的软件。

（3）中间件平台：中间件平台位于业务应用系统和系统软件之间，为多层构架的应用集成业务应用系统提供支持。中间件平台主要包括 J2EE 应用服务器，以及提供不同业务系统或部门之间的可靠信息传递的消息中间件。

（4）业务应用集成平台：在业务应用集成平台之上的是各种业务应用的集成，应急管理业务的各个功能模块可以与其他业务系统如教务系统、财务系统、人事管理系统等自由插接；同时各业务系统内的子系统亦可根据定制需求自由拆装，根据具体的办公和管理业务的不同来灵活定制。采用 XML 语言对数据格式进行统一和规范，并采用先进的中间件技术进行数据交换，可以与其他系统进行方便快速的整合。

基于业务基础平台的校园应急管理业务系统技术架构设计如图 10－5 所示：

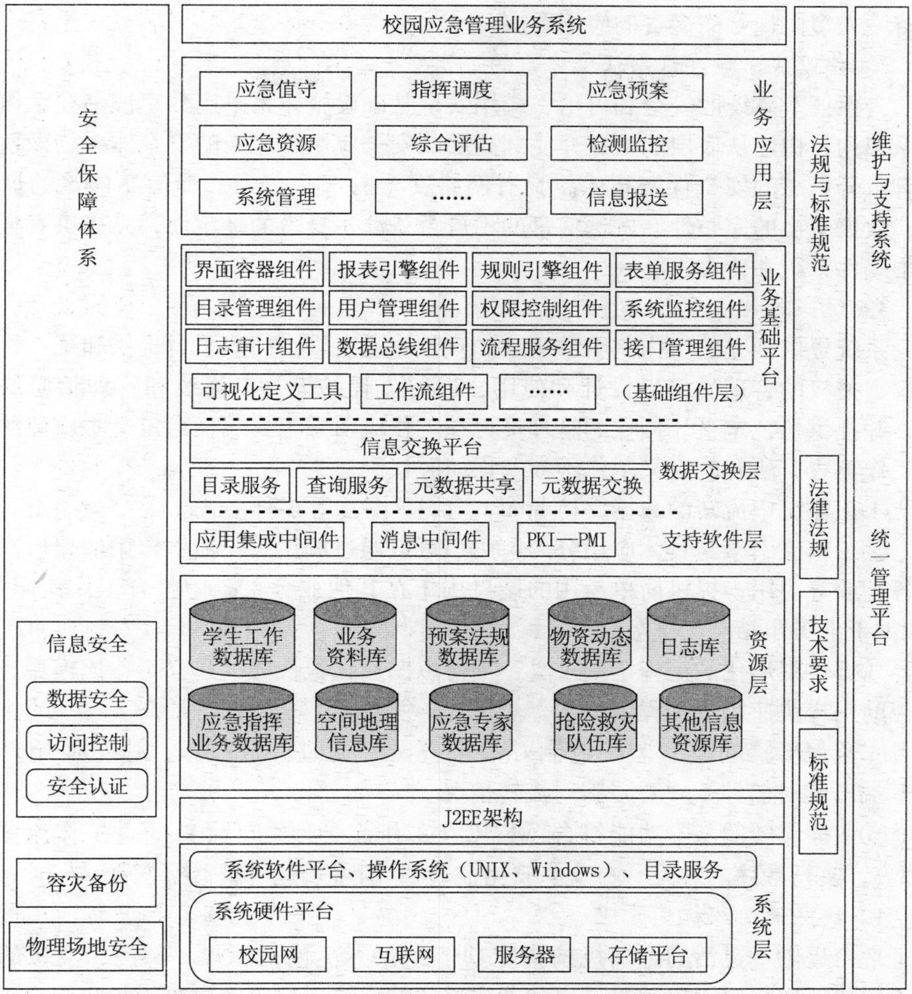

图 10－5　校园应急管理业务系统技术架构设计图

（二）校园应急管理业务基础平台主要功能

1. 统一用户中心

为方便系统的使用和管理，系统的基础功能均在基础平台的子系统中实现，从而为系统提供安全、高性能的支撑条件，并为以后系统扩展奠定坚实的基础。

系统提供一个统一用户及权限管理中心，统一用户及权限管理模块为整个系统提供一个统一的用户及权限管理功能；并结合可信的安全平台实现单点登录；

支持一人多岗、一岗多责的应用要求。

2. 建设基于数字证书认证体系的可信安全平台

为保证本系统的安全和可信，应用安全基础设施体系采用数字证书技术作为体系架构，构建从底层的认证介质到高层的安全应用及服务的安全体系。该系统具有十分可靠的安全保密技术，具有网络安全的四个要素，即信息传输的保密性、数据交换的完整性、发送信息的不可否认性、身份的确定性，并提供安全的电子邮件系统和传真系统。

3. 统一工作流平台

系统提供独立的工作流引擎驱动。该工作流引擎由门户平台提供和统一管理授权，授权的管理员可以设计和使用，进行流程的设计、修改和管理相应的流程，并提供角色定义。授权的管理员可在工作流引擎工具端任意定义本单位的各种工作流程，所有的定义工作不涉及任何源代码。

①工作流中流转的数据支持 html、word、图片等多种格式。

②工作流引擎与具体应用分离，用户可以通过调用工作流引擎中的接口来挂接各种业务应用；提供简单易用的接口用于在其他业务系统中整合工作流服务。(如网上业务申请和公文处理)

③提供图形化的流程定制工具，支持以图形化拖拽方式建立工作流模型，可以帮助用户快速完成过程定义。

④流程步骤的实时监控定制好的流程图可通过开放权限，让普通用户在 Web 端可实时监控、查看步骤与流转情况。

⑤业务流转的基本功能符合 WFMC（工作流管理委员会）的《工作流参考模型》，支持顺序、并发、分支、自由流转、流程嵌套、流程调用等流转方式。

4. 统一的组织机构管理

平台提供了灵活的组织机构指定功能，它不仅包括用户、部门、岗位的指定；还包括用户组、启动组、启动者本部门的特定岗位等；也可以指定用户、部门及岗位；还可以由上级节点选择操作者。

5. 统一门户

系统通过门户来部署、发布，用户通过门户就可以登陆到各个业务系统，从而实现对外“一站式”服务，对内业务整合。

支持 JSR168 标准，支持业务模块的 Portlet 化封装，门户使用用户操作不同数据与应用资源简单化，用户只需输入一次用户名和口令登录到统一、一致的用户界面，就可通过统一窗口来操作各种不同的后台应用，并且不受不同终端设备的限制。

通过对用户授权访问控制和个性化定制，可以减少信息与内容的杂乱无章，提高获取加工信息的效率，减少无目标性的搜索。对于已有的业务应用，当新的需求产生时，不需要将原有应用推倒重来，而只需要将原有应用的数据进行重组，能够大大降低应用整合费用，保护已有投资。

系统提供业界领先的个性化规则引擎以及智能搜索引擎，能为信息门户用户提供灵活的个性化服务。

6. 统一消息平台

系统提供待办信息预警和提醒功能，普通用户可以收到提醒信息，及时了解自己的最新待办事项，从而避免了延误办公。用户可以根据本单位的实际情况，自行定制信息提醒的类型。用户可以自由选择提醒方式（短信、声音提醒等），设置提醒时间间隔等。

7. 统一查询、统计报表中心

系统需要提供一个统一的查询和统计报表中心，提供统一查询、报表定制的工具。

可提供一个可视化自定义的查询和报表定制系统，根据各个业务模块的需要定制需要的查询和报表，统计结果能以二维表，柱形图或饼形图等形式显示。

第五节　校园应急管理业务系统功能设计

校园应急管理业务应用层各项业务功能模块的功能设计主要有以下几个方面：

（1）应急值守系统。提供应急管理机构日常值班所需的功能，主要包括信息接报、值班日志、电话记录、值班报告、通讯录、领导工作安排、领导出差出访、会议室管理、值班表、收文登记、办内工作安排和预案管理等。

（2）指挥调度系统。建立现场紧急事件管理系统（ICS）通过事故行动方案（IAP）为事故管理人员、行动人员、计划人员、后勤保障人员和财务行政人员提供标准化的工作表格、信息支持、信息记录与交流手段。

（3）应急预案管理系统。目前我国已初步形成了应急预案框架体系，今后还应在预案的标准化操作程序（SOPs）和保障支持系统方面加大工作力度，并对预案的编制、演练、修改进行管理，采用数字化预案和电子演练沙盘等技术，提高各类应急预案的可操作性和有效性。

（4）应急资源管理系统。对各类应急资源进行标准化分类，并采用数据库系统进行管理，对应急资源的生产、储备、运输、流通等环节进行管理，为掌握应急资源的状况、应对突发公共事件提供资源保障。

（5）综合评估系统。应急平台将突发事件的类别、事故情况、指挥记录、现场反馈、危害程度、措施有效度等综合分析，辅助形成事件总结报告并存档，方便相关人员进行应急的经验教训总结和总体应急功效的评估。应急平台通过建设应急评估系统，实现对突发事件应对处置过程的记录，并采用根据应急预案及其他相关规定建立的评价模型，对应对突发事件的应急能力进行评估，对应急处置过程进行过程中和过程后评估，形成评估报告。并且可利用系统的相关记录，再现应急过程。

（6）监测监控信息管理系统。对各类重大危险源、关键基础设施、灾害易发场所、各类致灾因素等进行监测监控，是预防灾害发生和降低灾害损失的重要措施。对监测监控系统进行管理，对监测信息进行采集、传输、存储、处理、分析，及时发布和采取控制措施对各类危险信息进行综合分析，建立风险预测分析模型，识别风险等级，并提前对可能的灾害发布预警信息，从而通过防灾措施和应急准备尽量减少灾害损失。

（7）信息报送系统。实现日常值班业务和应急业务管理，主要包括突发事件应对过程中的信息接报、审核、办理、跟踪、反馈、情况综合和信息发布，应急信息和相关数据资料的查询和调用。

基于以上理论成果和关键技术，本部分以校园突发事件应急管理业务流程为主线，设计和实现校园突发事件应急管理信息系统，强调系统内各子系统的综合集成与应用，主要包括：综合业务管理子系统、监测与预警管理子系统、应急预案数字化管理子系统、智能方案生成与应急指挥子系统、应急资源管理系统和模拟演练子系统，系统功能设计框架如图 10－6 所示。

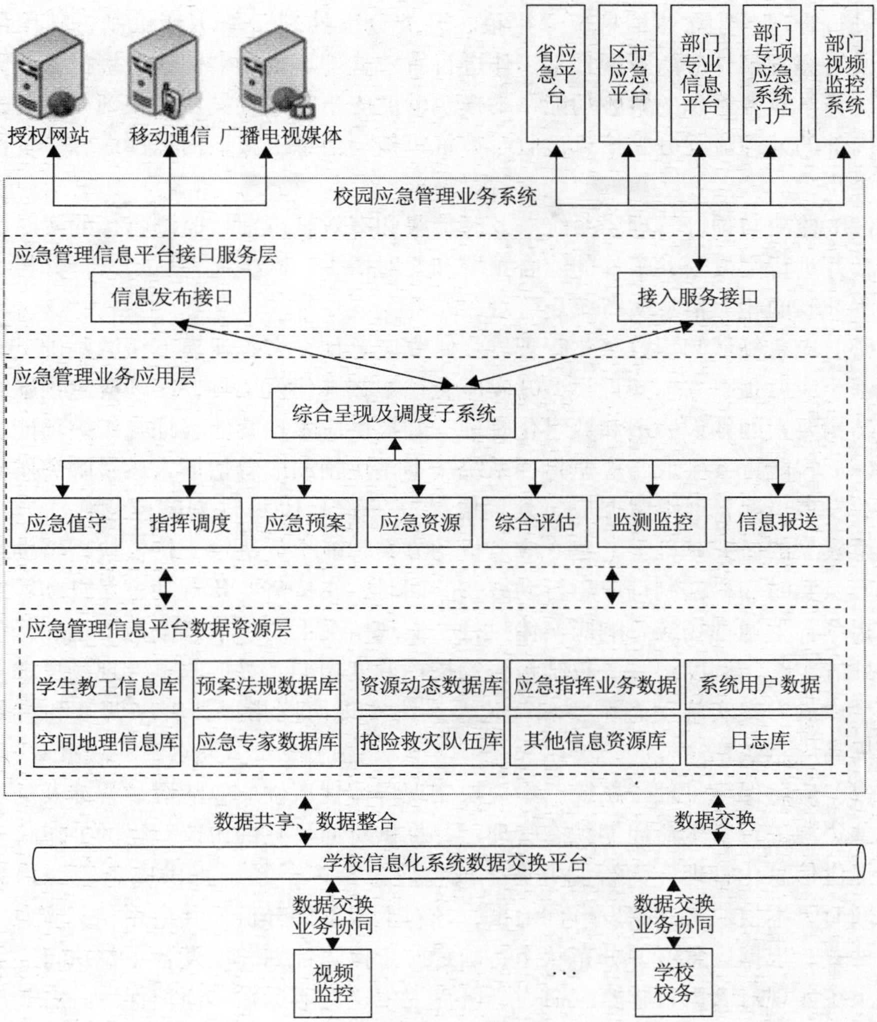

图 10－6 校园应急管理业务系统整体功能设计框架图

第六节 校园应急管理业务系统设计原型

校园应急管理业务系统的具体功能模块包括：

(1) 综合业务和事件接报子系统。综合业务管理系统主要是对日常应急管理业务进行管理，建立“信息统一接报、分类分级处理”的工作机制，利用信息化手段对突发事件应急管理日常工作进行有效管理。突发事件信息接报是业务应用系统日常业务管理的核心功能，本模块辅助应急管理人员在接收到信息后，在系统内部的处理流程分为信息接收、审批审核、信息上报、信息抄送和系统留档等几个步骤。

（2）监测与预警管理子系统。及时接收和有效管理重点监测目标的实时监测信息，并进行突发公共事件的综合预警和并对衍生、次生灾害后果进行分析，对该过程涉及的相关信息实行统一管理。

（3）应急领域知识数字化管理。在研究应急预案文本建模方法的基础上，本部分基于应急预案本体知识模型开发应急预案文本建模工具，实现应急预案文本主要结构要素的知识表示和数字化管理，并提供应急预案的验证与维护功能。

（4）智能方案生成与应急指挥系统。本模块辅助应急指挥人员了解突发事件发生、发展情况，通盘掌握应急处置情况，在基于 HTN 规划的应急行动方案制订决策模型的研究基础上，建立应急行动方案智能生成决策支持模块，辅助应急管理人员实时和科学制订应急行动方案。同时，支持将应急行动方案自动转换为应急指令，下达现场应急响应实体执行，实现情况汇总、信息上传下达、任务管理、处置跟踪、调度跟踪、总结报告等指挥调度功能，并接收事件现场反馈信息对已生成的方案实施动态调整和优化，最终实现协同指挥、有序调度和有效监督，提高应急效率。

（5）应急保障管理子系统。本模块实现群体性事件应急响应过程涉及的本单位应急资源进行全生命周期动态管理，并提供对通过互助协议获得的外单位应急资源提供信息化管理，为智能方案生成与应急指挥子系统提供应急资源信息支持。同时，本模块接到突发事件上报，经对上报事件分析，并启用相关应急预案进行处置，根据应急资源分布状态，确定应急保障计划并下发各单位执行。应急保障系统实现对人力、物资、财力、医疗卫生、交通运输、通信保障等各类应急资源的管理，参考应急预案制订应急资源的优化配置方案，满足应急救援工作的需要以及恢复重建工作的顺利进行。

（6）应急响应模拟与演练子系统。按照分布式交互仿真的设计思想，在 HLA 技术平台的基础上，建立应急响应过程仿真模型，实现对城市群体性事件场景、应急响应决策与执行过程等进行仿真模拟，能够对处置突发事件的步骤、各方配合联动、具体措施等进行网络模拟演练。

另外，校园突发事件应急管理信息平台的业务应用系统要与政府或社会已有的管理系统对接，在数据上统一交换共享，确保应急响应信息的及时性和准确性，基于云服务平台向各级主导政府部门提供统一的服务。

1. 应急值守功能设计

信息接报是业务应用系统日常业务管理的核心功能。在接收到信息后，在系统内部的处理流程分为信息接收、审批审核、信息上报、信息抄送和系统留档等几个步骤。设计原型如图 10－7 所示：

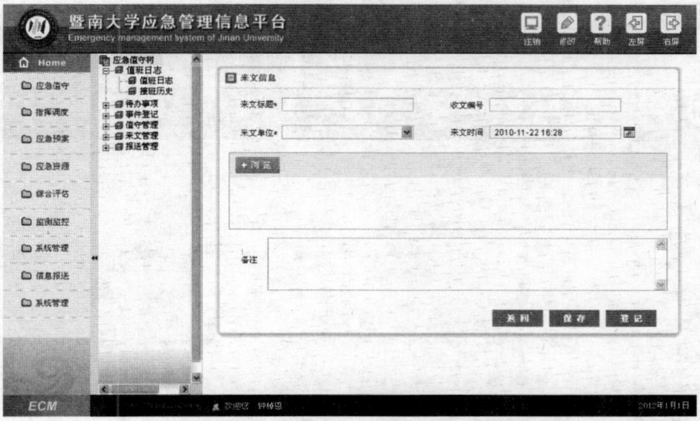

图 10－7 暨南大学应急管理业务系统应急值守功能设计原型

2. 指挥调度功能设计

指挥调度主要功能设计原型如图 10－8 所示：

图 10－8 暨南大学应急管理业务系统指挥调度功能设计原型

3. 应急预案功能设计

应急预案管理系统辅助应急指挥人员了解突发事件发生、发展情况，通盘掌握应急处置情况，通过启动电子预案创建并向各单位分发任务，协调任务执行过程中出现的问题，并进一步采取相应的措施。最终实现协同指挥、有序调度和有效监督，提高应急效率。指挥调度系统主要包括情况汇总、信息上传下达、任务管理、处置跟踪、调度跟踪、总结报告等功能。设计原型如图 10－9 所示：

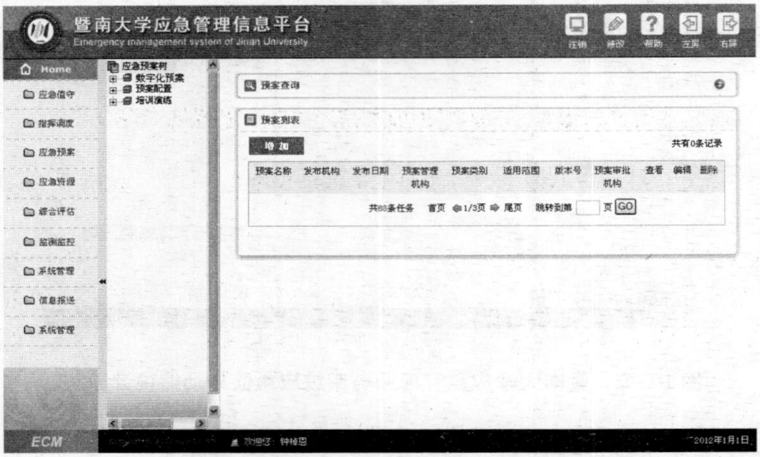

图 10－9 暨南大学应急管理业务系统应急预案功能设计原型

4. 应急资源功能设计

系统接到突发事件上报，经对上报事件分析，并启用相关应急预案进行处置，根据应急资源分布状态，确定应急保障计划并下发各单位执行。

应急资源系统实现对人力、物资、财力、医疗卫生、交通运输、通信保障等各类应急资源的管理，参考应急预案制订应急资源的优化配置方案，满足应急救援工作的需要以及恢复重建工作的顺利进行。设计原型如图 10－10 所示：

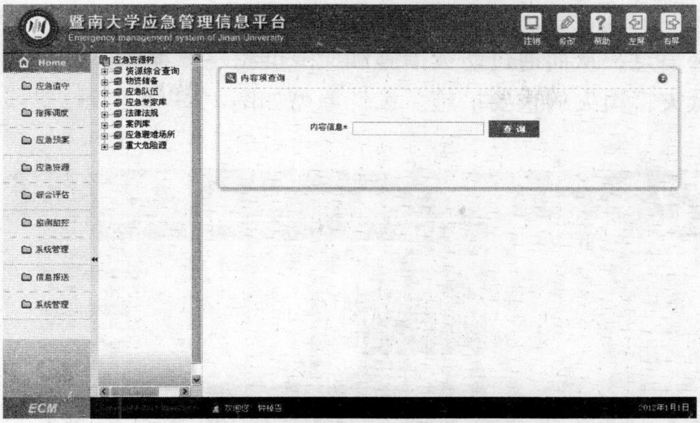

图 10－10 暨南大学应急管理业务系统应急资源功能设计原型

5. 综合评估功能设计

系统将突发事件形成总结报告并存档，方便相关人员进行应急的经验教训总结和总体应急功效的评估。通过建设应急评估系统，实现对突发事件应对处置过程的记录，并且可利用系统的相关记录，再现应急过程，作为平时应急培训和演练的辅助材料。设计原型如图 10－11 所示：

图 10－11 暨南大学应急管理业务系统综合评估功能设计原型

6. 监测监控功能设计

系统对各类重大危险源、关键基础设施、灾害易发场所、各类致灾因素等进行监测监控，对监测信息进行采集、传输、存储、处理、分析，并提前对可能的灾害发布预警信息，从而通过防灾措施和应急准备尽量减少灾害损失，是预防灾害发生和降低灾害损失的重要措施。设计原型如图 10－12 所示：

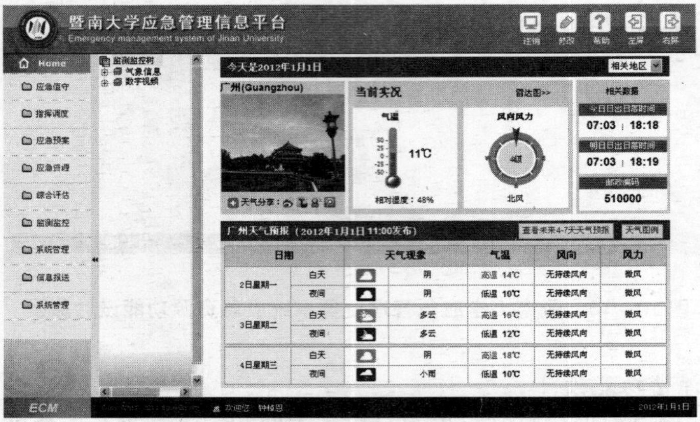

图 10－12 暨南大学应急管理业务系统监测监控功能设计原型

7. 信息报送功能设计

实现日常值班业务，主要包括突发事件应对过程中的信息接报、审核、办理、跟踪、反馈、情况综合和信息发布，以及应急信息和相关数据资料的查询和调用。设计原型如图 10－13 所示：

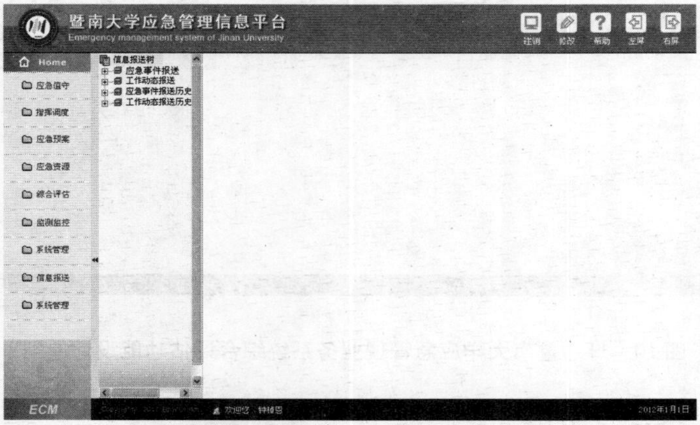

图 10－13 暨南大学应急管理业务系统信息报送功能设计原型

附　录

附录 1　半结构式访谈提纲

请您回答 12 个问题：

1．请问您是从哪几个方面来衡量应急管理信息系统应用的成功？一套有效的绩效评估体系主要反映在哪几个方面？

2．您觉得在现今政府部门当中，主要有哪几类人员会对应急管理信息系统的推广应用产生直接的影响？他们分别产生怎样的影响？

3．您觉得信息化部门领导（CIO）在应急管理信息系统应用过程中会起到什么样的作用？他需要具备怎样的能力和素质？

4．您觉得“一把手”对于应急管理信息系统成功应用能起到哪些方面的积极作用？或者负面影响？系统能否支持决策分析是不是领导重视的必要条件？

5．您觉得信息化部门的具体的项目经理需要做哪些工作才可以确保应急管理信息系统成功实施？他需要具备怎样的素质或能力？

6．您认为现在应急管理信息系统应用当中还存在哪些技术上的风险？它们是如何影响到具体应用的？

7．您所在部门的应急管理信息系统建设采用的是什么模式？它跟最后的应用效果是不是存在必然的联系？表现在什么地方？

8．您觉得在应急管理信息系统推广应用过程中的培训、技术支持应该要注意哪些方面的问题？重点关注哪些方面的问题？

9．如何解决“垂直业务系统”和“属地政府管理系统”之间的“条块分割”？您觉得这个现象对应急管理信息系统应用有何影响？两者之间要实现互联互通的有效整合的关键在于哪些方面？

10．应急管理信息系统的实施需要在垂直和属地两个维度上改变上下级政府以及政府部门之间的业务和职权，可能涉及职权和业务重新分配的问题，您觉得这种调整对于应急管理信息系统应用会产生怎样的影响？

11．您觉得网络系统集成商/开发商（承建商）会直接影响到应急管理信息系统的应用效果吗？如何产生影响？

12．您认为法律和行政法规在应急管理信息系统应用过程中起到什么样的作用？体现在哪些方面？

附录2 调查问卷

以政府部门为分析视角的应急管理信息系统成功实施多因素影响模型实证研究调查问卷

尊敬的用户：

您好！

烦请您在百忙之中填写这份问卷。此调查是为了进行“以政府部门为分析视角的应急管理信息系统成功实施多因素影响模型实证研究”的学术研究。相关信息是基于前人已有的研究成果，通过走访一些政府部门的负责人、信息化主管和相关人员，并征询专家意见后整理汇总出来的。

本次研究的主要内容是部门内部的应急管理信息系统应用，不涉及对外的公众和企业服务。研究的环节主要是针对应用和推广实施阶段，不涉及咨询、规划和建设阶段。请您认真阅读指导语，根据自己的实际情况填写相关信息。您的回答将会对政府部门内部应急管理信息系统应用的研究提供重要的参考。此外，您的意见和看法将仅用于学术目的，不会另作其他用途；我们也会对您的数据进行保密。衷心感谢您的热心协助及大力支持！

调查人：陈玉梅
2009 年 5 月 12 日

联系人：陈玉梅　电话：13609005309　E-mail：kate970911@ gmail. com

一、请填入您及所在部门情况，在相应选中的选项后面打“×”或“√”

1. 姓名：＿＿＿＿＿（可选）　2. 所在地：广东省＿＿＿市＿＿＿区/市/镇
3. 所在单位：＿＿＿＿＿＿＿＿＿＿＿＿＿＿＿＿（请填写）
4. 您所在处室：　单位领导□　信息化部门□　业务处室□　办公室□
5. 您应用信息系统的年限：＿＿＿＿＿年
6. 性别：男□　女□
7. 出生年代：60 年□　70 年□　80 年□
8. 您的专业背景：IT 相关□ 其他□

9. 您的学历：大专□　本科□　硕士□　博士□

10. 您的岗位：科级及以下□　处级□　局级及以上□

11. 应用的角色：单位领导□ 信息化部门领导□ 一般用户□ 项目经理□

二、请您仔细阅读以下项目题目，根据自己的观点就如下项目对政府部门内部应急管理信息系统成功实施的影响程度分别作出判断，并在选中的选项后面打“×”或“√”，每个项目只能选择一个选项。

如果您觉得问卷中有意思表述不清楚的地方，请按照自己的理解填写。

请您尽量填写全部问题，这点非常重要！再次感谢您在百忙之中拨冗支持配合！

（一）应急管理信息系统成功实施评价						
序号	项目	非常不满意	不满意	一般	满意	非常满意
1	您对应急管理信息系统的系统质量（如稳定性、反应速度、易用性、维护升级）是否满意？					
2	您对应急管理信息系统提供的信息质量（如有效性、准确性、实时性）是否满意？					
3	您对通过应用应急管理信息系统容易操作并提高工作效率和工作效果是否满意？					
4	您对通过应用应急管理信息系统增强了与其他部门协作和数据共享是否满意？					
5	您对于本部门应急管理信息系统应用的整体效果是否满意？					
序号	项目	没有	很少	一些	很多	全部
6	您的日常办公和业务工作都是在应急管理信息系统上完成的吗？					

（续上表）

（二）应急管理信息系统成功实施影响因素						
（1）外部环境因素						
序号	项目	没有影响	不太影响	有点影响	影响较大	非常影响
7	完善的政策法规或规范的系统使用制度					
8	行政制度中的垂直业务系统和属地政府管理平台之间“条块分割”					
9	应急管理信息系统相关的技术标准是否统一					
10	上级部门的政策导向					
11	政府部门总体信息化程度的高低					
12	电子商务的发展和应用水平					
13	企业对应急管理信息系统公共服务的接受意愿					
14	公民对应急管理信息系统公共服务的接受意愿					
（2）组织内部管理因素						
序号	项目	没有影响	不太影响	有点影响	影响较大	非常影响
15	政府是否授权专责单位，负责推导应急管理信息系统计划					
16	政府是否提供充裕资金，保证应急管理信息系统计划的实施					
17	单位“一把手”的重视，提供充足资金和资源					
18	单位“一把手”亲力亲为亲自使用					
19	业务处室领导亲力亲为亲自使用					
20	业务/办事人员积极使用					
21	部门内部成员对应急管理信息系统的支持程度					
22	部门内部成员之间工作的协调配合程度					
23	终端使用者本身的素质					
24	终端使用者的工作复杂程度					
25	信息化带来的工作方式和工作习惯的改变					
26	健全有效的绩效评估体系					

（续上表）

（2）组织内部管理因素						
27	信息化导致业务处室之间利益分配发生冲突					
28	专业的信息技术人员是否足够					
（3）信息化工作部门的业务理解、组织协调和支持服务能力						
序号	项目	没有影响	不太影响	有点影响	影响较大	非常影响
29	信息化部门作为事业单位配置协调资源难度大而不利于推广应用					
30	信息化部门领导行政管理和协调资源能力强					
31	信息化部门领导专业知识能力强					
32	信息化部门项目经理行政业务和需求分析能力强					
33	信息化部门项目经理专业知识强					
34	信息化部门项目经理项目管理经验丰富，沟通协调能力强					
35	针对不同领导或用户提供不同的针对性培训					
36	信息化部门工程师提供随叫随到的支持服务					
37	信息化部门工程师技术熟练，现场解决问题能力强					
38	信息化部门的支持服务岗位分工明确					
39	采用外包或直接采购的建设模式					
40	采用对外合作的建设模式					
（4）供应商的产品技术水平						
序号	项目	没有影响	不太影响	有点影响	影响较大	非常影响
41	供应商有成功案例经验					
42	供应商的技术水平高					
43	供应商的项目经理有丰富的项目经验					
44	供应商的项目经理沟通协调能力强					
45	软件产品的接口符合操作习惯					
46	软件灵活性高，方便调整流程和拓展新功能					
47	系统的安全保障性高					
48	可实现多个业务子系统的信息资源整合					
49	系统性能好，稳定，运行速度快					

附录3 调查问卷定向发放单位及人员分布表

序号	政府部门	应用角色	份数
1	广东省信息中心	行业主管	5
2	广东省信息产业厅	行业主管	10
3	广东省经济贸易委员会	信息中心	5
		业务处室领导	5
		业务处室用户	5
4	广东省食品药品监督管理局	信息中心	5
		业务处室领导	5
		业务处室用户	5
5	广东省食品药品监督管理审评认证中心	业务处室领导	5
		业务处室用户	5
6	广州市政府办公厅	政务信息中心	5
		业务处室领导	5
		业务处室用户	5
7	广州市劳动和社会保障局	信息中心	5
		业务处室领导	10
		业务处室用户	5
8	广州市社保中心	业务处室用户	4
9	广州市无线电管理委员会	业务处室领导	5
		业务处室用户	5
10	广州市人民防空办公室	信息部	3
		业务处室领导	2
		业务处室用户	5
11	广州市新闻出版和广播电视局（版权局）	信息中心	3
		业务处室	2

（续上表）

序号	政府部门	应用角色	份数
12	广东省对外经济贸易局	业务处室领导	5
		业务处室用户	5
13	广州市信息化工作办公室	业务处室领导	5
		业务处室用户	5
14	广州市发展和改革委员会	业务处室	10
15	广州市打私办	业务处室	3
16	广州市人大	业务处室	100
17	广州市委办公厅	信息中心	5
18	广州市天河区信息中心	信息中心	5
19	广州市天河区发展和改革委员会	业务处室	5
20	广州市黄埔区信息中心	信息中心	5
21	广州市黄埔区发展和改革委员会	业务处室	5
22	广州市机关服务中心	业务处室领导	5
23	广州市天河区建设局	业务处室	10
24	广州市天河区科技局	业务处室	10
25	广州市天河区经济贸易局	业务处室	50
26	广州市天河区农林水利局	业务处室	30
27	广州市增城市信息中心	信息中心	5
28	广州市增城市发展和改革委员会	业务处室	5
29	广州市荔湾区工商管理分局	业务处室	30
30	政府市直机关	业务处室 OA－25 个单位	20
31	政府信产局	信息中心	5
32	政府行政总汇中心	业务处室	10
33	政府开平市行政总汇服务中心	业务处室	5
34	珠海市香洲区行政服务中心	业务处室	5
35	珠海市高新区政府	业务处室	10
36	珠海市斗门区行政服务中心	业务处室	5

（续上表）

序号	政府部门	应用角色	份数
37	珠海市人大	业务处室	5
38	云浮市科技局（应急管理信息系统网）	信息中心	300
39	东莞市石龙镇政府	业务处室	10
40	广州市天河区科技局业务科	业务处室	3

合计发放份数：800

附录4 访谈对象具体情况表

编号	单位	职务	学历	专业背景	年限	应用角色	案例简称	访谈轮次
P1	广州市政府办公厅政务信息中心	主任	本科	无线电	15	CIO	广州市府 OA	一、二
P2	广州市新闻广播电视和版权局	党委秘书	硕士	社会学	8	处室用户	广州市新广局 OA	一、二
P3	广州劳动和社会保障局信息中心	高工	硕士	工程硕士	10	项目经理	广州市劳社局 OA	一、二
P4	广州市天河区科技局	副局长	硕士	语言学	17	处室领导	天河区科技企业数据库	一、二
P5	广州市政府办公厅政务信息中心	科长	本科	计算机	4	项目经理	广州市府 OA	一、二
P6	广州市劳社局信息中心	主任	本科	医学	9	CIO	广州市劳社局 OA	二
P7	广东省经济贸易委员会信息中心	主任	本科	通讯	7	CIO	广东省经贸委一站式审批系统	一、二
P8	广州市天河区信息中心	副主任	本科	计算机	20	CIO	广州天河区府 OA	一、二
P9	广州市无线电管理办公室	高工	硕士	高级软件	6	项目经理	广州市无线办 OA	一、二
P10	广州市劳社局信息中心	副主任	硕士	应急管理信息系统	10	CIO	广州市劳社局 OA	一、二
P11	广东省信息中心	副主任	博士	系统工程	15	行业主管	广东省府 OA	一、二
P12	广州市无线电管理委员会	主任	博士	系统工程	14	“一把手”	广州市无线办 OA	一
P13	广州市财政局信息中心	主任	硕士	资讯工程	26	CIO	广州市财局 OA	一

参考文献

[1] Allen, B. , Juillet, A. E-government and Governmental on-line in Canada: Partnership, People and Prospects. *Government Information Quarterly*, 2001, 18 (2).

[2] Alvai M. , and Carlson P. A Review of MIS Research and Disciplinary Development. *Journal of Management Information Systems Research*, 1992, 8 (4).

[3] Bergeron and Raymond. *The Advantages of Electronic Data Interchange*. Database, 1992, Fall.

[4] Boynton A. C. and Zmud R. W. An Assessmen of Critical Success Factors. *Sloan Management Review*, 1984, Summer.

[5] Chi Yuan Lo. *E-business Marketing on Relationship Management Models-An Empirical Study in Taiwan*. Doctor Dissertation, Nova Southeastern University, School of Business and Entrepreneurship, 2003.

[6] Churchill G. A. A Paradigm for Developing Better Measures of Marketing Constructs. *Journal of Marketing Research*, 1979, 16 (3).

[7] Claver E. , Gonzalez R. and Llopis J. An Analysis of Research in Information Systems. *Information and Management*, 2000, 37 (4).

[8] Cooper D. R. and Schindler P. S. *Business Research Methods* (6th ed.). McGRAW - HILL, 1998.

[9] Deloitte Consulting. "*ERP' s Second Wave: Maximizing the Value of ERP - Enabled Processes*, Deloitte Consulting LLC ISBN 1 - 892383, 1999.

[10] DeLone W. H. , McLean E. R. The DeLone and McLean Model of Information Sueeess: A Ten-Year Update. *Journal of Management Information Systems Research*, 2003, 19 (4).

[11] DeLone, W. H. , McLean, E. R. Information System Success: The Quest for the Dependent Variables. *Journal of Management Information Systems Research*, 1992, 3 (1).

[12] Denhardt, R. B. *Theories of Public Organization.* Florida: Wadsworth. DPEPA, United Nations, 1993.

[13] Dennis W. Viehland. Sept. Critical Success Factors for Developing An

E-business Strategy. *R. L. I. M. S.* , 2000 (1).

[14] Esteves, J. , Pastor, J. , *Towards the Unification of Critical Success Factors for ERP Implementation*. Proceedings of the 10th Annual Business Technology (BIIT) Conferece, Manchester, 2000.

[15] Evangelidis, A. , Macintosh, A. Davenport, E. *Frams towards Risk Modeling in E-government Services: A UK perspective.* Third International Conference, EGOV, 2004.

[16] Frissen, P. H. A. *Politics, Governance and Technology: A Postmodern Narrative on the Virtual State*, UK: Northampton, Mass: Edward Elgar, 1999.

[17] Garfield, M. *Critical Success Factors for State Telemedicine Policy*. Proceeding of Americas Conference on Information Systems Conference, 2000.

[18] Gaski J. F. Interrelations Among a Channel Entity' s Power Sources: Impact of the Exercise of Reward and Coercion on Expert, Referent, and Legitimate Power Sources. *Journal of Marketing Research*, 1986 (8).

[19] Gil – Garcia, J. Ramon, Luna – Reyes, Luis F. *Towards A Definition of Electronic Government: A Comparative Review*. New York: Springer-Verlag, 2003.

[20] Grant, G. , Chau, D. Developing A Generic Framework for E-government. *Journal of Global Information Management*. 2005, 13 (3).

[21] Hamilton S. and Ives B. MIS Research Strategies. *Information and Management*, 1982, 5 (6).

[22] Heeks R. *Reinventing Government in the Information Age*. New York: Routledge, 1999.

[23] HO, A. T. K. Reinventing Local Governments and the E-government Initiative. *Public Administration Review*, 2002, 62 (3).

[24] Holland, C. , Light, B. , Gibson, N. *A Critical Success Factors Model of Enterprise Resource Planning Implementation*. Proceedings of the 7th European Conference on Information Systems ECIS. Copenhagen, Denmark, 1999.

[25] J. Ramon Gil-Garcia, Theresa A. Pardo. E-government Success Factors: Mapping Practical Tools to Theoretical Foundations. *Government Information Quarterly* , 2005, 22.

[26] Javernppa, S. L. , Ives, B. Executive Involvement and Participation in the Management of Information Technology. *MIS Quarterly*, 1991.

[27] Ji Shaobo, Min Qingfei, Han Weihe. *Overview of lnformation Systems Research in China: An Empirical Study*. 8th Pacific-Asia Conferene on Information

Systems (APCIS2004), 2004.

[28] John Ward. A Framework for Addressing the Organizational Issues of Enterprise Systems Implementation . *Journal of Strategic Information Systems*, 2005 (14).

[29] Joyce, P. *E-government, Strategic Change and Organizational Capacity*. E. M. Milner, 2002.

[30] Kanokwan Atchariyachanvanich and Hitoshi OKADA. *Critical Success Factors of E-Commerce: External Factors beyond the Context of Corporate*?

[31] Kawalak, P. , Wastall, D. Pursuing Radical Transformation in Information Age Government: Case Studies Using the SPRINT Methodologies . *Journal of Global Information Management*, 2005, 13 (1).

[32] Kling, R. Social Analysis of Computing: Theoretical Perspectives in Recent Empirical Research . *ACM Computing Surveys*, 1980, 12 (1).

[33] Laudan L. *Science and Values: An Essay on the Aims of Science and Their Role in Scientific Debate.* Universiy to California Press, Berkeley, CA, 1984.

[34] Lowenthal , J. *Reengineering the Organization : A Step to Step Approach to Corporate Revitalization* . Milwaukee : ASQC Quality Press, 1994.

[35] Magal S. R. , Carr H. H. , Waston H. J. Critical Success for Information Center Managers. *MIS Quarterly*, 1998, 6 (4).

[36] Martin E. W. Critical Success Factors of Chief MISD/DP Executives, *MIS Quarterly*, June. 1982, 6 (2).

[37] May, D. R. & Schwoerer, C. E. Developing Effective Work Teams: Guidelines for Fostering Work Team Efficacy. *Organization Development Journal*, 1994, 12 (3).

[38] McGrown, M. and Madey, G. The Influence of Organization Structure and Organizational Learning Factors on the Extent of EDI Implementation in U. S. Firms. *Information Resource Management Journal*, 1998, 11 (3).

[39] Myers, M. D. Qualitative Research in Information Systems. *MIS Quarterly* (21: 2), June.

[40] Newsted P. R. , Huff S. L. & Munro M. C. Living Scholoship: Survey Instruments in Information Systems. *MIS Quarterly*, 1998 (9).

[41] No' e Garc' la - S' anchez, Luis E. P' erez - Bernal. Determination of Critical Success Factors in Implementing an ERP System: A Field Study in Mexican Enterprises. *Information Technology for Development*, 2007, 13 (3).

[42] Nolan, R. L. anad Wetherbe, J. C. Toward a Comprehensive Framework

for MIS Research. *MIS Quarterly*, 1980, 4 (2).

[43] Nually J. *Psychometric Theory* (2nd ed.). McGRAW – HILL, 1978.

[44] Peffers, Ken, Gengler, Charles and Tuunanen, Tuure. Extending Critical Suceess Factor Methodology to Facilitate Broadly Participative Infomations Systems Planning. *Journal of Management Information Systems*, 2003, 20 (1).

[45] Pinsonneault, A. and Kraemer, K. Survey Research Methodology in Management Infomation Systems: An Assessment. *Journal of Management Information Systems Research*, 1993.

[46] Raymond L. Organizational Characteristics and MIS Success in the Context of Small Business. *MIS Quarterly*, 1985, 9 (1).

[47] Reimers Kai. *Implementing ERP Systems in China*. 35th Hawaii International Conference on System Seience, 2002.

[48] Robert s. , L. *Process Reengineering*: *The Key to A Chieving Breakthrough Success*. ASQC Quality Press, 1994.

[49] Rockart J. F. Chief Executives Define Their Own Data Needs. *Harvard Business Review*, March – April, 1979.

[50] Rockart J. F. The Changing Role of the Information Systems Exeeutive: ACritical Success Factosr Perspective. *Sloan Management Rveiew*, 1982, 23 (1).

[51] Seddon, P. B. A Respecification and Extension of the DeLone and McLean Model of IS Success. *Information Systems Research*, 1997, 8 (3).

[52] Shank M. E. , Boynton A. C. and Zmud R. W. Critical Success Analysis as Methodology for MIS Planning. *MIS Quarterly*, 1985, 9 (2).

[53] Pinto J. *Balancing Strategy and Tactics in Project Implementation*. Solan Management Review, 1957, 33 – 4.

[54] SNELLEN, I. T. M. Electronic Governance: Implications, Politicians and Public Services. *International Review of Administrative Science*, 2002, 68 (2).

[55] Straub, D. Validating Instruments in MIS Research. *MIS Quarterly*, 1989, 6.

[56] Stephen Newton. Electronic Business: Critical Success Factors For Implementation-A Case Study of A Manufacturer of Electronic Parts. *Research in Progress*, 1999.

[57] Vessey Iris, Ramesh R. , and Glass R. L. Research in Information Systems-An Empirica Study of Diversity in the Discipline and Its Jounrals. *Journal of Management Information Systems Research*, 2002, 19 (2).

[58] Ward, J. , Hemingway, C. , Daniela, E. A Framework for Addressing the Organizational Issues of Enterprise Systems Implementation. *Journal of Strategic Information Systems*, 2005, 14 (2).

[59] Fema. *Guide For All-Hazard Emergency Operations Planning*. National Preparedness Directorate, 1995.

[60] http: //en. wikepedia. org/wiki/Emergency_ management retrieved August 20, 2007.

[61] Thomas D. Phelan. *Emergency Management and Tactical Response Operations: Bridging the Gap*. Butterworth – Heinemann, ELSEVIER, 2008.

[62] William L. Waugh, Jr. and Ronal Johnhy. *Handbook of Emergency Management: Programs and Policies Dealing with Major Hazards and Disasters*. Greenwood Press, 1990.

[63] Zdenko De`elak, Simona Sternad, Samo Bobek. Comparative Analysis of E-Business Implementation Critical Success Factors. *Scientific Papers* , 2006, 39 (3).

[64] Huang W. , Wei K. K. , and Watson R. 管理信息系统（MIS）：背景、核心课程、学术流派及主要国际学术会议与刊物评价. 管理科学学报, 2003, 6 (6).

[65] [美] 戴维·奥斯本, 特德·盖布勒. 改革政府——企业精神如何改革着公营部门. 周敦仁等译. 上海：上海译文出版社, 1996.

[66] [美] 戴维·奥斯本. 摒弃官僚制：政府再造的五项战略. 北京：中国人民大学出版社, 2001.

[67] [美] 道格拉斯·霍姆斯. 应急管理信息系统. 北京：机械工业出版社, 2003.

[68] [美] 托马斯·D. 费伦. 应急管理操作实务. 林毓铭等译. 北京：知识产权出版社, 2012.

[69] B. 盖伊·彼得斯. 政府未来的治理模式. 北京：中国人民大学出版社, 2001.

[70] 蔡立辉. 电子政务：因特网在政府提供公共服务中的运用. 政治学研究, 2003 (1).

[71] 蔡立辉. 当代中国电子政务：反思与走向. 中山大学学报（社会科学版）, 2005, 45 (3).

[72] 蔡立辉. 电子政务研究应坚持多学科取向. 信息化建设, 2007 (11).

[73] 蔡立辉. 基于电子政务应用的行政流程再造：问题与对策. 天津行政学院学报, 2007, 9 (3).

[74] 蔡立辉. 解读当前电子政务发展新形势. 信息化建设, 2008 (11).

[75] 蔡立辉. 行政流程再造：电子政务应用中的问题与对策. 电子政务, 2007 (8).

[76] 陈亚男. 内蒙古电子政务发展现状及对策研究. 内蒙古大学硕士学位论文, 2008.

[77] 崔丽丽. 跨部门电子政务项目的实施目标演化与实施过程中的制度因素分析. 复旦大学博士学位论文, 2007.

[78] 邓奇根, 牛国庆. 校园危机管理机制的构建研究. 中国公共安全（学术版）, 2009 (4).

[79] 丁烈云等. 学校突发事件应急管理. 武汉：华中师范大学出版社, 2009.

[80] 董存祥, 王文俊, 杨鹏. 应急预案体系本体模型（EPSOnto）及应用. 计算机工程与应用, 2010 (10).

[81] 杜娟. 信息系统分析与设计. 北京：清华大学出版社, 2008.

[82] 范静, 张朋柱. 基于电子政务环境下的组织间信息共享成功因素模型研究. 情报科学, 2007 (7).

[83] 范维澄, 袁宏永. 我国应急平台建设现状分析及对策. 信息化建设, 2006 (9).

[84] 方少华. 战略咨询. 北京：经济管理出版社, 2008.

[85] 冯松. 应急管理信息系统建设模式、建设效果及其障碍因素研究——以昆明市为例. 浙江大学硕士学位论文, 2007.

[86] 冯耀明. 电子政务推进中的社会环境因素分析. 山西省委党校学报, 2004, 27 (3).

[87] 天鹏, 蔡运娟, 王莉. 基于解释结构模型的我国政府信息公开关键成功因素分析. 电子科技大学学报（社科版）, 2007 (5).

[88] 高小平, 刘一弘. 我国应急管理研究述评（上、下）. 中国行政管理, 2009 (8、9).

[89] 广东省人民政府. 转发省信息产业厅等部门关于加快电子政务建设提高政府行政效能和公共服务能力实施意见的通知. 广东省人民政府公报, 2006 (7).

[90] 郭济. 中央和大城市政府应急机制建设. 北京：中国人民大学出版社, 2003.

[91] 郭宁, 郑小玲. 管理信息系统. 北京：人民邮电出版社, 2007.

[92] 郭琪. 政府信息资源共享的障碍因素分析与对策研究. 特区经济, 2008 (3).

[93] 黄鸿程. 台湾服务业“关键成功因素”的实证研究：以“江浙学派”

实践取向进行之. 复旦大学博士学位论文, 2005.

[94] 黄京华, 赵纯均, 李静婷. 图书出版行业电子商务系统关键成功因素实证研究. 系统工程理论与实践, 2006 (2).

[95] 简·芳汀. 构建虚拟政府: 信息技术与制度创新. 北京: 中国人民大学出版社, 2004.

[96] 焦宝文. 电子政务基础架构讲座之建设一站式服务框架系统. 中国计算机用户, 2003 (2).

[97] 焦宝文. "4487" 指路电子政务. 中国计算机用户, 2003 (5).

[98] 焦宝文. 政府 CIO 的使命. 软件工程师, 2004 (7).

[99] 李飞.《中华人民共和国突发事件应对法》释义及实用指南. 北京: 中国民主法制出版社, 2007.

[100] 李怀祖. 管理研究方法论 (第 2 版). 西安: 西安交通大学出版社, 2007.

[101] 林宁. 电子政务与产业结构. 北京: 科学出版社, 2007.

[102] 林琼. 当前中国人内隐领导理论研究——来自深圳、广州、杭州的调查. 暨南大学博士学位论文, 2003.

[103] 刘柏云. 加强电子政务建设, 提升广州信息化水平. 图书馆论坛, 2007, 27 (5).

[104] 刘泉宝. 关于我国电子政府基本框架的探讨. 信息化建设, 2000 (11).

[105] 刘泉宝. 网络信息技术对政府工作的十大影响. 信息化建设, 2001 (12).

[106] 刘泉宝. 办公自动化系统的建设和应用推进——"我与政务信息化建设共舞" (三). 信息化建设, 2005 (6).

[107] 刘泉宝. 政务信息化建设的进一步思考——"我与政务信息化建设共舞" (四). 信息化建设, 2005 (11).

[108] 刘泉宝. 政务信息化建设的有效组织与管理——"我与政务信息化建设共舞" (五). 信息化建设, 2006 (Z1).

[109] 刘铁民, 李湖生, 邓云峰. 突发公共事件应急信息系统平战结合. 中国安全生产科学技术, 2005 (5).

[110] 刘志标. 转型期中国民营企业信用缺失影响因素研究. 暨南大学博士学位论文, 2007.

[111] 柳絮. 四大因素影响未来政府信息化. 中国科技投资, 2007 (11).

[112] 龙彧. 关于推进国家应急平台建设的建议. 中国工程科学, 2009, 11 (9).

[113] 吕海强. 吉林省政府应急平台建设问题研究. 吉林大学硕士学位论文, 2009.

[114] 马怀德. 法治背景下的社会预警机制和应急管理体系研究. 北京：法律出版社，2010.

[115] 马庆国. 管理统计（第1版）. 北京：科学出版社，2002.

[116] 马社亮. “信息孤岛”人为因素的非强制性解决策略研究. 电子政务，2007（11）.

[117] 毛静燕. 学校危机管理的研究. 华东师范大学硕士学位论文，2005.

[118] 闵庆飞. 中国企业ERP系统实施关键成功因素的实证研究. 大连理工大学博士学位论文，2005.

[119] 宁连举. 电子政务信息资源共享系统的博弈分析. 北京邮电大学博士学位论文，2007.

[120] 欧文·E. 休斯. 公共管理导论. 北京：中国人民大学出版社，2001.

[121] 彭宠. 中美电子政务政策法规比较. 华中师范大学硕士学位论文，2008.

[122] 清华大学信息科学技术学院. 清华大学广州市信息主管（CIO）第一期高级研修班课程讲义. 北京：清华大学信息科学技术学院，2006.

[123] 荣泰生. 企业研究方法. 台北：五南图书出版股份有限公司，2002.

[124] 史培军等. 建立中国综合风险管理体系. 中国减灾，2005（2）.

[125] 宋皎. 试析当前我国电子政务发展制约因素. 科技进步与对策，2003（10）.

[126] 宋明，忻展红. 我国电子政务的实施及影响因素分析. 重庆科技学院学报（社会科学版），2008（3）.

[127] 唐卫东，刘畅怀，蔡海鹏. 电子政务实施系统论. 电子政务，2007（9）.

[128] 汪玉凯，张勇进. 业务流程再造理论在政府管理中的应用——浅析政务流程再造. 电子政务，2007（6）.

[129] 汪玉凯. 走向2008——中国电子政务发展的回顾与展望. 电子政务，2007（12）.

[130] 汪玉凯. 当前我国电子政务的5大特征与10大趋势. 中国信息界，2007.（Z1）.

[131] 汪玉凯. 公务员队伍对电子政务知识的需求. 信息化建设，2007（11）.

[132] 汪玉凯. 转型期电子政务建设的4个关键点. IT时代周刊，2007（14）.

[133] 王长胜，张新红，于施洋等. 中国电子政务发展报告（2008）. 北京：社会科学文献出版社，2008.

[134] 王德蓉. 我国电子政务绩效评估及其指标研究. 浙江大学硕士学位论文，2005.

[135] 王宏伟. 应急管理理论与实践. 北京：社会科学文献出版社，2010.

[136] 王瑜，张涛. 中国高校危机管理机制研究，教育科学，2006（2）.

[137] [美] 沃德，佩帕德. 信息系统战略规划. 北京：机械工业出版社，2007.

[138] 吴占坤. 电子政务中的信息资源整合研究. 哈尔滨理工大学硕士学位论文，2007.

[139] 谢迎军，朱朝阳，周刚，王理金. 应急预案体系研究. 中国安全生产科学技术，2010（3）.

[140] 薛晓户. 电子政府——未来政府管理的必由之路. 办公自动化，2002（2）.

[141] 姚国章，林萍. 国际应急管理信息系统案例. 北京：北京大学出版社，2005.

[142] 姚国章. 应急管理信息化建设. 北京：北京大学出版社，2009.

[143] 曾伟，蒲明强. 公共部门电子政务理论与实践. 武汉：中国地质大学出版社，2008.

[144] 曾星媛. 中国电子政务发展的内在影响因素分析. 华南师范大学硕士学位论文，2004.

[145] 张基温，张展为. 电子政务导论. 北京：人民邮电出版社，2008.

[146] 张建. 西部地区科技系统电子政务运行机制研究. 武汉理工大学博士学位论文，2008.

[147] 张维迎. 中国电子政务研究报告（2006）. 北京：北京大学出版社，2007.

[148] 张秀慧. 企业引进 B2B 关键成功因素. 台湾大学硕士学位论文，2003.

[148] 张喆，黄沛，张良. 中国企业 ERP 实施关键成功因素分析：多案例研究. 管理世界，2005（12）.

[150] 赵晶，朱镇. 企业电子商务战略实施关键成功因素的实证研究. 清华大学学报（自然科学版），2006，S1（46）.

[151] 钟仪. 关于政府体制改革中电子政务发展的研究. 武汉理工大学硕士学位论文，2002.

[152] 仲秋雁，闵庆飞，吴力文. 中国企业 ERP 实施关键成功因素的实证研究. 中国软科学杂志，2004（2）.

[153] 周宏仁等. 信息化论. 北京：人民出版社，2008.

后　记

谨将此书献给我的小天使高书颖。

如果不是林毓铭教授坚定的鼓励和无私的帮助，如果不是我女儿四处“炫耀”妈妈的博士后，如果不是我先生100%的景仰，这肯定是一个 Impossible Mission！

感谢亲如姐姐的陈雪梅教授，是你一手牵着我展开研究生涯，关键时刻扶持我渡过难关的。

感谢我的导师林毓铭教授和师母雷静霞女士，在我迷失了研究方向的时候，是你们为我指点迷津，让我豁然开朗。当我生活上遇到困难的时候，也是你们真诚的关怀让我走出迷茫。感谢暨南大学副校长林如鹏教授，有幸得到您的直接指导，让我很快掌握到应急管理的研究方向和有效的研究方法，并让我获益匪浅。感谢暨南大学林爱珺教授、周浩副教授、蔡彤副教授，在研究过程中给予我大力的无私的帮助。感谢暨南大学陈倩、刘大唯、罗会平硕士和陈雯雯、李莹博士给我资料分析过程中的帮助。感谢暨南大学第一届2008级应急管理专业全班同学，对你们的教学和交流给了我莫大的灵感和心得。

感谢在研究过程中，给我提供专业意见和实践经验，以及热心为我发放并回收问卷的专家客户朋友们。邹林华、汤东亚、庄洁、周江波、简伟光、颜小珂、刘泉宝、叶秀文、刘继辉、余仕杰、张贤挚、乔溪中、张青、梁文晖、邹胜、梁海波、杨永明、钟伟浩、李文华、高波、梁佩华、刘壮、潘鹏、刘琼、曾雷，你们不仅在事业上支持我，也给予我学业上最大的帮助和指导。你们使得研究访谈和问卷调查工作能够顺利地开展，这是本书研究的基础。

还要感谢广州政通信息科技有限公司的同仁们，在你们的全力支持下得以成功研发出暨南大学“EMCP应急管理协同业务基础平台软件”获国家著作权证书，并成功制作了暨南大学应急管理业务系统的界面原型，帮助我不断实践和实现在应急管理信息系统领域的思想和设计。

感谢我的父母、姐妹和公婆，是你们创造了一个良好的生活环境，使我没有任何后顾之忧地投入学习。尤其是我的父母，面临着女儿天天上小学一年级的关键时刻，你们像对待一个未成年孩子般呵护我的一切起居，让我无限感激。

当然，我的先生高四海，虽然你不是圣人，但毫无疑问，你的鼓励和支持是我唯一的动力。得之我幸！

最后感谢我的天使，我的宝贝女儿，你伴随着我上完全部博士课程，是天生的“博士后”，然后又是在你上小学一年级的时候和妈妈一起努力写书。第一个九月是天使和恶魔交织的一月，你让我尝尽了“苦头”，第一学期末却又是苦尽甘来以班级第一名成绩让妈妈重新放心投入写作。你是我著作的“小包袱”，同时又是推动我不断前行的“小动力机”，你的笑靥和爽朗清脆的大笑声，你的睿智童言和香甜的气息，无时无刻不在鼓舞着我，特别是你敲打键盘“写书”的认真神态，如一掬甘泉、一缕春风，拂去了我满身的疲惫和倦意，让我任何时候都心情愉快、充满信心地投入写作。

作者

2012 年 2 月